成本管理与控制实战丛书

建设项目成本管理与控制

匡仲发　主编

U0366998

化学工业出版社

·北京·

内容提要

《建设项目成本管理与控制实战宝典》一书包括建设项目成本控制概述、建设项目成本控制体系、目标成本管理、责任成本制的建立与执行、施工准备阶段成本控制、施工阶段成本控制、竣工结算阶段成本控制、工程施工索赔、建设项目成本核算、建设项目成本分析等内容。本书文字浅显，语言简练，条理清晰，深入浅出，将复杂的管理理论用平实的语言与实际操作结合起来，读来轻松，用时方便。

本书可供建设工程施工项目负责人、各部门负责人和管理人员，以及新入职的大中专毕业生、有志于从事建设项目成本管理的人士学习参考。

图书在版编目（CIP）数据

建设项目成本管理与控制实战宝典/匡仲发主编．—北京：
化学工业出版社，2020.9
（成本管理与控制实战丛书）
ISBN 978-7-122-36945-1

Ⅰ．①建⋯ Ⅱ．①匡⋯ Ⅲ．①建筑工程-成本管理
Ⅳ．①F407.967.2

中国版本图书馆CIP数据核字（2020）第084270号

责任编辑：陈　蕾　　　　　　　　　　　　装帧设计：尹琳琳
责任校对：张雨彤

出版发行：化学工业出版社（北京市东城区青年湖南街13号　邮政编码100011）
印　　装：大厂聚鑫印刷有限责任公司
787mm×1092mm　1/16　印张19¹/₂　字数404千字　2020年8月北京第1版第1次印刷

购书咨询：010-64518888　　　　　　　　售后服务：010-64518899
网　　址：http://www.cip.com.cn
凡购买本书，如有缺损质量问题，本社销售中心负责调换。

定　　价：88.00元　　　　　　　　　　　　　　　　版权所有　违者必究

前言

成本管理与控制是企业永恒的主题。利润与成本的关系就是在收入一定的情况下，成本越低，利润越大。而成本管理的目标是保证成本的支出获得最有效的收益——提升价值。成本控制不等于省钱，花得多会浪费，花得少也会有浪费，花多花少不是重点，花得有效才是关键，才会避免价值不平衡造成的浪费。

对于企业而言，暴利的年代一去不复返，人工成本、材料成本年年在攀升，企业盈利的空间似乎越来越低，而每年却仍在不断地有新的企业成立，企业之间的竞争也就越演越烈，企业的竞争力在哪里？在成本管理！对于许多企业而言，能否继续生存取决于运用复杂的成本管理系统的能力，而这种成本管理系统，能产生内在动力来促使企业成本的下降。

控制成本＝增加利润，企业赢在成本！

当然，许多企业都很重视成本管理与控制，但有时收效甚微，有的最后甚至放弃去抓。基于此，我们的管理团队萌发了一个想法，就是将团队在给企业辅导的过程中关于成本管理与控制的经验总结出来，编写成"成本管理与控制实战丛书"，期待能帮助到处在困境或迷惑中的企业管理者。

本书所涉及的建设工程成本管理与控制较好的企业不仅竞争力较强，而且利润率也会高于同行业的其他企业。所以，建设工程类企业要想在提高自身竞争力的同时提高效益，有效的成本管理与控制是关键。

建设工程项目成本管理，就是在完成一个工程项目过程中，对所产生的成本费用支出，有组织、有系统地进行预测、计划、控制、核算、考核、分析等科学管理的工作，它是以降低成本为宗旨的一项综合性管理工作。成本与利润是两个互相制约的变量，因此，合理降低成本，必然增加利润，就能提供更多的资金满足单位扩大再生产的资金需要，就可以提高单位的经营管理水平，提高企业的竞争能力。

进行成本管理是建筑施工企业改善经营管理，提高企业管理水平，进而提高企业竞争力的重要手段之一。施工企业只有对项目在安全、质量、工期保证的前提下，不断加强管理，严格控制工程成本，挖掘潜力降低工程成本，才能取得较多的施工效益，才能使企业在市场竞争中永立不败之地。但许多建筑施工企业在成本控制方面做得并不好，有的是没有成本控制的思维和想法，有的是有想法却没有方法，处在一种盲乱无序的状态，结果不仅没有降低成本，反而因成本控制不当而增加了企业的经营成本。

基于此，我们组织编写了本书，具体包括建设项目成本控制概述、建设项目成本控制体系、目标成本管理、责任成本制的建立与执行、施工准备阶段成本控制、施工阶段成本控制、竣工结算阶段成本控制、工程施工索赔、建设项目成本核算、建设项目成本分析十章。

本书文字浅显，语言简练，条理清晰，深入浅出，将复杂的管理理论用平实的语言与实际操作结合起来，读来轻松，用时方便。可供各专业建设工程施工项目负责人、各部门负责人和管理人员，以及新入职的大中专毕业生、有志于从事建设项目成本管理的人士学习参考。

由于笔者水平有限，疏漏之处在所难免，敬请读者批评指正。

编　者

目录

01

第一章　建设项目成本控制概述

　　建设工程项目成本管理，就是在完成一个工程项目过程中，对所产生的成本费用支出，有组织、有系统地进行预测、计划、控制、核算、考核、分析等科学管理的工作，它是以降低成本为宗旨的一项综合性管理工作。成本与利润是两个互相制约的变量，因此，合理降低成本，必然增加利润，就能提供更多的资金满足单位扩大再生产的需要，就可以提高单位的经营管理水平，提高企业的竞争能力。因此，可以说，进行成本管理是建筑企业改善经营管理，提高企业管理水平，进而提高企业竞争力的重要手段之一。施工企业只有对项目在安全、质量、工期保证的前提下，不断加强管理，严格控制工程成本，挖掘潜力降低工程成本，才能取得较多的施工效益，才能使企业在市场竞争中永立不败之地。

第二章　建设项目成本控制体系

　　真正要使项目成本达到目标要求，必须做好项目全过程成本控制。由于项目管理是一次性行为，它的管理对象只有一个工程项目，且随着工程项目建设的完成而结束其历史使命。在施工期间，项目成本能否降低，有无经济效益，得失在此一举，别无回旋余地，有很大的风险性。为确保项目成本必盈不亏，成本控制不仅必要而且必须做好。施工项目成本控制的目的在于降低项目成本，提高经济效益。然而，项目成本的降低，除了控制成本支出以外，还必须增加工程预算收入。因为，只有在增加收入的同时节约支出，才能提高施工项目成本的降低水平。

第三章　目标成本管理

　　目标成本是企业在特定时期内为保证预期利润的实现，并作为全体企业员工奋斗的目标而设定的一种预计成本，它是预测成本与目标管理方法相结合出现的产物，也就是将成本控制作为工作的目标。目标成本的表现形式很多，如计划成本、承诺成本、预期成本或利润成本等。目标成本是指在保证某项产品获得要求预期利润条件下允许该产品所产生的最高成本数据。

　　目标成本和目标成本管理两者之间是辩证统一的关系。目标成本是目标成本管理的实施对象和预期目标，目标成本管理是达到和实现目标成本的方式及方法。缺乏目标成本的确定编制、规划管理和过程控制，目标成本的实现便成为空谈。

04

第四章　责任成本制的建立与执行

责任成本管理是现代企业管理的一个重要组成部分，是把"责任"和"成本"这两个主题结合起来的一种科学的核算形式，是对成本控制与管理主体制定成本控制目标，并对成本产生情况进行准确的归集与核算，以考核成本控制主体是否实现成本控制目标，并对成本控制主体进行奖罚的一种成本管理办法。目的是达到在保证合理工期、设计质量的前提下，以最少的投入换取最大的经济利益，实现企业增效、职工增收的目的。它是一项贯穿施工全过程进行管理的系统工作，须由全员参加，全方位、全过程实施。

第五章　施工准备阶段成本控制

　　施工准备工作，就是指工程施工前所做的一切工作。它不仅在开工前要做，开工后也要做，它是有组织、有计划、有步骤分阶段地贯穿于整个工程建设的始终。认真细致地做好施工准备工作，对充分发挥各方面的积极因素，合理利用资源，加快施工速度、提高工程质量、确保施工安全、降低工程成本及获得较好经济效益都起着重要作用。

06

第六章 施工阶段成本控制

施工阶段的成本控制是施工企业效益的重点，也是企业项目管理的重要内容。施工企业项目成本管理是在保证满足工程质量、工期等合同要求的前提下，对项目实施过程中所产生的费用，通过计划、组织、控制和协调等活动实现预定的成本目标，并尽可能降低成本费用，以实现盈利目标的一种管理活动。

07

第七章 竣工结算阶段成本控制

成本控制要贯穿施工项目全过程，在竣工结算阶段也不能松懈，这不仅可以使工程顺利竣工，而且关系到建筑企业的经济效益。只有这样，企业才能有获取最大利润的保证，才能在激烈的市场竞争中立于不败之地。

第八章　工程施工索赔

> 索赔是合同管理的重要环节，也是计划管理的动力，更是挽回成本损失的重要手段。施工索赔要有证据，证据是索赔报告的重要组成部分，证据不足或没有证据，索赔就不可能成立。施工企业在施工全过程中应及时做好索赔资料的收集、整理、签证工作。

09

第九章　建设项目成本核算

　　建设项目成本核算是指在建筑工程项目成本的构成过程中，对具体施工过程中的各种人力资源、物质资源及费用的开支进行监督、控制、调节，对发现的问题及时解决，最终目标是将工程项目施工过程中所需要的各种资源和费用控制在预期成本范围内。

10

第十章 建设项目成本分析

建设项目的成本分析，就是根据统计核算、业务核算和会计核算提供的资料，对项目成本的形成过程和影响成本升降的因素进行分析，以寻求进一步降低成本的途径（包括项目成本中的有利偏差的挖潜和不利偏差的纠正）；另外，通过成本分析，可从账簿、报表反映的成本现象看清成本的实质，从而增强项目成本的透明度和可控性，为加强成本控制，实现项目成本目标创造条件。由此可见，建设项目成本分析，也是降低成本、提高项目经济效益的重要手段之一。

第一章
建设项目成本控制概述

建设工程项目成本管理，就是在完成一个工程项目过程中，对所产生的成本费用支出，有组织、有系统地进行预测、计划、控制、核算、考核、分析等科学管理的工作，它是以降低成本为宗旨的一项综合性管理工作。成本与利润是两个互相制约的变量，因此，合理降低成本，必然增加利润，就能提供更多的资金满足单位扩大再生产的需要，就可以提高单位的经营管理水平，提高企业的竞争能力。因此，可以说，进行成本管理是建筑企业改善经营管理，提高企业管理水平，进而提高企业竞争力的重要手段之一。施工企业只有对项目在安全、质量、工期保证的前提下，不断加强管理，严格控制工程成本，挖掘潜力降低工程成本，才能取得较多的施工效益，才能使企业在市场竞争中永立不败之地。

第一节 建设项目管理概述

一、建设项目管理的概念及特点

（一）建设项目管理的概念

所谓建设项目管理，就是为了使建设项目在一定的约束条件下取得成功，对项目的所有活动实施决策与计划、组织与指挥、控制与协调等一系列工作的总称。建设项目管理是以建设项目为对象，以项目经理责任制为核心，以施工图预算中标价为依据，以创优质工程为目标，以经济合同为纽带，以最终产品的最佳效益为目的，实行从项目开工到竣工验收交付使用的一次性全过程施工生产经营管理。它是由项目经理为责任主体的管理班子，受企业法人委托和授权全权组织施工生产诸要素，对于建设项目工期、质量、安全、成本、现场、综合效益进行高效率、有计划的组织协调和管理的一种现代项目管理制度。概括地讲，就是根据具体建设项目的情况，按照建设工程施工管理规律、程序和方法，对建设项目组织施工，实行全过程管理。

（二）建设项目管理的特点

建设项目管理具有以下几个鲜明的特点。

1.工程管理的目标明确

建设项目管理的第一特点是它紧紧抓住目标结果进行管理。项目整体，项目的某一个组成部分，项目的某一个阶段，项目的某一部分管理者，在项目的某一段时间内，均有一定的目标。有了目标，也就有了方向，有了动力，就有了一半成功的把握。因为，目标吸引管理者，目标指导行动，目标凝聚管理者的力量。除了功能目标外，过程目标归纳起来主要为工程进度、工程质量、工程成本造价。

2.建设项目管理是系统的管理

建设项目管理把其管理对象作为一个系统进行管理。在这个前提下的管理包括三个方面。

（1）项目的整体管理，把项目作为一个有机整体，全面实施管理，使管理影响到整个项目范围。

（2）对项目进行系统分解，把大系统分解为若干个子系统，用小系统的成功保证大系统的成功。

（3）各系统之间，各目标之间关系的处理遵循系统法则，它们既是独立的，又是相互依存的，同处于一个大系统之中，因此管理中把它们联系在一起，保证综合效果最好，本书着重讨论的就是项目管理中，如何对成本管理达到精益化进行深入研究。

3.建设项目管理按照项目的运行规律进行规范化的管理

建设项目是一个大的过程，其各阶段也都由过程组成，每个过程的运行都是有规律的，比如，绑扎钢筋作为一道工序，其完成就有工艺规律。垫层混凝土作为分项工程，既有程序上的规律，又有技术上的规律。建设程序即是建设项目管理综述的规律。遵循规律的管理才是有效的；反之，管理不但无效，而且往往有害于项目的运行。工程管理有其规律、原理、方法，已经被人们所公认、熟悉、应用，形成了规范和标准，被广泛应用于项目管理实践，使工程管理成为专业性的、规律性的、标准化的管理。以此产生项目管理的高效率和高成功率。

二、建设项目成本的构成

（一）按生产费用计入成本划分

按生产费用计入成本的方法划分，可分为直接成本和间接成本，结构如图1-1所示。

1.直接成本

直接成本是指施工过程直接耗费的构成工程形成的各项支出，包括人工费、材料费、机械使用费和其他直接费。所谓其他直接费是指直接费以外施工过程产生的其他费用。

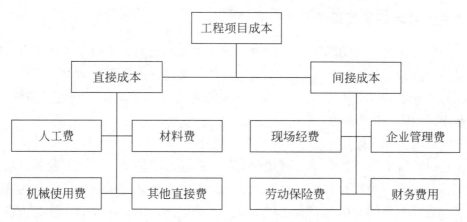

图1-1　建设工程项目成本的主要构成

2. 间接成本

间接成本是指企业的各项目经理部为施工准备、组织和管理施工生产所产生的全部施工间接费支出。它包括现场管理人员的人工费（基本工资、工资性补贴）、职工福利费、资产使用费、工具用具使用费、保险费、检验试验费、工程保修费、工程排污费以及其他费用等。

（二）按成本产生时间划分

按成本控制需要，从成本产生的时间来划分，可分为预算成本、计划成本和实际成本。

1. 预算成本

预算成本是反映各地区建筑业的平均成本水平。它根据施工图由全国统一的建筑、安装工程基础定额和由各地区的市场劳务价格、材料价格信息及价差系数，并按有关取费的指导性费率进行计算。预算成本是确定工程造价的基础，也是编制计划成本和评价实际成本的依据。

2. 计划成本

计划成本是指建设工程项目经理部根据计划期的有关资料，在实际成本产生前预先计算的成本。如果计划成本做得更细、更周全，最终的实际成本降低的效果会更好。

3. 实际成本

实际成本是建设工程项目在报告期内实际产生的各项生产费用的总和。不管计划成本做得怎么细致周全，如果实际成本未能很好地、及时地得到编制，那么根本无法对计划成本与实际成本加以比较，无法得出真正成本的节约或超支，也就无法反映各种技术水平和技术组织措施的贯彻执行情况及企业的经营效果。所以，项目部应在各阶段快速准确地列出各项实际成本，从计划与实际的对比中找出原因，并分析原因，最终找出更好的节约成本的途径。另外，将实际成本与预算成本比较，可以反映工程盈亏情况。

三、建设项目成本管理的特点

建设项目成本对于不同的工程建设参与方来讲是不同的。从业主角度来讲，建设项目费用是指对建设项目的投资；从施工承包商角度来讲，建设项目成本控制是指承包商在整个工程中所花费的所有费用和成本。这里着重讨论的就是施工承包商的成本管理，因为这是项目运行的核心内容。

建设项目成本管理具有以下特点。

（1）建设项目费用是贯穿了工程建设全过程的动态的控制，每个工程建设项目从立项到施工都必须有一个较长的时间，在此期间会有许多因素对工程建设项目的费用产生影响，工程建设项目的费用在整个过程中都是不确定的，直至决算后才能真正形成建设工程投资。

（2）建设项目成本的层次性。建设项目的成本都是由若干分项工程、分部工程组成，最终汇总为单位工程。

（3）建设项目成本的控制与质量、进度控制是不能完全分开的。建设项目的成本管理是一个动态的控制系统，这个控制过程应该每两周或一个月循环一次，其表达的含义如下：

① 系统投入，即把人力、物力、财力等各种生产要素投入项目实施系统中；

② 在工程进展过程中必然存在各式各样的干扰，如恶劣天气、设计出图不及时等；

③ 收集实际数据，及时对工程进展情况进行评估；

④ 把建设项目成本目标计划值与实际值进行比较；

⑤ 检查实际值与计划值有无偏差，如果有偏差则要分析产生偏差的原因，并针对原因采取控制措施。

在这个动态控制过程中的重点是目标计划值的确定；是否收集实际数据，及时对工程进展进行评估；是否对计划值与实际值进行比较以判断存在偏差；是否采取有效的控制措施以确保投资控制目标的实现。

四、建设工程项目成本管理的作用

（一）建设工程项目成本管理是项目成功的关键

建设工程项目成本管理是项目成功的关键，是贯穿项目全寿命周期各阶段的重要工作。对于任何项目，其最终的目的都是想要通过一系列的管理工作来取得良好的经济效益。而任何项目都具有一个从概念、开发、实施到收尾的生命周期，其间会涉及业主、设计、施工、监理等众多的单位和部门，它们有各自的经济利益。例如，在概念阶段，业主要进行投资估算并进行项目经济评价，从而做出是否立项的决策。在招标投标阶段，业主方要根据设计图纸和有关部门规定来计算发包造价，即标的；承包方要通过成本估算来获得具有竞争力的报价。在设计和实施阶段，项目成本控制是确保将项目实际成本控制在项目预算范围内的有力措施。这些工作都属于项目成本管理的范畴。

（二）有利于对不确定性成本的全面管理和控制

受到各种因素的影响，项目的总成本一般都包含三种成分：其一是确定性成本，它的数额大小以及产生与否都是确定的；其二是风险性成本，对此人们只知道它产生的概率，但不能肯定它是否一定会发生；另外还有一部分是完全不确定性成本，对它们既不知道其是否会产生，也不知道其产生的概率分布情况。这三部分不同性质的成本合在一起，就构成了一个项目的总成本。由此可见，项目成本的不确定性是绝对的，确定性是相对的。这就要求在项目的成本管理中除了要考虑对确定性成本的管理外，还必须同时考虑对风险性成本和完全不确定性成本的管理。对于不确定性成本，可以依赖于加强预测和制订附加计划法或用不可预见费来加以弥补，从而实现整个项目的成本管理目标。

五、建设工程项目成本管理存在的问题

建设工程项目是施工企业生产经营的前沿阵地，是企业管理的落脚点和企业经济效益的源头，抓好成本控制，降低工程成本，提高经济效益是项目管理的根本目的。我国有大量的工程等待建设，施工企业为了快速扩张，普遍采用了粗放型经营战略，因而有一些普遍的问题存在。

（一）项目管理人员成本控制意识薄弱

在目前我国许多工程项目中，工程项目经理部普遍存在一种现象，即在项目内部，负责现场施工的只负责施工生产和工程进度，负责技术的只负责现场施工技术工作和工程质量，负责管材料的只负责材料的采购及进场点验工作，负责验工计价的只负责给协作队伍的验工，与材料、机械人员不进行认真沟通，该扣除的有关费用没有扣除或没有完全扣除，严重侵害了公司的利益。项目经理也只是在形式上执行一些既定的制度，而不在落实和完善机制上下功夫。如果负责技术的为了保证工程质量，选用可行却不经济的方案施工，必然会保证了质量但增大了成本；如果负责材料的只从产品质量角度出发，采购优质高价材料，变相地提高材料成本，即使是材料在采购管理上没有一点漏洞，使用上没有一点浪费，成本还是降不下来。

（二）企业内部没有形成责、权、利相结合的成本管理体制

任何一种经济管理活动只有建立完善的责、权、利相结合的管理体制才能取得成效，工程项目成本管理也不例外。成本管理体系中项目经理拥有很大的权力，在成本管理及项目效益方面对公司领导负责，其他业务部门主管以及各部门管理人员都应有相应的责任、权力及与利益分配相配套的管理体制加以约束和激励。而现行的施工项目成本管理体制，没有很好地将责权利三者结合起来。有些项目经理部简单地将项目成本管理的责任归于项目经理，没有形成完善的成本管理体系。比如有的工程项目，因工程质量问题导致返工，造成直接经济损失，结果因职责分工不明确，找不到直接负责人，最终不了了之，使公司蒙受巨大的损失。还有的项目中技术员提出了一个经济可行的施工方案，

为项目经理部节省了几十万元的支出，而项目经理部和企业认为这种情况是其分内的工作，不进行奖励，也不给予肯定，在一定程度上挫伤了技术人员的积极性，不利于项目经理部更进一步的技术开发，也不利于工程项目的成本管理与控制。

（三）材料管理不严，浪费现象严重

材料费用占整个工程造价的60%，材料费用的盈亏直接影响到整个工程的盈亏。有些项目部没有严格执行领料用料制度，从仓库领料有数，但余料无回收，失窃、浪费严重，尤其是计件承包只包工不包料，工人班组只顾出产值，材料、物资过量消耗，机械设备过度磨损，小型手动工具更无人爱护，有时借出有手续，返还无验收；或下料计算不准确，损耗率超标。钢材看管不严，遗失时有发生；材料型号不对，造成闲置浪费，材料供应量与实际不符；监督机制不健全，出了问题往往追不到责任人，这也是造成成本失控的主要原因。

（四）忽视工程项目"质量成本"的管理

"质量成本"是指为保证和提高工程质量而产生的一切必要费用，与因未达到质量标准而产生的一切费用之和。保证质量会引起成本增加，但不能因此把质量与成本对立起来。长期以来，施工企业没有充分认识到质量和成本之间的辩证统一关系，对工程质量关心不够，造成故障成本增加。虽然就单项工程而言，利润指标可能很高，但是可能会因为质量未达到标准，造成增加了成本支出，又对企业信誉造成很坏的影响。当然片面追求工程质量，也会增加成本。

（五）忽视工程项目"工期成本"的管理

"工期成本"是指为实现工期目标或合同工期而采取相应措施所产生的一切费用。工期目标是工程项目管理的三大主要目标之一，施工企业能否实现合同工期是取得信誉的重要条件。我国施工企业对工期成本缺乏概念，没有引起足够的重视，对工期与成本的关系研究不够，造成在施工过程中前松后紧，或盲目地赶工期、要进度，造成工程成本的额外增加。

（六）成本核算流于形式，指导意义不大

一般来说，每个项目虽配有预结算员，但其所从事的工作也只是按图、按现场指令算量，作为结算依据之一，在施工过程中没有将成本预算和成本核算结合起来。由于项目没有阶段成本分析，没有分部分项成本分析，没有实际成本与预算成本、计划成本的比较，没有幢号、班组成本分解，因此对项目施工指导意义不大。加上奖励机制不健全，奖罚办法不落实，成本超支与大多数人的个人收入无直接关系，因此管理人员对情况并不十分关心，不少人根本不知道自己所负责工程部分的计划成本、预算成本和实际成本情况，只要进度跟得上，总体感觉就良好。由于没有分阶段、分项目成本控制，没有分部、分项成本控制，所以最后项目完工后成本也就没有有效控制，有时甚至到结算时才知道项目亏损。

第二节 建设项目成本控制的原则

施工项目成本控制的原则是非常重要的，原则的制定是为了保障成本控制的初衷，每个细节的处理都非常关键。建设项目成本控制应遵循图1-2所示的原则。

图1-2 建设项目成本控制的原则

一、全面性原则

成本控制的全面性原则包括图1-3所示的三个方面内容。

原则一　全过程成本控制

> 是在建设项目确定以后，自施工准备开始，经过工程施工，到竣工交付使用后的保修期结束，整个过程都要实行成本控制

原则二　全方位成本控制

> 成本控制不能单纯强调降低成本，而必须兼顾各方面的利益，既要考虑国家利益，又要考虑集体利益和个人利益；既要考虑眼前利益，更要考虑长远利益。因此，在成本控制中，绝不能片面地为了降低成本而不顾工程质量，靠偷工减料、拼设备等手段，以牺牲企业的成员利益、整体利益和形象为代价，来换取一时的成本降低

原则三　全员成本控制

> 成本是一项综合性很强的指标，涉及企业内部各个部门、各个单位和全体职工的工作业绩。要想降低成本，提高企业的经济效益，必须充分调动企业广大职工"控制成本，关心降低成本"的积极性和参与成本管理的意识。做到上下结合，专业控制与群众控制相结合，人人参加成本控制活动，个个有成本控制指标，积极创造条件，逐步实行成本否决。这是能否实现全面成本控制的关键

图1-3 成本控制的全面性原则

二、目标管理原则

目标管理是贯彻执行计划的一种方法，它把计划的方针、任务、目的和措施等逐一加以分解，提出进一步的具体要求，并分别落实到执行计划的部门、单位甚至个人。目标管理的内容包括：目标的设定和分解，目标的责任到位和执行，检查目标的执行结果，评价目标和修正目标，形成目标管理的P（计划）D（实施）C（检查）A（处理）循环。

三、节约原则

节约人力、物力、财力的消耗，是提高经济效益的核心，也是成本控制的一项最主要的基本原则。节约要从三方面入手：一是严格执行成本开支范围、费用开支标准和有关财务制度，对各项成本费用的支出进行限制和监督；二是提高施工项目的科学管理水平，优化施工方案，提高生产效率，节约人、财、物的消耗；三是采取预防成本失控的技术组织措施，制止可能产生的浪费。做到了以上三点，成本目标就能实现。

四、责、权、利相结合的原则

要使成本控制真正发挥及时有效的作用，必须严格按照经济责任制的要求，贯彻责、权、利相结合的原则。在确定项目经理和制定岗位责任制时，就决定了从项目经理到每一个管理者和操作者，都有自己所承担的责任，而且被授予了相应的权利、给予了一定的利益，这就体现了责、权、利相结合的原则。

"责"是指完成成本控制指标的责任。

"权"是指责任承担者为了完成成本控制目标所必须具备的权限。

"利"是指根据成本控制目标完成的情况，给予责任承担者相应的奖惩。

在成本控制中，有"责"就必须有"权"，否则就完不成分担的责任，起不到控制作用；有"责"还必须有"利"，否则就缺乏推动履行责任的动力。总之，在项目的成本控制过程中，必须贯彻责、权、利相结合的原则，调动管理者的积极性和主动性，使成本控制工作做得更好。

在项目施工过程中，项目经理、工程技术人员、业务管理人员以及各单位和生产班组都负有一定的成本控制责任，从而形成整个项目的成本控制责任网络。另外，各部门、各单位、各班组在肩负成本控制责任的同时，还应享有成本控制的权力，即在规定的权力范围内可以决定某项费用能否开支、如何开支和开支多少，以行使对项目成本的实质性控制。最后，项目经理还要对各部门、各单位、各班组在成本控制中的业绩进行定期的检查和考评，并与工资分配紧密挂钩，实行有奖有罚。

五、例外管理的原则

例外管理原则就是在成本控制过程中对于发生在控制标准以内的可控成本，不必逐项过问，而是集中精力控制可控成本中不正常、不符合常规的差异。

　　例外管理是西方国家现代管理常用的方法，它起源于决策科学中的例外原则，目前则被更多地用于成本指标的日常控制。在工程项目建设过程的诸多活动中，有许多活动是例外的，如施工任务单和限额领料单的流转程序等，通常是通过制度来保证其顺利进行的。但也有一些不经常出现的问题，我们称为例外问题。这些例外问题，往往是关键性问题。对成本目标的顺利完成影响很大，必须予以高度重视。例如，在成本管理中常见的成本盈亏异常现象，即盈余或亏损超过了正常的比例；本来是可以控制的成本，突然发生了失控现象；某些暂时的节约，但有可能对今后的成本带来隐患（如由于平时机械维修费的节约，可能会造成未来的停工修理和更大的经济损失）等，都应该视为例外问题，进行重点检查，深入分析，并采取相应的积极的措施加以纠正。

六、统一领导和分级管理相结合的原则

　　统一领导和分级管理相结合，是正确处理企业内部各方面关系的良好形式，也是成本费用控制的基本原则。这一原则包括两方面的内容。

　　（1）正确处理建设单位与施工单位内部各级组织在成本费用控制中的关系，把施工中各个环节的各级组织成本费用控制结合起来。

　　（2）正确处理财务部门同经营计划、施工技术、安全劳保、劳动工资、物资管理、行政管理等部门的成本费用控制结合起来。

　　根据统一领导和分级管理的原则，要求在施工企业实行目标成本控制方法。就是企业应制定切合实际的成本费用目标，并将其层层分解落实到各部门、各基层单位和各岗位，从而明确各部门、各基层单位和各岗位对于成本费用管理的权限和责任以及相应的经济利益，充分调动各方面的积极性，实施全过程、全员的成本费用控制，做到成本费用产生在哪里就由哪里负责。

七、动态控制原则

　　动态控制就是在建设项目的实施过程中，通过对过程、目标和活动的跟踪，全面、及时、准确掌握信息，将实际目标值和项目建设状况与计划目标和状况进行对比，如果偏离了计划和标准的要求，就采取措施加以纠正，以便使计划目标得以实现。动态控制工作贯穿于建设项目的整个过程。

　　动态控制是开展工程建设活动时采用的基本方法。这是一个不断循环的过程，直至项目建成交付使用。这种控制是一个动态的过程。工程在不同的空间展开，控制就要针对不同的空间来实施。建设项目的实施分不同的阶段，控制也就分成不同阶段的控制。建设项目的时间总要受到外部环境和内部因素的各种干扰，因此，必须采取应变性的控制措施。计划的不变是相对的，计划总是在调整中运行，控制就要不断地适应计划的变化，从而达到有效的控制。项目管理者只有把握住建设项目运动的脉搏才能做好目标控制工作。动态控制在目标规划的基础上针对各级分目标实施的控制，以期达到计划中目

标的实现。整个动态控制过程都是按事先安排的计划来进行的。一项好的计划应当首先是可行、合理的，还要经过可行性分析来保证计划在技术可行、资源上可行、财务上可行、经济上合理。同时，要通过反复的必要的完善过程力求达到优化的程度。

动态控制原理如下。

（1）是项目投入，即把人、财、物投入设计、施工中。

（2）设计、施工、安装的行为发生之后称工程进展，工程进展中必然会遇到干扰，也就是说有干扰是必然的，没有干扰是偶然的。

（3）收集反映工程进展情况的实际数据。

（4）把投资目标、进度目标、质量目标等计划值与实际值进行比较。

（5）检查有无偏差，如无偏差，项目继续进展，继续投入人力、物力和资金。

（6）如有偏差，则采取措施，予以纠正。这个反复循环过程称为动态控制过程。

第三节　项目成本控制的对象与内容

一、项目成本控制的对象

（一）以施工项目成本形成的过程作为控制对象

根据对项目成本实行全面、全过程控制的要求，具体的控制对象如图1-4所示。

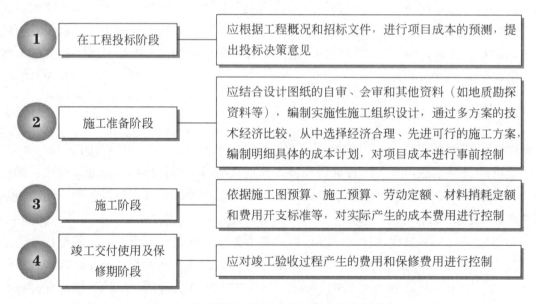

1	在工程投标阶段	应根据工程概况和招标文件，进行项目成本的预测，提出投标决策意见
2	施工准备阶段	应结合设计图纸的自审、会审和其他资料（如地质勘探资料等），编制实施性施工组织设计，通过多方案的技术经济比较，从中选择经济合理、先进可行的施工方案，编制明细具体的成本计划，对项目成本进行事前控制
3	施工阶段	依据施工图预算、施工预算、劳动定额、材料消耗定额和费用开支标准等，对实际产生的成本费用进行控制
4	竣工交付使用及保修期阶段	应对竣工验收过程产生的费用和保修费用进行控制

图1-4　施工项目成本形成的过程中的控制对象

（二）以施工项目的职能部门、施工队和生产班组作为成本控制的对象

成本控制的具体内容是日常产生的各种费用和损失。这些费用和损失，都产生在各

个部门、施工队和生产班组。因此，应以部门、施工队和班组作为成本控制对象，使之接受项目经理和企业有关部门的指导、监督、检查和考评。与此同时，项目部的职能部门、施工队和班组还应对自己承担的责任成本进行自我控制。应该说这是最直接、最有效的项目成本控制。

（三）以分部、分项工程作为项目成本的控制对象

为了把成本控制工作做得扎实、细致，落到实处，还应以分部、分项工程作为项目成本的控制对象。在正常情况下，项目应该根据分部、分项工程的实物量，参照施工预算定额，联系项目管理的技术素质、业务素质和技术组织措施的节约计划，编制包括工、料、机消耗数量、单价、金额在内的施工预算，作为对分部、分项工程成本进行控制的依据。目前，边设计、边施工的项目比较多，不可能在开工以前一次编出整个项目的施工预算，但可根据出图情况，编制分阶段的施工预算。总体来说，无论是完整的施工预算，还是分阶段的施工预算，都是进行项目成本控制的必不可少的依据。

（四）以对外经济合同作为成本控制对象

施工项目的对外经济业务，都要以经济合同为纽带，明确双方的权利和义务。在签订上述经济合同时，除了要根据业务要求规定时间、质量、结算方式和违约奖罚等条款外，还必须强调要将合同的数量、单价、金额控制在预算收入以内。因为，合同金额超过预算收入，就意味着成本亏损；反之，就是盈利。

二、施工项目的成本控制内容

施工项目的成本控制，应伴随项目建设的进程渐次展开，要注意各个时期的特点和要求。各个阶段的工作内容不同，成本控制的主要任务也不同。为实现施工项目成本控制的目标，应做好以项目预算成本、计划成本和实际成本为主要内容的施工项目全过程的成本控制。

（一）施工前期的成本控制

施工前期的成本控制包括四个方面的重点，如表1-1所示。

表1-1 施工前期的成本控制重点

序号	重点	说明
1	工程投标阶段	在投标阶段，成本控制的主要任务是编制适合本企业施工管理水平、施工能力的报价，根据工程概况和招标文件，联系建筑市场和竞争对手的情况，进行成本预测，提出投标决策意见。中标以后，应根据项目的建设规模，组建与之相适应的项目经理部，同时以标书为依据确定项目的成本目标，并下达给项目经理部
2	施工准备阶段	（1）根据设计图纸和有关技术资料，对施工方法、施工顺序、作业组织形式、机械设备选型、技术组织措施等进行认真的研究分析，制定科学先进、经济合理的施工方案

续表

序号	重点	说明
2	施工准备阶段	（2）根据企业下达的成本目标，以分部、分项工程实物工程量为基础，联系劳动定额、材料消耗定额和技术组织措施的节约计划，在优化施工方案的指导下，编制明细而具体的成本计划，并按照部门、施工队和班组的分工进行分解，作为部门、施工队和班组的责任成本落实下去，为今后的成本控制做好准备 （3）根据项目建设时间的长短和参加建设人数的多少，编制间接费用预算，并对上述预算进行明细分解，以项目经理部有关部门（或业务人员）责任成本的形式落实下去，为今后的成本控制和绩效考评提供依据
3	项目预算成本的控制	施工项目预算成本管理反映的是各地区建筑业的平均成本水平，是确定工程造价的基础。要做到完善的项目成本控制，首先必须按照设计文件，国家及地方的有关定额和取费标准编制完备的施工图预算，做到量准、项全。施工项目预算成本的管理是编制计划成本和评价实际成本的依据，是完成施工项目成本控制的前提
4	项目计划成本的控制	根据计划期的有关资料，考虑到采取降低成本措施后的成本降低数，预先计算计划成本，它反映了企业在计划期内应达到的成本水平。通过施工项目计划成本的管理可以确定与施工项目总投资（中标价）比较，应实现的计划成本降低额与降低比率，并且按成本管理的层次，将计划成本加以分解，制定各级成本实施方案

（二）施工期间的成本控制

1. 施工阶段的成本控制的主要任务

施工阶段的成本控制的主要任务是确定项目经理部的成本控制目标；项目经理部建立成本控制体系；项目经理部各项费用指标进行分解以确定各个部门的成本控制指标；加强成本的过程控制。

（1）加强施工任务单和限额领料单的控制，特别是要做好每一个分部、分项工程完成后的验收（包括实际工程量的验收和工作内容、工程质量、文明施工的验收），以及实耗人工、实耗材料的数量核对，以保证施工任务单和限额领料单的结算资料绝对正确，为成本控制提供真实可靠的数据。

（2）将施工任务单和限额领料单的结算资料与施工预算进行核对，计算分部、分项工程的成本差异，分析差异产生的原因，并采取有效的纠偏措施。

（3）做好月度成本原始资料的收集和整理，正确计算月度成本，分析月度预算成本与实际成本的差异。对于一般的成本差异要在充分注意不利差异的基础上，认真分析有利差异产生的原因，以防对后续作业成本产生不利影响或因质量低劣而造成返工损失，对于盈亏比例异常的现象，则要特别重视，并在查明原因的基础上，采取果断措施，尽快加以纠正。

（4）在月度成本核算的基础上，实行责任成本核算。也就是利用原有会计核算的资料，重新按责任部门或责任者归集成本费用，每月结算一次，并与责任成本进行对比，由责任部门或责任者自行分析成本差异和产生差异的原因，自行采取措施纠正差异，为全面实现责任成本创造条件。

（5）经常检查对外经济合同的履约情况，为顺利施工提供物质保证。如遇拖期或质量不符合要求时，应根据合同规定向对方索赔：对缺乏履约能力的分包商或供应商，要采取果断措施，立即中止合同，并另找可靠的合作伙伴，以免影响施工，造成经济损失。

（6）定期检查各责任部门和责任者的成本控制情况，检查成本控制责、权、利的落实情况（一般为每月一次）。发现成本差异偏高或偏低的情况，应会同责任部门或责任者分析产生差异的原因，并督促他们采取相应的对策来纠正差异；如有因责、权、利不到位而影响成本控制工作的情况，应针对责、权、利不到位的原因，调整有关各方的关系，落实责、权、利相结合的原则，使成本控制工作得以顺利进行。

2.施工期间材料费、人工费和施工机械使用费的控制

（1）材料费。

材料成本在整个项目成本中的比重最大，一般占到60% ～ 70%，而且有较大的节约潜力，材料费控制分为价格和数量两个方面。首先要把好进货关，对用量较大的材料应采取招标的办法，通过货比三家把价格降下来，或者直接从厂家进货，减少中间环节，节约材料差价：其次是零星的材料要尽量利用供应商竞争的条件实行代储代销式管理，用多少结算多少，减少库存积压，以免造成损失；再次是实行限额领料和配比发料，严格避免材料浪费。

（2）人工费。

对各班组实行工资包干制度。企业应配备一专多能的技术工人，合理调节各工序人数松紧情况，既加快工程进度，又节约人工费用。同时，要压缩非生产人员，在满足工作需要的前提下，实行一人多岗，满负荷工作。采取指标控制、费用包干等方法，最大限度地节约非生产开支

（3）机械设备使用费。

企业应切实加强设备的维护与保养，提高设备的利用率和完好率。对确需租用外部机械的，要做好工序衔接，提高利用率，促使其满负荷运转；对于按完成工作量结算的外部设备，要做好原始记录，计量准确。

3. 加强成本分析，及时纠错

项目的财务人员要按月做好成本原始资料的收集和整理工作，正确计算月度工程成本，同时要按照责任预算考核要求，按分部、分项工程分析实际成本与预算成本的差异。要找出产生差异的原因，并及时反馈到工程管理部门，采取积极的防范措施纠正偏差，以防止对后续施工造成不利影响或质量损失。对盈亏比例异常的现象，要特别引起重视，及时准确查清原因；对于由于采用新技术、新工艺加快施工进度节约费用的应及时推广；对于导致降低工程质量、偷工减料降低费用的应及时纠正。

第四节　建设工程项目成本管理的过程

项目成本的产生贯穿项目成本形成的全过程，从施工准备开始，经施工过程至竣工移交后的保修期结束。工程项目成本管理的过程可以分为事前管理、事中管理、事后管理三个阶段。

一、建设工程项目成本管理的具体流程

项目成本管理的内容很广泛，贯穿于项目管理活动的全过程和每个方面，从项目中标签约开始到施工准备、现场施工，直至竣工验收，每个环节都离不开成本管理工作，就成本管理的完整工作过程来说，其成本管理主要包括六个相互联系环节：成本预测、成本计划、成本控制、成本核算、成本分析和成本考核，即通过科学的预测（估算）来

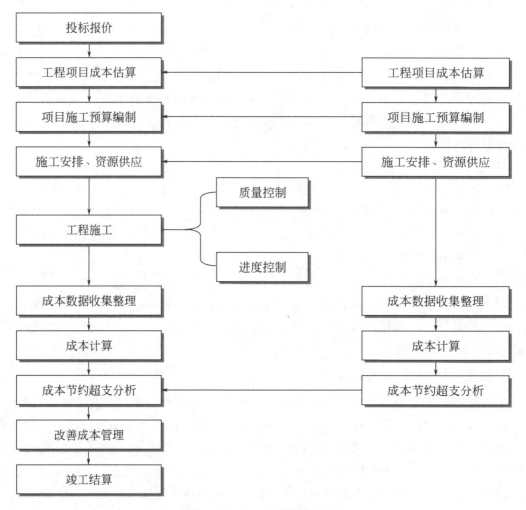

图1-5　工程项目成本管理流程

制订项目成本计划，确定成本管理目标。在市场经济条件下，建筑企业赖以生存发展的空间即工程项目的盈利能力，就是说明在工程施工过程中，要以尽量少的物化消耗和劳动力消耗来降低项目成本，把各项成本支出控制在计划成本范围内，为企业取得最大的经济效益。为此，企业需要按照工程项目成本管理流程严格做好成本控制管理工作。工程项目成本管理流程，如图1-5所示。

在工程项目成本管理流程中，每个环节都是相互联系和相互作用的。成本预测是成本计划的编制基础，成本计划是开展成本控制和核算的基础；成本控制能对成本计划的实施进行监督，保证成本计划的实现，而成本核算又是成本计划能否实现的最后检查，它所提供的成本信息又是成本预测、成本计划、成本控制和成本考核等的依据；成本分析为成本考核提供依据，也为未来的成本预测与编制成本计划指明方向；成本考核是实现成本目标责任制的保证和手段。

以上几个环节构成成本控制的PDCA循环，每个施工项目在施工成本控制中，不断地进行着大大小小（工程组成部分）的成本控制循环，促成成本管理水平不断提高。

二、建设工程项目管理的阶段分析

（一）事前管理

成本的事前管理是指工程项目开工前，对影响工程成本的经济活动所进行的事前规划、审核与监督。工程项目成本的事前管理主要包括如图1-6所示的几方面。

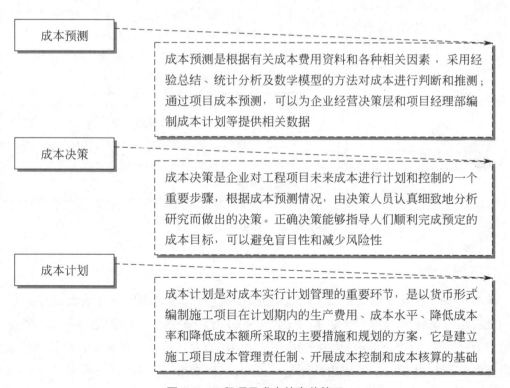

图1-6　工程项目成本的事前管理

（二）事中管理

在事中管理阶段，成本管理人员需要严格地按照费用计划和各项消耗定额，对一切施工费用进行经常审核，把可能导致损失或浪费的苗头，消灭在萌芽状态。而且随时运用成本核算信息进行分析研究，把偏离目标的差异，及时反馈给责任单位和个人，以便及时采取有效措施，纠正偏差，使成本控制在预定的目标之内。成本的事中管理的内容，主要包括如图1-7所示的几方面。

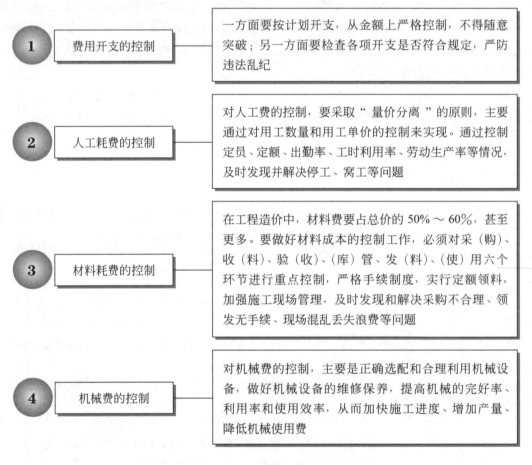

图1-7　事中管理的四个方面

（三）事后管理

成本的事后管理是指在某项工程任务完成时，对成本计划的执行情况进行检查、分析。目的是对实际成本与标准成本的偏差进行分析，查明差异的原因，确定经济责任的归属，借以考核责任部门和单位的业绩；对薄弱环节及可能发生的偏差，提出改进措施；并通过调整下一阶段的工程成本计划指标进行反馈控制，进一步降低成本。成本的事后管理程序，如图1-8所示。

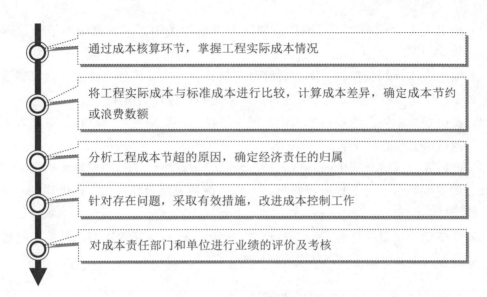

通过成本核算环节，掌握工程实际成本情况

将工程实际成本与标准成本进行比较，计算成本差异，确定成本节约或浪费数额

分析工程成本节超的原因，确定经济责任的归属

针对存在问题，采取有效措施，改进成本控制工作

对成本责任部门和单位进行业绩的评价及考核

图1-8　成本的事后管理程序

第五节　改善建设工程项目成本管理的对策

一、增强项目管理人员成本管理意识

作为项目管理人员，应当认识到项目成本管理的重要性，具备一定的成本管理意识。成本效益观念体现着项目经理对投入产出所做出的判断，是项目经理人员应该具备的重要的内在素质。若要实施项目成本管理，建筑施工企业必须加强对员工进行成本管理的教育，利用成本消耗与员工利益相结合的激励机制来调动员工的工作积极性，提高员工的成本意识，让员工充分认识到工程项目成本管理与每个员工都是息息相关的。这样就会形成全员参与的成本管理体系，使项目成本管理真正落到实处，得到有效的实施，提高建筑企业整体的经济效益。在建筑施工企业中加强实施工程项目成本管理是一个企业创造经济效益的必然选择，项目成本管理不是单独的，它涉及的方面很多，是一个整体的、全员参与、整个过程的动态管理活动。工程项目成本管理的目标就是降低消耗成本，提高企业整体的经济效益，因此建筑企业要加强工程项目成本管理，提升企业在市场中的竞争力，使企业立于不败之地。

二、实行全程成本控制，建立成本核算管理体系

要控制好成本费，需要事先对成本的开支范围做出预测和预控。

（1）测算出企业施工中各部分项目工程的机械费、人工费、材料费等使用情况，对施工中采用的技术措施带来的经济效益进行评估，研究能降低成本的相关措施，以便更好地确定项目目标成本。

（2）施工成本管理的工作范围广，要综合考虑相关因素，建立成本核算管理保证体系。

（3）编制成本计划和控制方案，要健全定额管理、预算管理、计量和验收制度以及各种分类账。每个过程要保证先预算后再做，以免和目标计划偏离。

（4）要做好成本的预测和预控工作，作为项目部，要结合市场材料价格和人工使用等情况，测算出工程的总成本。

（5）严格履行经济合同中的各自职责，合同管理影响到工程的成本和质量，它是成本管理中的重要环节，对工程所需的材料、机械设备采用招标方式，择优选取，避免材料不合格。

（6）严格把好质量、选购、定价、验收、使用、材料核算等环节，只要工程过程中产生的经济行为都要引起重视，从而降低成本。

三、加强项目实施过程中的成本管理

（一）人工成本管理

在项目施工中，应按部位、分工种列出用工定额，作为人工费承包依据。在选择使用分包队伍时，应采用招标制度。由企业劳务管理部门及项目部组成专门的评标小组，小组成员由项目部经理、生产副经理、核算、预算、质量、技术、安全、材料等相关部门的负责人组成。对参与投标的多家分包队伍进行公正、公平的打分，选择实力强、信誉好、工人素质较高的分包队伍。在签订人工承包合同时，条款应详细、严谨、明确，以免结算时出现偏差。每月末进行当月工程量完成情况核实，须经有关负责人签字后方能结算拨付工程款。同时应注意对零工、杂工的结算，严格控制人工成本的支出。

（二）材料成本管理

加强材料管理是项目成本控制的重要环节，一般工程项目，材料成本占造价的60%左右，控制工程成本，材料成本尤其重要。如果忽视材料管理，项目成本管理就无从谈起。

1.材料用量的控制

坚持按定额确定材料消耗量。实行限额领料制度；正确核算材料消耗水平，坚持余料回收；改进施工技术，推广使用降低材料消耗的各种新技术、新工艺、新材料；运用价值工程原理对工程进行功能分析，对材料进行性能分析，力求用低价材料代替高价材料；利用工业废渣，扩大材料代用；加强周转料维护管理，延长周转次数；对零星材料以钱代物；包干控制，超用自负，节约归己；加强材料管理，降低材料损耗量；加强现场管理，合理堆放，减少搬运，减少损耗，实行节约材料奖励制度。

2.材料价格的控制

材料价格控制主要是由采购部门在采购中加以控制。进行市场调查，在保质保量的前提下，货比三家，争取最低买价；合理组织运输方式，以降低运输成本；考虑资金的时间价值，减少资金占用，合理确定进货批量与批次，尽可能降低材料储备和买价。

（三）机械设备的成本管理

加强对机械设备的管理，合理安排大型机械进退场时间及机械设备之间的配合使用，对机械设备进行定期的维护、保养以提高其利用率及完好率，对机械运转台班做好详细记录，把实际运转台班与定额机械台班消耗量做比较，如超出定额台班消耗量，亦要及时查找原因，纠正偏差。

（1）合理安排施工生产，加强机械租赁计划管理，减少因安排不当引起的设备闲置。

（2）加强机械设备的调度工作，尽量避免窝工，提高现场设备利用率。

（3）加强现场设备的维修保养，提高设备的完好率，避免因不正当使用造成机械设备的停置。严禁机械维修时将零部件拆东补西、人为地破坏机械。

（4）做好上机人员与辅助人员的协调与配合，提高机械台班产量。

（四）间接费及其他费用管理

根据项目建设时间的长短和参加建设人数的多少，编制间接费用预算并对其进行明细分解，制定切实可行的成本指标以节约管理费用，对每笔开支严格审批手续，对超责任成本的支出，分析原因，制定针对性的措施；依据施工的工期及现场情况合理布局，尽可能就地取材搭建临设，工程接近竣工时及时减少临设的占用；提高管理人员的综合素质，精打细算，控制费用支出；编制详细的现场经费计划及量化指标，措施费的投入应有详细的施工方案及经济合理性分析报告。把降低成本的重点放在工程施工的过程管理上，在保证施工安全、产品质量和施工进度的情况下，采取防范措施，消除质量通病，做到工程一次成型，一次合格，杜绝返工现象的发生，避免造成因不必要的人、财、物等大量的投入而加大工程成本。

四、加强质量成本管理

对施工企业而言，产品质量并非越高越好，超过合理水平时，属于质量过剩。无论是质量不足或过剩，都会造成质量成本的增加，都要通过质量成本管理加以调整。质量成本管理的目标是使五类质量成本的综合达到最低值。一般来说，质量预防费用起初较低，随着质量要求的提高会逐渐增加，当质量达到一定水平再要求提高时，该项费用就会急剧上升。质量检验费用较为稳定，不过随着质量的提高也会有一定程度的增长。而质量损失则不然，开始时因质量较差，损失很大，随着产品质量不断改进，该项损失逐步减少。它们互相交叉作用，必须找到一个质量成本最低的理想点。

应正确对待和处理质量成本中几个方面的相互关系，即预算成本、质量损失、预防费用和检验费用间的相互关系，采用科学合理、先进的技术方案，优化的施工组织设计，在确保施工质量达到设计要求水平的前提下，尽可能降低工程质量成本。项目经理部也不能盲目地为了提高企业信誉和市场竞争力而使工程全面出现质量过剩现象，从而导致施工产值很高，经济效益低下的被动局面。

五、完善工期成本的管理

正确处理工期与成本的关系是施工项目成本管理工作中的一个重要课题，即工期成本的管理与控制对建筑施工企业和施工项目经理部来说，并不是越短越好，也不是越长越好，而是需要通过对工期的综合预测并合理调整来寻求最佳工期成本，把工期成本控制在最低点。

工期成本管理的目标是正确处理工期与成本的关系，使工期成本的总和达到最低值。工期成本表现在两个方面：一方面是项目经理部为了保证正常工期而采取的所有措施费用；另一方面是因为工期拖延而导致的业主索赔成本，这种情况可能是由于各种施工环境及自然条件等引起的，也可能是内部因素造成的，如停工、窝工、返工等，因此所引起的工期费用，称其为工期损失。相对来说，工期越短，工期措施成本越低；但当工期缩短至一定限度时，工期措施成本则会急剧增加。而工期损失则不然，因自然条件引起的工期损失，其损失额度相对较小，通常情况下不给予赔偿或赔偿额度较小，该部分工期损失在正常施工工期成本中可不予考虑。因施工项目内部因素造成的工期损失，随着工程正常的展开，管理人员经验的积累也会逐渐减少。综合工期成本的各种因素，就能找到一个工期成本最低的理想点，这一点也就是工期最短并且成本最低的最优点。

由于内外部环境条件及合同条件的制约，保证合同工期和降低工程成本是一个十分艰巨的任务，因此，必须正确处理工期成本这两个方面的相互关系，即工期措施成本和工期损失之间的相互关系。在确保工期达到合同条件的前提下，尽可能降低工期成本，切不可为了提高企业信誉和市场竞争力，或者盲目地按照业主的要求，抢工期、赶进度，增大工期成本。

六、加强工程项目成本核算监督力度

各工程项目经理部人员应自觉认真学习和严格贯彻执行企业制定的施工成本控制与核算管理制度，并保持自律，不利用职权或工作之便干扰成本核算管理工作，使施工成本管理真正落到实处。

成本核算员要对施工生产中发生与施工成本相关的工程变更项及时收集整理并办理签证手续，定期向公司经营部门上报审核，以便及时准确地控制施工成本并掌握工程施工情况，防止给工程竣工结算造成不必要的损失。

公司应制定相应约束机制和激励机制对成本核算员行使职权提供必要的保障。作为职能部门应加强监督力度，培养他们的责任感，充分发挥他们工作能力。同时，要全面提高核算员的技术业务素质，对那些没有经过专业学习和培训，未按规定持证上岗，业务不熟悉，核算能力有限，无法保证成本核算的质量和工作的人员，要迅速组织培训学习，尽快提高他们的素质。对在业务上敷衍了事，弄虚作假，欺上瞒下，得过且过的人员，要注意提高他们的业务素质和道德素质的水平，提高他们的工作责任感。

02

第二章
建设项目成本控制体系

引言

　　真正要使项目成本达到目标要求，必须做好项目全过程成本控制。由于项目管理是一次性行为，它的管理对象只有一个工程项目，且随着工程项目建设的完成而结束其历史使命。在施工期间，项目成本能否降低，有无经济效益，得失在此一举，别无回旋余地，有很大的风险性。为确保项目成本必盈不亏，成本控制不仅必要而且必须做好。施工项目成本控制的目的在于降低项目成本，提高经济效益。然而，项目成本的降低，除了控制成本支出以外，还必须增加工程预算收入。因为，只有在增加收入的同时节约支出，才能提高施工项目成本的降低水平。

第一节　建设工程项目成本控制基础

　　成本控制，是一个系统的工程，全面的工程，应该从工程投标报价开始，直到项目竣工结算完成为止，贯穿项目实施全过程。工程项目成本全过程控制是由工程项目的自身特点决定的。施工项目作为一次性事业，生产过程具有明显的单件性，施工项目活动过程不可逆，也不重复，给工程项目带来了较大的风险性和管理的特殊性；施工项目的地点固定、体积庞大和结构复杂，导致了施工中各种生产要素的流动性、工程多和施工组织复杂。此外，施工周期长，作业条件恶劣，易受气候、地质条件等制约也都直接影响成本的高低，给施工项目的成本管理带来了很多困难。因此对工程项目必须实行全过程控制。

一、树立全员成本意识

　　树立全员成本意识是做好成本控制的思想基础。成本控制的目的是合理使用人力、物力、财力，降低成本，增加效益。成本控制涉及项目组织中的所有部门、班组和员工的工作，并与每个员工的切身利益息息相关，调动每个部门、班组和员工控制成本、关心成本的积极性，真正树立起全员控制的思想观念非常重要。

（一）在员工的培训教育中强化成本观念

加强成本费用控制，首要的工作在于提高广大职工对成本费用控制的认识，增强成本观念，充分认识到成本与收益的密切关系；贯彻技术与经济结合、生产与管理并重的原则，向全体职工进行成本意识的宣传教育，培养全员成本意识；同时向员工宣传组织的成本理念，使每个员工都能理解组织的命运和自己的命运是相互联系的，形成"视公司为家"的态度。

（二）抓好成本管理主体的带头作用

虽然全体员工都有参与成本控制的义务，但是成本控制的主体应该是对公司成本的形成和产生负有责任的影响者及参与者。因此，公司在进行成本管理时，应将与成本的产生密切相关的诸如决策阶层、部门负责人等视为成本控制的主体，使其充分认识到自己的主观能动性对成本降低的重要作用，从而带头树立起成本意识和效益观念。而这种模范行为是一种无声的号召，对下属具有重要的示范作用。

同时，管理主体要加强与下属的沟通，在与下属的谈话中及时发现企业的问题，解决问题，免遭不明的损失，降低企业的成本。

（三）树立现代成本意识

现代成本意识是指企业管理人员十分重视成本管理和控制工作，不受"成本无法再降低"的传统思维定式的束缚，充分认识到企业成本降低的潜力是无穷无尽的，然而这种降低必须建立在维护企业效益的基础上，因此必须是"有计划、有组织的"。主要从两方面着手：一是扩展成本控制的范畴，以管理部门牵头，扩展到设计、生产、供应等部门，要求每个部门、每位员工都树立良好的成本意识，形成贯穿整个企业的"组织化成本意识"；二是提高成本控制的定位，将成本控制的理念向决策领域渗透，从选择项目的种类、规模时就注入成本观念，确立具有长期发展性的"战略性成本意识"。

（四）建立企业的节约文化

企业文化是企业发展强大的内在驱动力，从某种意义上说，现代企业的竞争，归根到底就是企业文化的竞争。构建节约型社会是我国的一项基本国策，企业作为社会资源的主要使用者，更应当成为节约的主体。

二、工程项目全过程成本控制体系

项目成本的产生涉及项目的整个周期，形成于项目施工的全过程，成本控制工作也要伴随项目施工的每个阶段。如在施工准备阶段制定最佳的施工方案，按照设计要求和施工规范施工，充分利用现有的资源，减少施工成本支出，确保工程质量，杜绝工程返工和减少工程移交后的保修费用，是过程控制的重点。所以，要想做好施工项目的成本管理工作，首先必须强调项目管理人员的成本意识，而且在整个项目管理的始终都要具有严格的成本管理态度。

（一）项目成本的三个阶段

在项目成本全过程管理上，主要有如图2-1所示的三个阶段及目标。

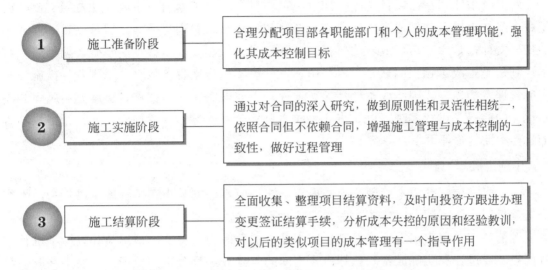

图2-1 项目成本全过程管理的三个阶段及目标

（二）施工项目全过程成本管理的内容

施工项目全过程成本管理包括成本预测、计划、控制、核算和分析考核。其中成本预测、制订成本计划属于事前控制，对实际成本进行监控和对各项工作成本变动进行跟踪动态管理属于事中控制，成本核算和分析则属于事后控制阶段，具体分类详见图2-2。

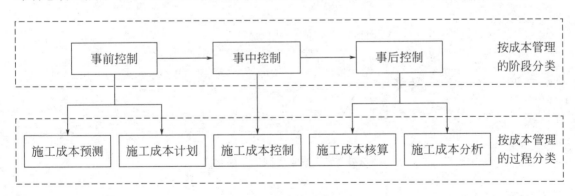

图2-2 成本管理内容及分类

1.施工成本预测

施工成本预测就是以成本估算理论为基础，根据施工项目的具体情况，运用科学的预测方法和手段，在工程施工以前对项目未来的成本支出情况做出科学的预测。施工成本预测是成本计划的基础和前提，是编制成本控制目标和施工项目成本决策与计划的依据。通过成本预测，可以在满足合同要求和企业战略的前提下，选择成本最低、综合效益最好的成本实施方案，并能对成本控制的薄弱环节加强管理，以提高成本控制的预见性。

2.施工成本计划

施工成本计划是在项目实施初期对施工项目在项目工期内产生的一切费用支出、施工成本降低率以及降低成本的措施进行统筹和规划的一种指导方案。它是项目降低成本的指导文件，是设立目标成本的依据，是开展成本控制和成本核算的基础。编制施工成本计划是施工成本预控的重要手段，由于不同的实施方案将导致直接工程费、措施费和企业管理费的差异，因此成本计划应在工程开工前编制完成，在项目实施方案确定和不断优化的前提下进行编制，以便将计划成本目标分解落实，为各项成本的执行提供明确的目标和控制管理手段。

3.施工成本控制

施工成本控制是成本管理的核心内容。施工成本控制是指在工程施工过程中，不断收集项目产生的实际动态成本，并采取各种有效措施，将项目实施过程中产生的各种实际资源消耗和费用支出等严格控制在成本计划的范围内。将实际情况与计划情况进行实时比较，通过计算实际成本和计划成本之间的差异并进行分析和反馈，以便于采取针对性的措施控制项目施工时的额外成本支出。

施工成本控制具有全过程和全方位的特征。成本控制与目标成本管理相结合有三层含义：一是在成本预算、决策和成本计划阶段对目标成本的控制；二是在成本动态控制和分析阶段对目标成本完成过程的监控；三是在成本核算和分析阶段对目标成本完成情况的分析和考核，是在事前控制和事中控制的基础上分析经验和总结教训，为今后其他类似项目的成本控制指明方向。施工成本控制的三层含义如图2-3所示。

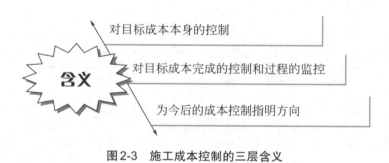

图2-3　施工成本控制的三层含义

4.施工成本核算

施工成本核算包括两个方面：一是对施工产生费用按成本的类别进行信息分配和数据汇总，计算出实际的施工项目费用支出；二是采用科学的方法，计算出该项目的施工总成本和各单位成本。施工成本核算贯穿于成本控制的始终，需要正确及时地核算项目实施过程中产生的各种成本数据和信息，作为各个成本管理环节的依据。项目经理部要建立项目业务费用管理台账和施工成本会计账户，实施全过程的成本核算。成本核算可分为施工过程中的成本核算和竣工工程的成本核算，施工过程中的成本核算是竣工后成本核算的基础。

5.施工成本分析

施工成本分析是对成本的形成和影响因素进行分析，是在施工成本核算的基础上寻求进一步降低成本途径的活动。施工成本分析应贯穿于施工成本管理的全过程，其是在成本的形成过程中，主要利用实时收集的成本信息与目标成本和预算成本以及以往类似工程的经验成本等进行比较，系统地研究成本变动的规律和影响因素，以便有效地进行成本控制。

三、实施目标成本管理

建设工程企业应以财务部门为中心，把企业的总目标成本分解，下达给各责任单位，作为各自的分目标成本。各责任单位的费用单独记录、考核，并报告成本控制执行情况。财务部门根据责任成本报告，比较实际与目标的差异，分析差异的产生原因和责任归属，并及时予以调整，采取适当的措施。各责任单位按新的指令继续控制。

四、建立动态的控制系统

建设工程项目的成本控制是一个动态而又复杂的过程，在项目实施过程中必须随着情况的变化进行项目目标的动态控制。

所谓动态控制就是从工、料、机投入到施工过程完成之后，要及时收集成本产生的实际值，并与目标值相比较，核查有无偏差，若无偏差，则继续进行。否则，要找出具体原因，采取相应措施，及时堵塞漏洞。另外，在动态控制过程中还应采取某些"特殊"的管理方法。所谓"特殊"是指在工程建设活动中，对那些不经常出现的问题，要做到因地制宜，对症下药，切不可千篇一律。尤其是对事关全局或关键性问题，要及时采取相应措施进行控制，切不可放任发展。

项目目标的动态控制是项目管理最基本的方法论。项目目标动态控制的工作程序如图2-4所示。

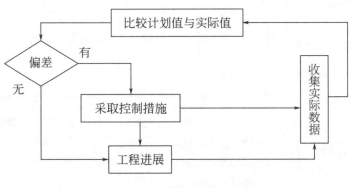

图2-4 动态控制原理

（1）项目目标动态控制的准备工作：将对项目的目标进行分解，以确定用于目标控制的计划值。

（2）在项目实施过程中对项目目标进行动态跟踪和控制，收集项目目标的实际值，进行项目目标的计划值和实际值的比较，通过比较，如有偏差，则采取纠偏措施进行纠偏。

项目目标动态控制的纠偏措施主要包括：组织措施、管理措施、经济措施和技术措施，如图2-5所示。

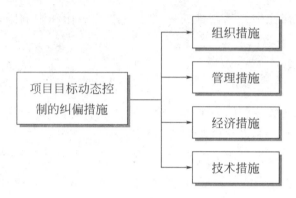

图2-5 动态控制的纠偏措施

五、建立完善的资源配置体系

（一）人工费的控制

人工费的控制实行"量价分离"的方法，将作业用工及零星用工按定额工日的一定比例综合确定用工数量与单价，通过劳务合同进行控制。

（二）材料费的控制

材料费的控制同样按照"量价分离"原则，控制材料用量和材料价格。

1. 材料用量的控制

在保证符合设计要求和质量标准的前提下，合理使用材料，通过定额管理、计量管理等手段有效控制材料物资的消耗，具体方法如图2-6所示：

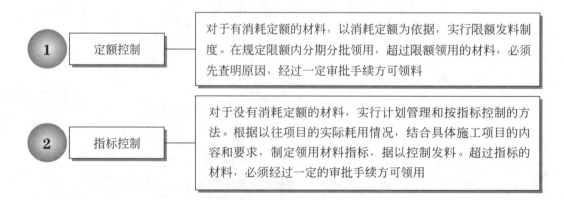

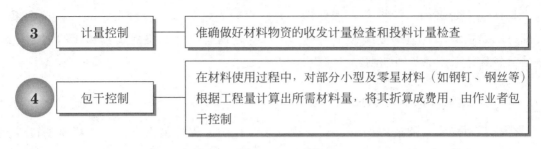

图2-6 材料用量的控制方法

2.材料价格的控制

材料价格主要由材料采购部门控制。由于材料价格是由买价、运杂费、运输中的合理损耗等组成，因此控制材料价格，主要是通过掌握市场信息，应用招标和询价等方式控制材料、设备的采购价格。

（三）施工机械使用费的控制

施工机械使用费主要由台班数量和台班单价两方面决定，为有效控制施工机械使用费支出，主要从以下几个方面进行控制：

（1）合理安排施工生产，加强设备租赁计划管理，减少因安排不当引起的设备闲置；

（2）加强机械设备的调度工作，尽量避免窝工，提高现场设备利用率；

（3）加强现场设备的维修保养，避免因不正当使用造成机械设备的停置；

（4）做好机上人员与辅助生产人员的协调与配合，提高施工机械台班产量。

六、建立成本控制责任制

有关成本控制方法中曾强调了责任制的重要性，而在施工阶段建立的成本控制责任制除应严密、完整之外，还应保证与质量目标、工期目标相联系，杜绝单纯控制成本而忽视质量、工期，亦即要克服成本控制中的"假节约、真超支"现象。

关于成本控制责任制的运作手法请参阅第四章的内容。

第二节 完善成本控制标准和程序

一、建立和完善成本管理标准

做好建设工程项目管理中的成本管理与成本控制的一项重要工作是建立和完善成本管理标准。

管理标准是在梳理成本管理业务流程并将流程节点中的业务予以模块化、具体化和规范化，用于指导和规范日常的成本管理活动。管理标准可分为两类：管理制度和管理办法，其中成本管理制度是整个成本管理标准的统领性文件，主要体现成本管理原则及各项具体成本管理内容的核心管理要求，并建立起管理制度与管理办法间的衔接关系；管理办法是在成本管理制度统领下对具体成本管理内容更加明确化、具体化的规定，也就是一些具体工作的实施细则。

二、完善项目成本控制程序

企业要做好成本的过程控制，就必须有规范化的过程控制程序。在对成本的过程控制中，有两类程序应进行控制：一是管理控制程序；二是指标控制程序。管理控制程序是对成本全过程控制的基础，指标控制程序则是成本进行过程控制的重点。两个程序既相对独立又相互联系，既相互补充又相互制约。

（一）管理程序控制

管理的目的是确保每个岗位人员在成本管理过程中的管理行为是按事先确定的程序和方法进行的。从这个意义上讲，首先要明白企业建立的成本管理体系是否能对成本形成的过程进行有效控制，其次是体系是否处在有效的运行状态。管理控制程序就是为规范项目施工成本的管理行为而制定的约束和激励机制，内容如下：

（1）建立项目施工成本管理体系的评审组织和评审程序；

（2）建立项目施工成本管理体系运行的评审组织和评审程序；

（3）目标考核，定期检查，表2-1是岗位工作检查表；

表 2-1　岗位工作检查表（施工员）

序号	检查内容	资料	完成情况	备注
1	月度用工计划			
2	月度材料需求计划			
3	月度工具及设备计划			
4	限额领料单			
5	其他			

（4）制定对策，纠正偏差，管理控制程序如图2-7所示。

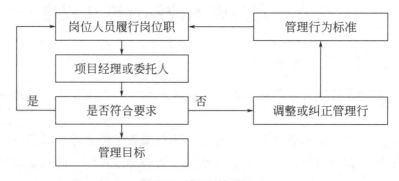

图2-7　管理控制程序

管理程序控制的内容如下：

（1）建立施工阶段的成本管理体系；

（2）在建立施工阶段成本管理体系的基础上，建立运行的评审程序和评审组织；

（3）进行目标考核，并且定期检查每个考核和整个管理程序；

（4）制定出相应的对策，纠正所产出的偏差。

（二）指标控制程序

施工项目的成本目标是进行成本管理的目的，能否达到预期的成本目标，是施工项目施工成本管理是否成功的关键。在成本管理的过程中，对各岗位人员的成本管理行为进行控制，就是为了保证成本目标的实现。可见，施工项目的成本目标是衡量施工项目施工成本管理业绩的主要标志。成本指标控制程序如图2-8所示。施工项目成本目标控制程序如下：

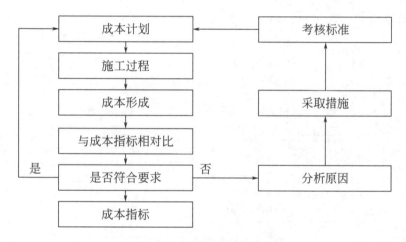

图2-8　成本指标控制程序

（1）确定施工成本目标及月度成本目标；

（2）收集成本数据，监测成本形成过程；

（3）分析偏差原因，制定对策；

（4）用成本指标考核管理行为，用管理行为来保证成本指标。

【实战范本2-01】▶▶▶

工程项目成本管理办法

第一章　总　则

第一条　为了提高施工现场成本管理水平，强化项目施工管理，实现效益最大化，特制定本办法。

第二条　工程项目目标成本是指工程项目按照合同规定的工期、质量完成合同确定的工程量所应该达到的成本水平，即作为项目成本管控及后期效益评价的标准。

第三条　本办法适用于集团各项工程项目。

第二章　工程项目成本管理组织机构

第四条　确立子公司董事长为成本管理第一责任人，各项目部作为成本责任中心。

第五条　各子公司成立由董事长组织项目经理、工程部长、物资部长、机务部长、财务部长等相关职能部门成立"成本控制小组"，根据招投标文件、合同和现场实际情况，参考国家和行业定额编制项目预算成本，并负责施工过程中各项成本控制。

第六条　集团本部与各下属集团成立"项目评价委员会"，负责对工程项目目标成本的审查、批复、评价以及相关管理办法的制定等工作。

"项目评价委员会"由集团领导及工程、财务、物资、机务、人才审计等部门领导组成，办公室设立在工程部门，负责日常工作。

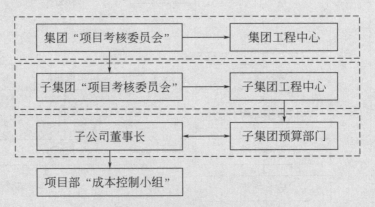

工程项目成本管理机构

第三章　成本的编制

第七条　成本构成

成本费用构成见下图。

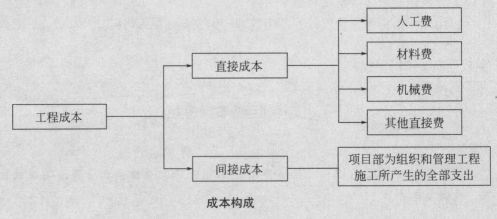

成本构成

第八条　目标成本的编制原则

（一）先进性原则

制定目标成本应体现比本公司历史成本先进，比同行业平均成本水平先进，在成本管理方法上有所突破，有所创新。

（二）客观性原则

制定目标成本要充分考虑工程项目的施工环境和施工条件，考虑成本费用的实际支出水平，反对不切实际的空想目标。

（三）可行性原则

一是目标成本指标在实际运作中是可行的，比较符合实际情况；二是目标成本指标分解到各施工组后，具有可操作性，符合目前的管理水平和职工的接受程度。

（四）灵活性原则

目标成本一般是在比较全面了解和分析当前主客观条件的基础上制定的，但由于施工现场作业的不可预见性，就要求适时调整和修订目标值，以适应变化的情况和管理要求。

第九条　目标成本管理工程流程

（1）项目进场后，子公司董事长组织项目部相关职能部门进行项目成本分析和测算，子集团相关职能部门指导子公司在收到经审定后的图纸2个月内，结合招投标文件、施工合同、施工组织设计等文件和工程实际情况，按分部、分项工程作为编制对象，参考国家和行业指导清单价格编制项目预算成本，完成后由董事长审核。

（2）预算成本审核通过后，报所在子集团"项目评价委员会"审核，子集团"项目评价委员会"于5个工作日内予以回复审核意见，并将预算成本报集团"项目评价委员会"备案。

（3）预算成本审核通过后，作为项目成本控制目标，各子公司（项目部）根据施工组织设计、施工进度及工程实际情况进行分时、分组、分段工程成本费用分解，确定目标成本，作为项目分项工程成本控制基点。

（4）每月定期由项目经理组织"成本控制小组"开展成本分析，进行成本控制。"成本控制小组"根据部门职责严格遵守成本管理责任制度，为每月例行的成本分析提供所需的各种资料。

（5）项目部每月根据完成的工程情况进行月度成本核算和分部分项工程成本核算，对超标项目进行分析并要追究责任，责令责任部门拿出改进措施，降低成本费用。

（6）下属集团"项目评价委员会"每月对所管辖项目的目标成本执行情况进行审核、监督，有权利、有义务对项目目标成本出现偏差的情况提出整改措施和考核方案。

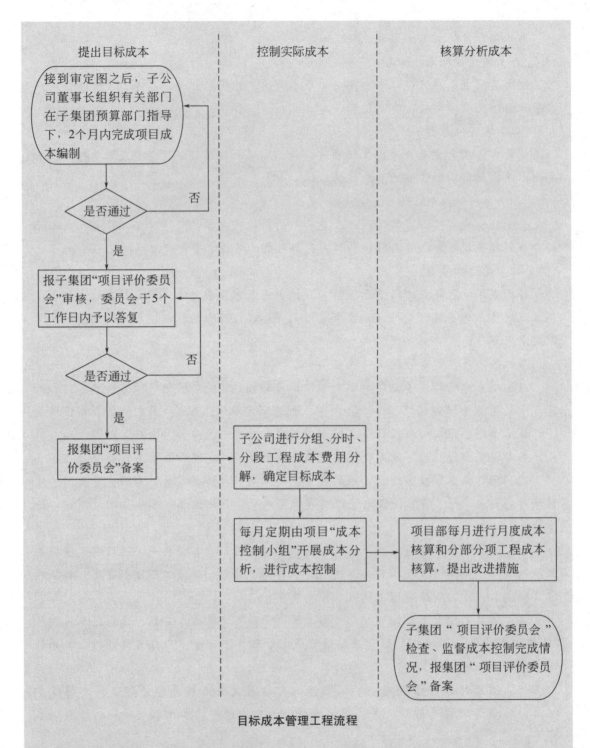

目标成本管理工程流程

第十条　做好目标成本管理的基础工作

（一）建立和健全各项原始记录

包括施工生产记录、劳动工资记录、材料物资记录、工程款结算记录等。

（二）建立和健全各项责任制度

为保证施工项目成本管理，各分公司应建立健全以下各项责任制度：计量验收制度、定额管理制度、岗位责任制度、考勤考核制度、材料收发领用制度、机械设备管理与维修制度、成本核算分析制度以及目标成本管理制度，使各项经营活动有章可循。

（三）准确的财务核算

为准确反映项目实际成本支出情况，并及时为目标成本的分析考核提供准确数据，为查找偏差提供方向，为采取措施纠偏提供建议，财务必须及时、准确地进行项目核算。

第十一条　目标成本的分项测算

（一）人工费测算

工程部根据工程施工合同、内部施工定额标准、施工图、工程项目实物工程量、施工组织设计等有关文件，以及项目部批准的用工计划、合同工期、开工筹备期和工程收尾交工期，预测用工需求量，根据实际配置测算生产工人及管理人员工资费用等人工费总额。

附表一："项目用工计划配置表"。

（二）材料费测算

物资部根据施工合同中自购料内容，按照市场价格，编制工程材料的目标价格。同时，编制施工技术措施用料、工具器具、劳保用品等材料目标价格，汇总工程用料目标总价格。

根据施工组织方案、施工机具配备方案及各项材料消耗定额测算各项材料消耗用量。各项材料价格和用量标准确定以后，可计算出材料费的支出总额。

（三）机械使用费测算

机务部根据施工技术组织措施和项目部落实的设备配备方案，以及工程合同工期、设备调遣方案和设备进退场情况等编制设备施工明细目录和设备费用目标计划，测算机械费用。

（四）其他直接费测算

由有关部门根据业务职责和历史经验数据编制该部门可控制的费用支出目标。

（五）间接费用测算

由财务部门根据项目部人员、设备配备计划以及各项费用开支定额测算各项费用支出。

第十二条　由项目部结合项目实际情况，根据成本编制依据和原则编制目标成本。目标成本确定后原则上不做调整，如因特殊情况需要调整的，项目部以书面报告形式上报子集团"项目评价委员会"，评价委员会在审核后对其进行书面批复。

第四章　目标成本的控制

第十三条　目标成本控制方法

（一）制度控制

项目部对现场各项成本费用支出应严格按照各项控制制度执行，必须照章办事，使成本控制有章可循。

（二）合同控制

以与业主签订的合同为依据，施工过程中各项生产活动严格按照合同执行，对超出合同部分的工作量做好现场签证、索赔工作。

（三）目标成本分项控制

1.人工费的控制

（1）人工费的控制应按照"量价分离"的原则，并实行动态管理，坚决控制、压缩工程项目多余劳动力和不必要的管理人员。工程项目的人员决策权最终由项目经理负责。

（2）加强外雇工控制，结合实际情况，合理安排外雇工用量及价格。

2.材料费的控制

材料费的控制严格按照"量价分离"的原则，一是材料用量的控制；二是材料价格的控制。

（1）用量的控制。

材料消耗量主要是由项目经理部在施工过程中控制。对于有消耗定额的材料，项目以消耗定额为依据，实行限额领发料制度。需要超过限额领用的材料，应查明原因，经过审批手续方可领料。对于没有消耗定额的材料，实行计划管理和按指标控制的办法。

对于施工措施用料要制定用量限额严格控制，限额使用，财务部门要设立措施用料台账专项核算。

（2）材料价格的控制。

材料价格控制主要由材料采购部门在采购中实行买价控制。必须选定合格的供应商，实行货比三家、多方询价，在保质保量的前提下，争取最低买价。对大宗物资采购实行招标采购，在保证质量的前提下，尽可能降低采购成本。

项目部或分公司有关职能部门对材料采购成本不定期进行跟踪检查，对超支较大的单项采购成本责成采购部门查找原因，并形成书面报告报送项目主管领导和有关部门。

3.机械使用费的控制

机械费用主要由台班数量和台班单价两方面决定。为有效控制台班费支出，主要从以下几个方面进行控制。

（1）指导项目合理安排施工生产，督促项目加强设备租赁计划管理，减少因安排不当引起的设备闲置。

（2）协助项目加强现场设备的维修保养，尽量避免窝工，提高现场设备利用率；对于按时间单位租赁的机械，应加快工作进度，提高使用效率。

（3）监督项目加强现场设备的维修保养，避免因不正当使用造成机械设备的停置。

（4）严格控制完工整修费用。

（5）严格控制对外租赁设备的数量和单价。项目机务部应结合集团机务管理相关规定执行租赁计划，取得项目经理同意并由项目经理出面签订合同，具体实施办法参照集团《机务管理规定》执行。

4.间接费的控制

各集团、子公司有规定的按现行规定执行，没有规定的由项目部制定开支标准及限额，如招待费、电话费等。各职能部门在规定的开支范围内有权支配，超计划使用则需经过一定审批手续。

（四）加强分包费用的控制

各子集团应严格参照《×××建设集团工程分包管理办法》执行分包管理，加强分包费用的控制，各子集团审计部门应对分包工程管理的全过程进行跟踪审计。

第十四条 加强工程变更索赔管理

在工程施工过程中，由于设计变更等原因，需要增减工程量的，双方应当在施工现场及时办理签证手续，据以调整工程项目目标成本。目标成本的调整资料经项目经理批准后，报项目"考核评价委员会"审核、批准后备案。

第五章 项目成本核算

工程项目核算应严格按照《会计制度》和集团的相关核算规定执行。

第十五条 项目成本实施细则

（1）"成本控制小组"作为项目成本管理中心，是项目核算的执行者，对成本核算负主要责任。由子公司董事长负责、主持和安排成本核算全面工作，对成本核算的节点划分和具体任务分工，督促"成本控制小组"按时完成成本核算工作。

（2）项目综合办公室负责对节点（阶段）的所有项目人员的出勤及用工情况进行统计。

（3）项目物资部负责对节点（阶段）的各项材料费用、材料消耗进行分析统计；项目机务部负责对机械使用、机械台班进行分析统计。

（4）项目财务部负责对核算阶段现场经费、固定资产使用费、保险费、财务费用等费用进行统计。

（5）由"成本控制小组"最终对各部门的核算数据进行汇总、分析，找出成本管理存在的问题，对成本核算成果及成本管理情况做出评价，汇总成分析报告资料报送"项目评价委员会"审核。

第十六条　项目成本核算对象

项目成本核算原则上以单项工程进行。根据工程实施具体情况，可以采取不同合同段、标段划分进行核算。

第十七条　项目成本核算周期

原则上项目的成本核算每月进行一次，项目部根据工程特点和工程实施情况自行安排。但每季度项目部必须按照实施细则进行一次季度成本控制分析，季度成本报告需在下季度首月10日前报"项目评价委员会"审核。

第十八条　成本核算内容

成本核算包括：人工费、材料费、机械费、其他直接费、间接费五项内容。工程施工过程中产生的施工费，首先按照确定的成本核算对象和上述确定的五个项目进行归集，能够直接计入有关成本核算对象的费用直接计入，不能直接计入的采用一定的分配方法分配计入，然后计算出该项工程的实际成本。

第六章　成本分析

第十九条　施工项目成本分析，应该随着项目施工的进展，动态地、多形式地开展，而且要与生产诸要素的经营管理相结合。通过成本分析，恰当评价目标成本计划的执行结果；揭示成本节约和超支的原因，进一步提高企业管理水平；寻求进一步降低成本的途径和方法，不断提高管理效益。

第二十条　各分公司应建立一套完善的成本分析方法，定人、定期，分机组、分费用项目进行。项目月度成本分析由董事长牵头组织，提出项目截至本月累计成本完成水平，"成本控制小组"逐项分析各项费用本月盈亏情况，寻找原因，提供"项目评价委员会"参考；"项目评价委员会"实时掌握项目实施管理过程中成本控制风险，对项目部阶段性亏损及时预警，督促整改。项目部在规定期限内查找原因，将分析报告及改进措施报"项目评价委员会"审核。

第二十一条　成本差异分析应从量、价两方面进行。

$$价格差异＝实际数量×（实际价格－预算价格）$$
$$数量差异＝预算价格×（实际数量－预算数量）$$

第二十二条　工程阶段完工验收后项目部应对成本执行情况进行分析，形成《项目阶段成本分析报告》，找出成本差异，说明原因。

第二十三条　项目部在形成书面分析报告后，应及时上报下属集团"项目评价委员会"审核，经审核后报集团"项目评价委员会"报备，确定项目实际成本。

【实战范本2-02】▶▶

项目施工成本控制实施细则

第一章 总 则

第一条 根据××集团《工程项目成本管理规范》、××局《施工项目管理办法》及《施工现场管理考核标准》和《工程合同管理文件范本》的有关规定，特制定本细则。

第二条 施工项目成本控制实行公司统一领导、合同管理部归口管理、项目经理负责实施、全员参与的成本控制体系。

第三条 分公司成立成本控制指标审核小组，成员由公司经理、书记、总会计师、总经理组成，负责对项目施工成本指标的审查、确定。

第四条 项目经理部负责项目初期施工成本测算，公司合同管理部负责项目部上报的初期施工成本的审核，并与项目经理部进行沟通核对，及时将核对达成的初期成本资料报公司成本控制指标审核小组审查、确定。

第五条 公司各业务主管部门负责对项目经理部成本控制过程进行指导、检查、监督以及处理项目成本控制过程中发生的重大问题。

第六条 公司合同管理部负责公司成本控制工作归口管理，并履行以下职能：

（1）制定和修改公司成本控制管理规章制度；

（2）参与《项目施工目标管理责任书》签订，负责完工考核兑现工作；

（3）参与、指导项目部大型分包工程招标、议标工作；

（4）审批项目施工过程中分包申请及项目单价；

（5）审核分包队伍资质和合格分包商的管理；

（6）协助项目经理部办理工程竣工结算及索赔；

（7）协调分公司内部市场的生产要素和价格仲裁；

（8）收集、整理项目施工成本控制有关资料、推广项目成本控制的成功经验；

（9）组织公司业务主管部门对施工项目成本过程控制进行跟踪检查。

第七条 项目经理部是施工项目成本管理中心，直接负责公司成本控制目标的实施。

第二章 项目部各部门成本控制职责

第八条 项目经理职责。

（1）项目经理是施工项目成本控制第一责任人，负责设立项目成本控制岗位，建立项目全过程、全方位的成本控制网络体系，监督其运行质量。

（2）组织项目部职能部门对公司下达的成本控制指标进行分解，制订项目成本控制计划，明确各岗位管理人员的成本控制指标，落实各岗位人员成本费用控制责任制，确保成本控制目标的实现。

（3）组织项目施工方案编制，对优化资源配置、管理措施等进行全面策划，降低项目施工决策成本。

（4）组织每季度一次经济活动分析，及时掌握项目经济活动情况，纠正成本控制工作中的偏差，制定事前预防控制措施，监督措施落实。

（5）执行局、公司有关成本控制的各项规章制度，对项目成本费支出的真实性、合法性负责。

第九条　项目总工职责。

（1）负责组织编制施工组织设计，在确保工程质量、进度的前提下不断优化施工方案，对各项技术组织措施的经济效益负责。

（2）负责项目计量数据的完整性，严格控制分包结算工程数量，对项目实物工程量计量准确性负责。

（3）监督工程技术部门严格执行局、公司质量管理规定，杜绝施工质量事故，降低施工成本。

（4）负责对分包商报送的施工分包方案进行审核、修改，监督、控制分包工程质量和进度。

（5）归口负责对施工措施费控制。

（6）参与项目经济活动分析，提出整改和预防措施。

第十条　项目副经理职责。

（1）负责施工现场生产要素合理调配，组织均衡生产，确保施工进度计划的实现。

（2）负责监督现场施工材料、机械设备的使用，减少浪费，提高使用效率。

（3）与各部门保持密切联系，严格执行分包合同，防止应由分包商承担的费用计入项目成本。

（4）归口负责对环境保护、文明施工、临时设施费的控制。

（5）参与项目经理部经济活动分析，提出降低施工成本的措施。

第十一条　工程技术部职责。

（1）提供月度施工技术、测量、试验签证资料，协助计划部门办理施工进度款支付计量。

（2）负责按施工方案实施，对已经确定的施工方案提出进一步优化的建议，在保证质量的前提下，降低成本。

（3）对整个工程项目的质量负责，防止不合格品的出现，杜绝因质量事故造成返工和额外成本费用支出。

（4）负责办理和提供施工中因设计变更、材料代换、工程量调整、业主（分包商）违约等现场索赔资料签证，与计划（合约）部门保持密切联系，确保项目施工应得收入及时计量。

（5）对施工项目工程量计量的准确性负责，控制分包结算工程量不突破业主计量。

（6）参与季度经济活动分析，提出降低施工成本的措施。

第十二条 劳资部职责。

（1）编制工资使用计划，根据施工组织设计，平衡调剂劳动力。

（2）负责职工、协议工的管理，严格劳动纪律，提高出勤率、工时利用率和劳动生产率。

（3）控制分包项目以外的人工费用支出，严格控制计日工结算。

（4）监督检查现场用工情况，建立人工费支出统计台账，编制有关报表，准确统计人工费用支出，对人工费使用情况进行分析。

（5）归口负责自行施工人工费（包括管理人员）的控制、由个人负担的三金统计和扣缴。

（6）按月及时办理人工费结算，参与季度经济活动分析，提出降低人工费措施。

第十三条 计划（合约）部职责。

（1）编制施工项目初期成本测算，根据《项目施工管理目标责任书》确定的成本控制指标编制成本控制实施计划，并将指标分解到各部门进行控制。

（2）主持项目部限额以下的分包招标（议）标，按规定及时上报和登录合同管理相关资料。

（3）根据工程部门提供的施工中因设计变更、材料代换、工程量调整、业主（分包商）违约等签证，及时报送索赔资料，及时办理工程计量支付和分包结算。

（4）归口负责分包工程（劳务）费用控制，准确统计已完工程工作量，按项目成本预算，提供季度施工项目预算成本，协助财务部组织季度经济活动分析。

（5）执行公司有关分包工程管理的各项制度、规定。

（6）定期向公司报告成本控制情况，收集项目成本控制信息，总结项目成本控制经验。

第十四条 物资部职责。

（1）按规定程序对大宗材料进行招标采购。

（2）编制项目施工物资采购计划，对物资实行总量控制，执行限额领料制度，及时核算物资消耗，监督施工过程物资使用情况。

（3）负责监督分包商自购材料的质量及相关材质证书收集，严格项目部供料的领用、消耗、核算管理，防止应由分包商承担的费用进入项目部成本。

（4）项目完工后按规定程序及时回收处理废旧材料，降低材料费用成本。

（5）归口负责材料费、生产工具用具使用费的控制。

（6）按规定向公司、局报送各种报表。

（7）按月及时办理各类材料使用、租赁结算，参与季度经济活动分析。

第十五条 设备部职责。

（1）负责设备租赁、实行动态管理，提高船机利用率，降低船机使用成本。

（2）监督现场设备使用过程，控制不合理的机械费用支出。

（3）合理安排设备修理和维护，节约设备修理和维护费用，提高设备完好率和利用率。

（4）归口负责施工机械使用费、大型设备进出场及安拆费、固定资产使用费的控制。

（5）负责完工施工设备的清退、交接，在公司设备物资部指导下对废旧设备的处理。

（6）统计各类费用资料并及时上报。

（7）按月及时办理各类船械使用、租赁结算，参与季度经济活动分析。

第十六条　安全部职责。

（1）参与项目施工组织设计的编制，制定安全技术措施。

（2）编制项目安全保证计划，落实安全设施和警示标识的设置，监督施工人员的劳运防护工作。

（3）加强对分包队伍的安全技术交底和安全教育，检查分包队伍的安全资质，负责与分包队伍签订安全生产协议。

（4）对施工全过程的安全进行监督检查，纠正违章作业，消除安全隐患；避免安全事故；

（5）负责项目施工安全文明环保措施费用的使用控制，协助财务部门收集整理安全文明环保措施专项费用归集。

第十七条　财务部职责。

（1）严格执行资金管理规章制度，降低资金使用成本。

（2）编制项目成本计划、协助计划（合约）部落实各部门成本控制责任指标。

（3）核对查证合同条款，按规定程序实行合同财务联动支付，对每笔成本费用支出的合法性负责。

（4）负责对各部门成本费用的使用情况进行监督控制。

（5）每季度牵头进行一次项目经济活动分析，提供成本分析报告。

（6）按规定向公司、局报送各类报表。

（7）项目完工后，上报本项目部办公费、固定资产使用费、工具用具使用费、临时设施费等间接费用开支情况及实际费率，为公司完善成本控制实施办法积累基础资料。

第十八条　综合办公室。

（1）执行公司有关办公用品的采购、保管、领用、核销规定。

（2）编制办公用品及用具采购计划，建立办公用品领用台账。

（3）对完工项目，属于固定资产的对大件物品及时清收，按照相关规定移交公司。

（4）执行项目间接费用控制计划，降低间接费用成本。

第三章 施工成本费用测算

第十九条 项目施工预计总成本由人工费、材料费、机械费、其他直接费、间接费五部分组成。管理费、工程税金及其他单列，附"项目初期成本测算表"。

第二十条 各项费用内容及测算方法。

1.人工费

包括由项目经理部支付的主体员工（生产工人）的工资（包括岗位工资、绩效工资、工资性补贴）及工资附加费、按月计酬的协议工工资、计日工和按工程量计量支付的劳务分包费。

（1）生产工人工资：直接按从事施工的生产工人数×月工资标准×合同工期（月）计算；工资附加费：生产工人工资×8.00%。

（2）协议工工资：按合同人数×月工资标准×合同工期（月）计算。

（3）劳务分包费：∑分包工程量清单×分包劳务单价。

生产工人工资＝核定的职工人数×上年度公司在岗职工月平均工资×1.06×合同
　　　　　　　工期

（4）其他（施工中外协配合奖）

2.材料费

施工过程中耗费的构成工程实体的原材料、辅助材料、外购成品、半成品费用。

（1）主材费：∑自行施工工程量×定额消耗量×市场单价。

（2）周转材料：施工过程中需要的各种模板、支撑制作、安拆摊销费。

① 自购大宗周转材料摊销费以施工组织设计图纸用量×制作或购买单价×摊销比例计算。

定型组合钢模板：30%。

临时轨道：30%。

钢管脚手架：30%。

预制现浇构件模板：80%。

② 租赁周转材料费＝租赁数量×单价×租赁时间。

3.施工机械使用费

即施工机械作业所产生的使用费。

（1）机械使用费＝∑船机设备数量×使用时间（月）×合同租赁单价（折旧）或按分包工程数量计价清单计算（如打桩、钻孔灌注桩成孔、混凝土构件运输安装）。

（2）租赁单价不含燃料费的，燃料费按台班消耗累计数量×80%×市场单价计算。

（3）调遣费：根据工程规模、调遣距离、设备和人员数量以市场价计算或按已签合同金额计算。

4.其他直接费

指为完成工程项目施工而产生的以上费用以外的费用，包括材料二次倒运费、现场施工水电费、临时设施推销费、临时设施推销费、检验试验费以及冬、雨、夜施工增加费、工程定位复测、工程点交、设计及技术援助、场地清理、安全文明环保措施费、工程保险费及其他等。

（1）材料二次倒运费：一般不予计算，确因施工场地狭小需要二次倒运的，按倒运材料费的1.5‰计算。

（2）现场施工水电费：视工程规模、性质、施工组织方式按月计算。

（3）冬、雨、夜施工增加费：根据项目工期确定是否计列，若需夜间施工的，按测算人工费的1%计算。

（4）住地建设及临时设施推销费：指为完成施工任务在施工现场搭建的临时性设施而产生的费用。临时设施费按审定的施工组织设计确定的规模计算。

（5）检验试验费，须由社会检测机构出具检测资料和项目常规测量试验所产生的费用。

①须由社会检测专业机构检测项目按检测合同金额计列。

②项目常规测量试验费以项目合同总额扣除暂定金额、经营过程中承诺的切块分包部分后为计费基础。

工程造价≤2000万元，1.3%。

2000万元<工程造价≤5000万元，1.25%。

5000万元<工程造价≤10000万元，1.20%。

工程造价>10000万元，1.15%。

（6）安全文明环保施工措施费：工程合同单列的，按列明的费率计算，未列明的按合同总价的1%计算。

（7）设计及技术援助：视工程规模、技术难度合理估列，一般项目不计列。

（8）技术开发费：局（公司）列有技术开发计划时，按计划投入金额计算，一般项目不予计算。

（9）场地清理，视工程规模、性质、地域按总额计列，5000元～10000元/项；

（10）工程保险费：合同工程量清单单列的，按单列金额计算；未单列的，视合同是否包含该费用按工程量清单价的3‰计列或不计列。

（11）其他：视项目具体情况计列或不计列。

5.间接费用

为完成工程项目施工而产生的应由施工成本负担的现场管理费，包括管理人员工资（岗位工资、绩效工资、工资性补贴）、社会及企业统筹费用、项目部财务费用、预提费用、办公费、地方行业主管部门规费、税费等。

（1）管理人员工资：按核定的人数×上年度公司在岗职工月平均工资×1.06×

合同工期（月）计算。工资附加费：按工资（管理人员工资+生产工人工资）总额×8%计算。

（2）社会及企业统筹费用。

养老保险：（管理人员工资+生产工人工资）总额×20%。

住房公积金：（管理人员工资+生产工人工资）总额×12%。

失业保险费：（管理人员工资+生产工人工资）总额×2%。

企业年金：（管理人员工资+生产工人工资）总额×8.33%。

工会经费：（管理人员工资+生产工人工资）总额×2.00%。

职工教育经费：（管理人员工资+生产工人工资）总额×2.00%。

（3）财务费用：包括利息净支出、汇兑净损失、金融机构手续费。

① 利息净支出：一般项目不计算，有需要贷款（或公司资金管理中借款）施工的按相关合同或借款金额和利率计算。

② 汇兑净损失：国内施工项目不计算。

③ 金融机构手续费：一般项目不计算。

④ 指印花税：按合同总额的万分之三点五计列。

（4）预提费用。

① 存货盘亏、毁损和报废损失：成本测算时不计算，施工过程中预计不可避免风险存在，报请公司审批，按审批金额在期间合同成本调整时计算。

② 计提的合同预计损失：成本测算时不予计算，施工过程中预计不可避免风险存在，报请公司审批，按审批金额在期间合同成本调整时计算。

（5）办公费。

① 固定资产使用费：管理用固定资产使用、维修、折旧费，按项目配备固定资产数量计算。

② 工具用具使用费：不属于固定资产的生产工具、器具、家具、交通工具等购置费、摊销费，按项目规模和部门设置情况估列。

③ 低值易耗品摊销费：项目管理用一次性耗材，包括办公用品、通信费、报纸杂志费、水电费、煤气费等费用按项目规模按10000～15000元/月计算。

④ 差旅交通费：以项目部正式职工定编人数，按工程所在地与公司机关的距离×每年1次往返路费计算的总额×2计算。

⑤ 通信费。

⑥ 劳动保护费：核定职工人数×1200元/年（包括降温费、取暖费、医药费及发放给个人的劳保用品）

（6）人身保险费：按工程规模大小10000～50000元计列。

（7）外单位管理费：按有关合同（协议）确定的金额计算。

（8）地方行业部门专项收费，包括安全监督、海事、质检、堤防、招标代理、施工许可等收费，根据投标报价清单项目或市场调查估列。

（9）其他费用：根据工程规模估列。

6.分包工程费

$$工程分包费=\sum 自行分包工程量 \times 分包综合单价$$

预计合同成本$=\sum$（1～6项）。

7.上级管理费

按合同总价扣除暂定金额×5%计算。

8.工程税金及其他

按国家税法规定应计入工程造价的营业税、城市建设维护税及教育税附加。税金=合同总价扣除暂定金额×适用税率。

第四章　施工成本费用控制

第二十一条　项目施工成本控制指标下达后，应在目经理主持下，由项目部计划（合约）部门牵头制订项目成本控制计划（目标成本），将成本指标按分解到各成本管理岗位控制，并制定相应的奖罚措施确保各项费用控制在目标成本范围内。

第二十二条　费用分解与控制。

1.人工费

包括管理人员工资、生产工人工资、按月计酬的协议工工资、外协奖等，按公司人力资源部下达的工资总额由项目劳资部门负责控制；劳务分包费用由计划（合约）部门控制。

施工过程中严格控制计日工工资的支出，现场副经理、工段长、单项技术员、班组长要参与分包合同的交底会议，熟悉分包合同的工作内容和范围，在未事先取得劳资和计划（合约）部门的同意，不得向分包单位或个人开具计日工用工签证。

2.材料费

包括项目部自行施工和分包施工两部分，费用由物资部门负责控制。

由项目部自行施工的材料供应，按审批计划采购，限额领料，监督材料的使用过程，防止材料浪费和积压。

分包商使用项目部限价供应材料，应按分包合同规定实行专人领料、签收制度，与中间计量支付同步核销扣除应由分包商承担的或超额使用的材料款，防止应由分包商负担的费用进入项目部自行施工成本。

按月进行材料核算，及时掌握材料使用及成本动态情况，适时调整材料采购供应，最大限度地节约材料成本。

3.船机设备费

船机设备费由项目设备部门负责控制。根据施工技术和使用周期，合理选用和调配船机设备，按施工进度安排及时组织施工设备进场和退场工作，监督船机设备的使用过程。对租赁设备由项目部提供燃油料的，建立单机核算台账，实行限额领料，与中间计量支付同步核销扣除应由出租人承担的或超额使用的燃料款。

分包商使用项目部设备必须事先确订单价并及时办理签认手续，与中间计量支付同步核销扣除应由分包商承担的船机使用费，防止应由分包商负担的费用进入项目部自行施工成本。

项目部应建立成本控制体系，按公司审批的成本测算项目进行分解，及时下达给各责任部门，其他相关的职能部门负有监督责任。各项成本费用分解控制见附表"项目成本费用分解控制表"。

第五章 经济活动分析与施工成本调整

第二十三条 每季度在项目经理领导下，由项目委派会计师主持，各职能部门及相关班组参加进行一次经济活动分析，找出影响成本差异的具体因素，提出进一步降低成本的措施，为领导决策提供依据。具体操作执行《×××公司项目施工经济活动分析实施办法》。

第六章 完工考核

第二十四条 项目经理部完成项目施工（以业主最终结算凭证为准），经公司有关业务部门综合审计按《项目施工管理目标责任书》和《项目经济责任合同兑现考核实施细则》有关条款对项目领导成员进行考核兑现。

第七章 附 则

第二十五条 本办法未涉及合同管理、分包工程控制、工程索赔、结算与支付等内容按×××《工程合同管理文件范本》的规定执行。

第二十六条 本办法由公司合同管理部负责解释。

【实战范本2-03】▶▶

施工组织设计及施工方案优化实施细则

施工方案是项目施工的龙头，施工方案的正确与否直接关系到项目成本高低乃至整个项目的成败，施工组织设计及施工方案的逐步优化，是对项目实施有效管理，组织项目科学施工，降低工程成本，实现项目效益最大化的关键手段。为降低项目成本，保证项目设计意图的实现，争取项目最佳经济效益，特制定本实施细则。

一、成立施工方案优化领导小组

组长：项目经理。

副组长：项目总工（方案优化第一责任人）、项目副经理。

组员：工程管理部部长、计划合同部部长、财务部部长、物资设备部部长、安全质量环保部部长、中心试验室主任、各队技术负责人、工程管理部部员。

二、方案优化领导小组职责

（1）组长：项目经理。

下达方案优化的项目，负责组织方案优化的评审。

（2）副组长：项目总工。

从事项目优化方案的编制工作，包括工、料、机的投入，工序安排，工期计算，优化项目的提出，协调各部室关系；审核优化方案是否满足安全、质量、环境保护要求。

（3）工程管理部：具体从事施工组织和方案优化的编制工作，包括工、料、机的投入，工序安排，工期计算，优化项目的提出。

（4）计划合同部：负责各种优化方案的经济比较及工期比较。

（5）物资设备部：负责方案中设备的选型优化和为方案优化提供最经济的物资单价，制定最佳的物资、设备供应方案。

（6）中心试验室：为方案优化提供试验检测数据。

（7）安全质量环保部：审核施工组织设计和施工方案是否满足安全、质量及环保要求。

三、施工方案优化的原则

（1）保证安全、质量、工期。

（2）不违背设计意图。

（3）满足施工规范。

（4）降低成本，提高可操作性。

（5）工序衔接得当，保证施工生产的连续性和资源投入的均衡性。

四、施工方案优化的程序

（1）工程管理部首先细化出各分项工程的工序，对各工序的施工方法熟练掌握，然后在批复的实施性施工组织设计的基础上着手施工方案优化的提出。

（2）方案优化领导组组长、副组长从工期、质量、职业健康安全、环保等方面对方案优化进行可行性研究，确定是否需要进行方案优化。

（3）工程管理部编制多种施工方案、施工方法，针对各种施工方案、施工方法，确定相应的工、料、机投入，通过计算确定相应的工期。

（4）由计划合同部牵头，工程管理部、物资设备部等部门配合，根据相应的单价，计算出各种方案的经济投入，做出经济对比。

（5）方案优化小组领导根据各种方案的经济投入、工期特点，综合考虑最后确定使用何种施工方案，最后由总工下达实施。

（6）对施工技术含量高、结构特殊、工艺新颖的优化项目，应报请公司组织专家进行论证（局管项目应报局指组织专家评审）。

五、方案优化形成的效益分配及奖罚措施

项目部在批复的实施性施工组织设计的基础上，对方案进行优化，优化前后对比形成效益。

1.效益的计算（由工程、物资管理部提供资料，计划合同部负责计算）

（1）工程数量节余时：效益=节余数量×责任预算单价－方案优化成本费。

（2）单价节余时：效益=单价节余×责任预算数量－方案优化成本费。

2.效益的分配及奖罚

（1）项目部在审批方案的基础上再次优化形成的效益，项目经理从中拿出一定比例直接用于奖励有关人员，做到一事一兑现。

（2）对在施工组织设计和施工方案优化过程中工作不力的人员，方案优化领导小组在报经项目经理批准后对其进行行政或经济处罚。

（3）对在施工中提出科学的施工方法、合理化建议，并在项目施工中降低了工程成本的，给予相关人员奖励。

【实战范本2-04】 ▶▶▶

工程数量逐级控制实施细则

工程数量的增减与项目工、料、机费用的增减成正比，因此在施工过程控制中，工程数量的控制无疑对工程成本的控制起着决定性作用，为了加强技术管理，提高企业和职工收入，防止因测量、技术交底、方案不合理或因责任心不强而造成工程量的流失，特制定如下控制细则。

一、施工图纸工程数量控制主要人员及职责

（1）项目总工程师：数量控制的主要领导，负责审定工程数量控制工作。

（2）工程管理部部长：数量控制的主要负责人，主持设计数量的统计，核实实物工程量，复核对上对下计量的工程数量，避免"对上少计量，对下多计量"的现象发生，审核并建立工程数量台账。

（3）工程管理部各专业工程师：负责路基工程、桥涵工程、隧道工程等实物工程数量控制，包括对上对下计量，填写工程数量台账。

（4）安全质量环保部部长：负责对工程数量节超做出职业健康安全、质量、环保方面的初步判断；配合工程管理部、总工程师做好工程数量节超审定工作。

（5）测量工程师：配合工程管理部部长，保障测量放样工作，避免因测量放样失误造成工程数量流失。

（6）中心试验室主任：保障现场试验工作，避免造成工程数量流失。

（7）计划合同部部长：计价时对工程数量进行复核。

二、工程数量的逐级控制

对设计单位下发的施工图进行审核，图纸审核分为自审和会审，自审是各专业工程师审查所管工程图纸本身有无差错遗漏，有无特殊技术要求或需用特殊材料，会审主要是审查各专业施工图之间的相互配合关系有无差错和遗漏。

（一）图纸自审

自审由总工主持，组织各专业技术人员参加，主要是检查计算工程量与图纸是否相符，自审后应将发现的工程数量问题以及有关建议做好记录，待图纸会审时提出讨论并进行确定。

（二）图纸会审

会审由项目总工主持，组织全体技术人员参加，计划、物资设备等部门应派员参加，在解决、纠正施工图错误后，对设计工程量分项目进行统计，掌握可从业主计价的工程数量，并记录在工程数量台账上。

三、工程数量控制措施

（1）工程数量的节超通过工程数量台账反映，各专业工程师每月23日应详细记录工程数量台账，工程管理部部长应仔细复核，并做好总账，供总工复核。

（2）工程数量的节超通过给施工队的计量来实现，首先工程管理部各专业工程师每月25日应据实提供已完工程数量表，表中应详细记录施工里程、部位等，避免重复计量；已完工程数量表，应附计算依据（交底书、联系单、反馈单），以便工程管理部部长复核。

（3）工程数量采用双层控制办法，即工程管理部每月25日给计划合同部门提供经复核的分项工程数量，计划部门计价时再一次进行复核。

（4）每月28日由工程管理部、计划合同部依据计量资料及工程数量台账计算出数量节超情况。

四、奖惩办法

（1）测量放样必须有施工队技术员在现场配合，资料换手复核，仪器换人测量；如有因测量失误造成工程数量流失，经济损失的30%由施工队技术员承担，20%由资料复核人承担，另50%由项目测量队承担。

（2）试验配合比应经济合理，如因配合比不合理（通过试件试压结果）造成工程数量流失，试验室主任承担70%，操作人员承担30%。

（3）专业工程师应仔细做好技术交底工作，严格复核、审核制度，如因技术交底错误而造成工程数量流失，损失的70%由专业工程师承担，30%由资料复核人承担。

（4）数量节余产生的效益，按公司办法规定给相关人员发效益工资。

【实战范本2-05】▶▶▶

变更追加及索赔管理实施细则

一、目的

给项目争取最大的经济效益和提高广大职工的经济收入。

二、管理机构及职责

1.成立变更索赔领导小组

组长：项目经理。

副组长：项目总工。

组员：工程管理部部长、计划合同部部长、财务部部长、物资设备部部长、安全质量环保部部长、中心试验室主任、施工队技术负责人、工程管理部部员。

2.职责

（1）工程管理部负责施工设计变更及施工方案优化的提出和资料的准备工作，计算相关工程数量，提供质量保证措施。

（2）计划合同部负责设计变更及方案优化经济指标的分析对比；根据各中心的资料汇总情况，适时整理变更、工期或费用索赔报告。

（3）物资设备部负责提供相关物资设备型号、性能参数、单价及工程量和工程量统计资料。

（4）财务部负责提供相关费用单据和核算资料，为变更索赔工作提供资金保障。

（5）项目经理、总工程师负责变更索赔总体策划及考核工作。

三、工作程序

1.工程变更程序

（1）项目经理负责工程变更工作的策划和整体运作。

（2）通过认真研究招投标文件、合同条款及施工技术规范，复核施工图纸，及时发现施工图缺陷和错误；准确掌握施工的每个环节，充分提出设计变更理由、数据，广泛收集各种原始资料提供变更依据。

（3）总工程师及时邀请设计、监理和业主代表到现场勘察、论证，特别是在施工中出现的突发情况和险情，需要采取紧急措施的，必须由现场监理、设计或业主代表勘察，项目部相关部室提供试验、测量等原始资料，以便及时召集变更索赔小组成员，召开变更会议，讨论策划变更，施工方案，最后由项目经理做出最终决策。

（4）按业主的要求和合同条款规定编制变更设计技术和单价资料，做到内容齐全，符合标准，预算准确，有理有据，装订工整美观，并按规定报送有关各方。

（5）切实抓好变更设计的攻关环节，确保变更设计方案的成功实施。要耐心细致，以充分的变更理由说服对方、多解释，运用科学的方法，让对方给予支持、理解，并最终达到监理、设计和业主的共同签字认可。

（6）在变更设计资料得到各方签字盖章认可后，及时验工计价。

2.工程索赔

（1）计划合同部负责工程索赔策划和主管工作；做好合同的要求、意图；及时挖掘和发现索赔信息，并及时将信息反馈给项目经理，以便形成索赔事项。

（2）物资设备部负责做好提供相关工程材料、机械设备型号、性能单价和工程量的收集和整理工作，为工程索赔提供相关基础资料。

（3）工程管理部负责工程索赔相关技术、测量、试验资料及相关规范标准的收集和整理，为索赔工作提供技术质量保障。

（4）财务部负责提供与索赔相关的费用单据。

（5）计划合同部将对索赔有关资料进行整理，并结合合同文件进行分析，找出发生索赔工作的突破口，及时报项目经理进行决策，是否启动索赔申报程序，如成立则应及时筹划索赔工作的思路和需要开展的工作。

（6）索赔资料整理出的初稿应首先由计划合同部部长进行统筹审核把关，然后交项目索赔领导小组会审后及时上报。做到索赔资料有理有据、文档整齐齐全、文字表述清晰，外表装订美观大方。

（7）索赔资料上报后，由项目总工、项目经理负责此项索赔工作与监理、业主的日常联系和公关工作，使索赔工作落到实处，达到预期目的。

（8）索赔报告批复后，项目经理应及时进行总结评价，奖励对此工作做出贡献的人员。

3.工作要求

（1）测量、试验部门必须在变更项目提出3日内准备好技术资料交工程管理部部长，工程部长必须在2日内完善技术资料并交给计划合同部。

（2）计划合同部必须在2日内完善单价、变更费用计算并上报副组长。

（3）副组长或组长应在2日内做完审核并签字完毕。

4.考核奖惩办法

（1）变更纯利润=变更索赔总额-成本费用。

（2）变更成功，项目按公司办法规定给参加变更索赔的人员发效益工资。

（3）发生了变更，但因技术或计划的资料不齐，影响了变更，给技术或计划相关人员每人次罚款500～1000元。

（4）应该变更的项目虽变更了，但批复的数量比实际发生少，经总工、计划部门审核后确定一个差额，给相关责任人这个差额的1%的罚款。

【实战范本2-06】▶▶▶

劳务管理及劳务费控制中心实施细则

一、劳务队伍管理基本程序

选择资质合格、信誉度高、作业能力强的外部劳务队伍、内部工班，并加强对项目部劳务队伍的管理，确保工程质量，提高企业信誉。加强劳务单价的控制，降低工程成本。

（一）适用范围

项目部劳务费控制中心。

（二）管理机构及职责

（1）项目部计划合同部长是本项目劳务费控制中心的负责人，在项目经理领导下全面负责本项目的劳务费控制工作。

（2）职责。

① 劳务费控制中心负责劳务队伍的报名、登记、资格审查、考核、选择合格劳务队。

② 劳务费控制中心将合格的劳务队的选择情况报请公司合同造价部核实、审查、批复。

③ 劳务费控制中心负责劳务合同承包单价的预算编制、控制。

④ 对劳务队及工班计价。

⑤ 劳务合同的签订及管理。

⑥ 施工计划编制、下达及统计报表的及时上报。

⑦ 责任中心成本台账、劳务单价台账建立。

⑧ 对上、对下验工计价台账建立。

（三）工作程序

1.劳务队伍的选择

（1）项目部劳务费控制中心首先在公司公布的《合格专业劳务队伍名册》中选择适合本工程的劳务队伍。

（2）如选择的队伍不在公司公布的《合格专业劳务队伍名册》中，依据下列程序进行。

① 选择的队伍应具备的条件："三证一书"齐全，即营业执照、三级以上资质证

书、施工安全许可证、法人委托书；有承担相应工程项目的施工能力、良好的信誉及相关业绩经历；项目部将详细资料报公司合同部，按贯标程序评审，列入合格劳务队伍名册，方可选用。

②在条件许可的情况下，劳务队伍的选定应优先采用招议标的形式，在公开、公正、公平的条件下择优选用，防止暗箱操作，以减少个人决策引起的失误。

③劳务施工承包合同签订必须按公司《合同管理办法》的对应条款执行，合同签订前，报公司合同造价部审批、备案。

2.劳务队伍的评价

（1）劳务费控制中心每半年对所用劳务队组织一次评价，评价的内容：劳务队组织机构、现场管理、工程质量、工程工期、施工安全、环境保护、履约情况等，并填写"专业劳务队伍年度评价表"，报公司合同部备案。

（2）工程管理、物资设备、安全质量环保部参与考核。

（3）"劳务队评价表"报公司合同造价部核实、审查，报公司领导批准，公布新的合格劳务队名册。

3.劳务队伍的管理

（1）劳务队伍进场后，项目部对其进行安全质量、职业安全健康、场纪场规、治安消防、文明工区、精神文明、安全岗位责任、环境保护等要求的教育。

（2）项目部根据《劳务施工合同》规定，向劳务队提供相应施工作业条件、安全防护措施交底。

4.劳务单价确定

（1）项目劳务费控制中心根据公司核定的责任预算单价，依据项目部进一步优化的施工细则要求、公司颁布的现行企业定额（或责任预算编制办法）、现场调查（包括劳务承包内容的周转材料及小型机具市场单价），对工程项目进行合理的工序分解，对责任预算单价进行二次分解。

（2）与劳务队签订劳务承包合同，要明确单价组成的内容。项目部责任成本管理领导小组研究确定劳务合同承包单价，不能突破公司责任预算单价。

（3）劳务综合单价清单的编制依据。

①批复的项目实施性施工组织设计。

②项目部核定的细目综合单价及组成内容。

③公司编制的《××项目责任预算书》。

④现场调查的材料单价等。

5.劳务合同签订

（1）严格遵守"先签合同后上场"的原则。

（2）合同文本统一采用公司的《劳务协作合同》样本，后附劳务承包单价、单价组成内容、数量、合同价值及相关信息等。

（3）因工程施工工艺标准和施工方法的改变，与原签订合同有变化时（即发生变更时），应由技术部门提供变更后的施工组织设计和工艺标准要求，费用控制中心及时根据施工组织设计调整单价，报公司合同造价部批准后，方可与劳务队签订补充协议。

二、劳务计价细则

1.目的

进行工程施工进度、质量和费用控制。

2.适用范围

项目部劳务费控制中心。

3.职责

（1）工程技术控制中心根据工程施工情况提供实际完成的合格工程数量。

（2）劳务费控制中心根据合格工程数量负责验工计价手续办理。

（3）项目经理、项目总工程师负责劳务队验工计价、竣工决算总体协调组织工作。

4.工作程序

（1）项目经理组织相关部门按期对已完工程进行现场验工。现场验工前由测量队对已完工程进行现场测量，并由现场技术干部或现场技术主管提供测量数据。

（2）劳务计价必须严格执行按月计价；每月25日由专业工程师按当月20日实际完成数量提供"已完工程数量表"并附相应的填制"工程数量计算单"和"已完工程数量表"，并标明应扣除的相关工程量。

① 土方"工程数量计算单"由测量工程师提供，专业工程师复核、工程管理部部长签字。

② 结构物"工程数量计算单"由专业工程师提供，项目工程管理部部长复核、签字。

③ "已完工程数量表"依次由专业工程师、测量工程师、试验工程师、工程技术部长、计划合同部部长、劳务队代表、项目副经理、总工程师、项目经理签认。

（3）能以工程数量反映完成情况的，一律不准计杂工和机械台班，项目部应严格控制杂工的工程数量。特殊情况需安排杂工的则必须由项目经理（或授权副经理、总工）安排，每月25日之前现场调度（专人）汇总报项目经理签字，本中心根据申请单上的内容，确定是否单价已包括，如包括则不予计量。所有签认的杂工和零星机械台班当月结清，过后一律不予计价。坚决杜绝工程结束时一次性计价做法。

（4）"工程数量计算单""已完工程数量表"签认完成后，交计划合同部按劳务承包合同的单价进行计价，填写"工程验工计价表"，并计算相关的扣除费用。"工程验工计价表"依次由制表、项目计划合同部部长、物资设备部部长、项目总工程师、劳务队负责人、项目经理签认，并填写计价单封面，包括：本月计价额、本年计价额、累计计价额等。

（5）计价完成后填制《对下验工计价台账》，在台账上既能反映计价单价的节超，又能反映工程数量的节超，对工程数量实行双重预控。

（6）将项目财务部计价单作为工程拨款依据，并履行签字手续。

三、劳务费及中心成本台账登记规定

1.目的

控制本中心成本费用，了解中心节超情况，作为责任成本检查考核依据。

2.适用范围

项目部劳务费控制中心

3.职责

劳务费用控制中心负责对每次的劳务计价及本中心的成本台账进行登记。

4.工作程序

（1）劳务单价台账

① 劳务费用控制中心根据每次的"工程验工计价表"进行劳务单价台账登记。

② 劳务单价台账主要按工程细目、设计数量、累计计价数量、责任预算单价、劳务承包单价、节超等栏进行登记。

（2）劳务中心成本台账

① 项目部财务填写、物资设备部门配合，下发责任成本通知书，由劳务单价控制中心负责人签认。

② 劳务费控制中心根据下发的责任成本通知书登记明细账，用以记录和反映本中心责任预算收入及成本支出情况。

【实战范本2-07】▸▸

物资设备费用控制中心管理实施细则

为了加强项目部的物资及设备管理，保证工程质量，加快施工进度，提高效益，降低成本，理顺物资供应渠道，明确责任，参照公司物资、设备管理规定，特制定本细则。

一、管理机构及职责

（1）物资设备部设部长、业务员，每个工程队设材料员，物资设备部在项目经理部领导下开展工作，负责本项目部的物资及设备管理工作。

（2）物资设备部部长对项目物资的计划、采购、现场管理等负全部责任；物资设备部的业务员、材料员在物资设备部部长的领导下进行工作。

（3）物资设备部的主要工作内容如下。

① 建立健全各种收发料制度，做好与质量、安全、环境管理体系相关资料的记录和整理，合理安排好进场物资的堆码与存放。

② 严格控制材料消耗，实行"限额供料"，杜绝超供料的情况发生，降低工程成本。

③ 按照公司有关规定，认真做好物资统计工作，建立好物资消耗台账、工点定额消耗台账及周转材料明细账，及时、准确、系统地上报各种物资报表和成本报表。

二、物资计划

物资部门根据项目技术部及计划部门提供的应耗量，建立台账，并做好月、季、年滚动采购计划；编制物资资金使用计划和物资采购计划，报项目经理批准后，才能组织采购。

三、物资采购及材料单价控制

项目部成立物资设备采购领导小组。

组长：项目经理。

副组长：项目总工、物资设备部部长。

组员：工程管理部部长、财务部部长、计划合同部部长、安全质量环保部部长、中心试验室主任、物资设备部部员。

四、物资采购与招标的程序及有关制度

（1）根据已经批复的物资采购计划，进行充分的市场调查，选择有质量保证、供货能力、信誉好的供应商。对符合要求、需要进行招标采购的材料，按业主及相关单位要求的程序进行办理。

（2）由物资设备部牵头组织召开物资设备采购领导小组会议，通报供应商的调查情况，并对物资的质量、价格、供货能力进行综合评议，从中选择合格的供应商签订供货合同。

（3）物资采购要做到货比四家：比单价、比质量、比产量、比运距。

（4）物资采购人员要有良好的政治素质和职业道德，在订购物资过程中，秉公办事，不谋私利，不受贿和索要回扣。

（5）预算定额中没有明确数量的各种小型材料，如施工合同要求由各施工队（工班）自购，若因个别材料采购困难，需物资部代购的，由施工队（工班）编制需用计划报物资部，物资部报项目经理审批后，组织采购。结算时再从工程队劳务费中扣回。

（6）在每月25日前，物资部对所采购的材料单价，对比责任预算价，进行节超分析，并将结果及时上报项目经理审批。

五、物资的验收

1.物资的质量验收

在物资进入施工现场时，由物资部填写"材料检验委托单"，附出厂质检证明书，及时报送项目部试验室，进行检测。试验室的检测结果作为物资部质量验收的依据。经检测不合格的产品，报项目总工程师批准是否降级使用。

2.物资的数量验收

（1）水泥的数量由物资部与工点共同验收（过电子磅，卸车后过车皮，然后与厂家的磅单对比，如有偏差应除去合理损耗），验收无误后双方经办人均在送货单上签字。

（2）钢材、商品混凝土、防水材料、混凝土外加剂、隧道结构件等材料数量验收由物资部派业务员负责。所有的物资验收都应填写完整的验收记录。

六、现场物资供应结算及限额管理

（1）本工程所有预算中有明确数量的材料，全部由项目物资部按限额数量进行供应。对各个施工队的实际用料，物资部根据计划部门提供的当月施工计划安排及技术部提供的工程联系单数量，实施供应。

（2）施工队之间原材料和半成品的调拨，要经物资部开具材料调拨单，经用料工班经办人签认，方可调料。没有物资部批复的调拨单，发料员不许调料。

（3）每月25日，物资部对各施工队的库存材料进行一次盘点，结合盘点情况对各施工队的材料消耗情况进行节超核算。

（4）施工队在限额数量以内的用料，按责任成本预算价结算。每月25日前，物资部根据各施工队当月领用的材料，填写"月物资材料消耗表"，财务部根据各相关部门签认过的"月物资材料消耗表"冲减库存材料。

（5）各施工队超出限额数量消耗的材料，按合同约定的计价办法转财务部，超耗材料的费用在施工队的劳务费中扣除。材料的超耗与节约由物资部根据各施工队当月完成的实物工程量进行节超分析比较与核算。

（6）周转材料使用管理。

① 项目部各施工队所用周转材料由项目部购买，提供给施工队使用。如施工合同规定计划工期内使用周转材料时，免收租赁费，超出计划期使用的按项目部规定的收费标准执行；周转材料在租赁使用期间如有损坏、丢失，由物资部开具发料单，按照合同购买价格的100%计算赔偿金额并转财务部，由财务部从施工队的工费中扣款。

② 对主要材料、辅助材料、周转材料等材料，任何单位和个人不得私自外借、外售。

③ 物资部对库存材料，保证每一个月与财务对账一次，做到账物相符，账账相符。

七、物资现场管理

（1）各施工队领取的材料到达作业场地后，要对所领用的材料进行妥善保管，避免因人为因素造成不必要的损失。

（2）现场物资管理是项目物资管理的重要环节，是提高工程质量和经济效益的关键之一，物资部会同施工队选好料场、料库，做到防雨、防风、防洪、防高温、防火、防盗等，科学存放，合理使用。对特殊物资如火工品，要单独存放，专人管理，建立健全各种物资台账，做到账、卡、物、资金"四对口"，建立好主要材料明细账，物资业务人员要经常深入施工现场，掌握各施工队的施工进度和用料时间，准确及时地做好物资供应，不断提高管理水平。

七、用电管理及电费控制

（1）物资设备部对项目部和各施工队照明用电与动力用电实行分离管理，并统一安装电度表，设专职电工，负责用电监督、安装、维修和抄表收费等工作。物资设备部按月汇总、计量，转财务扣款。

（2）项目部办公区和职工宿舍用电要做到人走灯灭，严禁使用电炉和大功率电器，违者按项目部相关管理制度进行罚款处罚。

（3）所有施工队和项目部上交电费由专人负责。

八、设备费用控制办法

项目部所属指挥车辆是控制的主要内容，其他施工机械采用对外承包模式，所属设备费用包含在工程单价中，项目部无自有设备参与施工。项目部物资设备部对施工队提供的进场设备只进行技术安全检测和验收，确保设备操作人员持证上岗，并对设备的使用过程进行监督。项目部所属指挥车辆的管理按公司《设备管理办法》执行。

【实战范本2-08】▶▶▶

间接费控制管理实施细则

为了最大限度地降低现场管理费的开支，把责任成本预算控制在计划范围之内，根据公司《工程项目责任成本管理办法》规定，结合项目部的实际情况，特制定本实施细则。

一、成立间接费控制中心

中心责任人：财务部部长。

成员：计划合同部部长、物资设备部部长、工程管理部部长（试验室主任、测量队队长）、综合办公室主任、安全质量环保部部长、财务部部员。

二、间接费控制中心职责

（1）牵头并组织项目各责任中心的责任成本管理工作，协调各中心的关系。

（2）指导各责任中心建立健全各种台账，并建立责任成本总账。

（3）对责任成本的实施进行全程监控和核算分析，提出改进措施与建议；制定切实可行的降低间接费用措施。

（4）制定各责任中心的考核标准及制定具体的责任工资分配方案。

（5）负责项目间接费分解到各责任中心进行控制，及时归集各类费用并核算至各责任中心，制定责任成本相关资料的按时传递登记和责任追究制度。

（6）负责"工程施工"科目成本明细账与责任成本总账、中心成本台账平衡登记。

（7）负责及时核算与汇总项目各责任中心月度、季度、年度的收入和成本支出，按时填报有关报表报送项目部、公司相关业务部门。

（8）按公司相关规定及时、足额上缴社保金等各项应缴款。

（9）负责及时组织各责任中心核算责任工资，根据核算结果及有关规定提出效益工资分配方案报项目领导审批，并实施发放。

三、管服人员工资

（1）管服人员工资由岗位工资、基础工资、工龄工资和效益工资构成，责任工资暂参照《项目管理办法》标准，按与工作业绩挂钩、与考勤挂钩、与产值挂钩的原则组织分配；效益工资在本中心责任利润中产生。

（2）夜班津贴、风险奖金、加班工资、生活补贴、过节费等各种形式的开支，根据各责任中心实际情况，在效益工资分配时考虑。

四、应上缴的工资附加费和社保金

根据正式职工工资总额计算：医疗费8%；职工福利费6%；工会经费2%；职工教育经费1.5%；养老统筹20%；工伤保险1.2%；女工生育保险0.8%；失业保险2%，共计41.5%。

五、职工教育经费

（1）职工受公司派遣参加各种学习、培训的，经公司人力资源部签署意见后项目经理批准报销，费用由项目部承担；职工受项目部派遣参加各种学习、培训的，经项目经理批准后报销，费用由项目承担。

（2）职工受公司或项目部派遣参加各类学习、培训的，在学习结束后的考核中，考试成绩不合格，不报销任何费用。

（3）职工在学习期间，因不遵守学习纪律，被举办单位通报或开除的，学习期间按事假计算，不报销任何费用。

六、差旅交通费

（1）项目部职工到外地出差或到公司机关因公办事，必须事先填写"员工出差审批表"，由项目经理批准后方可出差。

（2）职工在项目驻地附近因公办事，当天返回而且没有错过就餐时间，不以出差计算。若没有车随同，只报销往返车票。职工赶不回项目部就餐的，如果没有招待费用，给予误餐补助费。

（3）其他未明确事项，执行公司、指挥部（项目部）《差旅费开支管理办法》。

（4）行政用车辆油料费。

财务部应分车辆逐台建立油料消耗台账进行单车核算，物资设备部报油料消耗时，需附有随车人员及司机签字的油料汇总表和发料单。小车司机每月应定期将物资部门审核点验过的购油发票及时送财务办理报销手续，对无正当理由跨月、跨年的油料发票，财务有权拒绝报销。

行政用车油料费的控制首先由设备部门牵头，组织相关部门对行政用车辆逐台测定出百千米油料消耗，作为油料考核的标准。职工因公用车，首先找办公室申请派车单，司机见派车单后方能出车。月末，设备部门根据车辆实际行驶里程，计算出应耗油料，和各车辆实际消耗进行节超对比，超出部分从司机工资中全额扣除。

（5）行政用车辆审验费据实计列。

（6）其他未明确事项，按指挥部（项目部）《经费开支管理办法》执行。

七、行政用固定资产使用费

（1）行政用固定资产中小修理费实行定额包干，在保证正常运转的情况下行政车辆维修由设备部控制使用，办公设备由办公室控制使用，试验、测量仪器由工程管理部控制使用，实行节约奖励30%，超支罚款30%。

（2）项目部对行政管理用固定资产费用进行包干使用，并按照使用部门或个人设台账核算，固定资产中小修理费及日常油料消耗预算标准如下，财务、设备部门应根据各固定资产的实际情况重新制定标准，但总额不得突破。

八、办公费开支管理规定

（1）文具纸张、办公用品具、账表印刷费（包括计算机耗材）：由项目部指定部门统一购置管理发放，各科室按定编人数或包干数额领用，管理部门应建立文具纸张费用领用登记辅助账，定期考核限量供应。各业务部室领用超支时管理部门拒绝继续领用。

（2）电话通信费（包括网络费）：按指挥部（项目部）《移动电话费控制管理办法》执行。

（3）其他未明确事项，按指挥部（项目部）《经费开支管理办法》执行。

九、招待费开支管理细则

（1）各部室因工作需要需对外招待时，应先请示项目经理同意，并按照批准后的标准办理。特殊情况，超标准部分，经领导审批后方可列销。

（2）各种招待原则上在项目部食堂办理，但必须事先到管理部门领取招待审批单，填写理由、对象、人数及标准，报项目经理批准，交食堂按标准办理；公司内部来人一律在职工食堂安排工作餐。各种招待一般由对口业务部门负责接待，并严格控制陪客人数。

（3）各种招待用烟、酒统一由管理部门购置。项目部领导招待用烟实行包干制度；各部门招待用烟到管理部门签字领取。办公室应做好招待烟领用记录，并凭经过项目经理审批后的领用记录和原始发票到财务办理报销手续。领用记录要求定期公布，接受广大职工监督。

（4）招待费实行一事一报制度，招待费产生后3日内应及时向财务部门办理报销手续。

十、宣传费开支管理细则

制作各种标牌、横幅要满足公司及业主的要求。标牌及横幅要求清楚、醒目、美观。

制作大型标牌前首先应该征求公司、业主的意见及要求，写出具体的申请报告（包括设计思想、字体、颜色、尺寸等草图），报项目经理审批同意后方能办理，以免造成浪费。

十一、其他

各项费用产生后，经办人员填写经费报销单，由财务部长签署审核意见，经相关责任中心负责人签字认可，报项目经理审批。项目部严格按照此程序进行操作，坚决制止逆向操作。

职工办理公务或出差归来后应在5日内办理各项费用报销手续（领导或财务人员不在时可顺延），过期不报的视为自动放弃，财务有权拒绝报销。

【实战范本2-09】▶▶▶

责任会计核算实施细则

一、目的

责任会计核算办法，严格执行《会计准则》、财务法规和"拨改代"制度，为控制项目成本费用，正确划分内部经济责任，及时进行项目绩效考核而特制定本核算实施细则。

二、核算对象

核算对象为项目部所属各责任成本中心（涵洞与通道工程以"座"为核算对象；桥梁工程按上部结构与下部结构分别核算；土石方工程以工程队或独立调配的挖、填方工程为核算对象；间接费用以项目部间接费用组成的分项为核算对象；试验费用等为独立核算对象）。

三、核算原则

（1）以符合责任成本管理、满足核算需要为标准。

（2）遵守事先确定的核算程序和方法。

（3）遵守会计制度规定的成本费用开支范围。

（4）按照责任预算包含的范围和内容按时、如实归集成本费用。

四、核算范围

凡项目责任预算所包括的成本费用，必须全部划归相关的责任中心核算。对一时难以分清责任的成本费应及时分解，不允许出现无核算对象的非可控成本费用。

五、核算方法

利用动态分析考核兑现的成本费用实际产生进行过程控制，同时利用会计核算方法进行成本费用归集。责任成本核算的经营成果应与会计核算的经营成果相一致；为满足责任成本考核需要，可建立相应台账更进一步核算。

六、台账设置

责任成本台账共分三类，即总账、明细账和辅助账。总账、明细账由项目部财务部设置，辅助账可根据管理需要由财务、各责任中心设置。总账及明细账按"施工企业会计准则"和×××"会计核算办法"及上级业务部门有关规定格式设置会计科目。

台账登记以各责任中心成本支出为依据，凡列入"工程施工""辅助生产""间接费用"等科目的成本费用，项目财务部在编制会计凭证、登记财务明细账的同时，登记责任成本总账，并根据责任成本产生的内容和归属，向各责任中心发送成本支出通知书，各责任中心据此平行登记责任成本台账及相关的辅助账。报告期结账后，形成以下三个平衡关系：

（1）财务相关明细账=××工程成本明细账；

（2）××工程成本明细账=责任成本总账；

（3）责任成本总账=各责任中心成本台账之和。

责任成本总账与责任成本中心台账，均按月小计，季度合计，开累结账。

七、报表

根据公司的相关要求，及时填报责任成本相关报表。

八、责任预算收入确认

（1）考核期直接费责任预算收入的确定：根据项目部考核期实际完成的细目工程量乘以责任预算单价。

（2）考核期间接费责任预算收入的确定：按核定的项目间接费总额和工期确定报

告期收入（视不同时期，间接费收入可做适当调整，但总额不能突破核定的指标）。

（3）直接费责任预算收入每季由计统部门负责计算，间接费责任预算收入由财务部计算。财务部据此登记责任成本总账的收入方，同时发出中心责任预算收入转账通知书，各中心接此通知后，登记在各中心台账的收入方。

九、工资核算

1. 责任工资核算

个人的责任工资按公司批复的标准结合完成的产值、个人工作业绩、考勤计算发放。

2. 效益工资核算

（1）效益工资的计算：计划、财务部确认项目季度末效益工资后填列"效益工资计提审批表"，待公司批复后即可按公司相关规定予以分配兑现。

（2）账务处理：公司当期批复效益工资时，项目部根据公司批复通知书。项目部分配、列表签字发放，只是在财务账面上反映，不归属到责任中心。两者之间的差额，在责任成本分析中予以说明。

十、间接费用核算

1. 间接费用的归集和界定

项目部为组织施工生产产生的下列费用一般应归集到间接费：

（1）管理人员工资及工资性补贴；

（2）按规定提取的项目部人员福利费；

（3）行政用固定资产的折旧费、修理费、保养费、材料消耗费等；

（4）低值易耗品的摊销；

（5）办公费、书报费；

（6）差旅交通费；

（7）劳动保护费；

（8）招待费；

（9）行政用房屋建设（或租赁）费；

（10）物料消耗；

（11）取暖费；

（12）劳动保护费；

（13）财产保险费；

（14）其他费用，包括检验试验费以及非项目责任范围内的停工、窝工损失等。

2. 间接费用核算

（1）间接费用一律在"间接费用"科目归集，产生上述费用时，按以下方法进行核算。

（2）财务部借记"间接费用"，贷记"现金""银行存款""应付工资"等科目，同时向间接费用中心发出"责任成本通知书"。

（3）期末，财务部按照规定的方法进行费用分摊时，借记："工程施工：合同成本（间接费用）"等科目，同时在"××工程成本账"对应的费用项目中进行平行登记。

（4）部分间接费用在管理费用里面列支的，也应该向间接费用中心发出"责任成本通知书"，由此产生的成本差额，在责任成本分析中予以说明。

十一、企业费用的核算

1.企业费用总额的确定

企业费用总额＝中标合同总价－责任成本预算总额－税金±调节因素

2.企业费用上交额的确定

企业费用上交率＝（企业费用总额÷中标合同总价）×100%

3.企业费用的上缴

项目企业费用确定后，应按公司相关规定办理汇缴。

4.企业费用的核算

项目上交的企业费用只在项目财务部进行核算，不向责任中心归集费用，项目上缴企业费用时，借记"管理费用"，贷记"内部往来"科目，项目分包差和中介费用的核算参照上述办法执行。

十二、材料费的核算

1.材料计价

材料费一律按照计划价（项目部核定的责任预算单价）点验入库，施工过程中购入的材料实际价格与计划价格的差额列入"材料成本差异"。

2.材料费核算

（1）材料入库核算。

发票与点验单同时到达：借记"物资采购"，贷记"银行存款""现金"或"应付账款"；借记"库存材料"，贷记"物资采购"。

发票未到材料先到，物资部门应依据所到材料进行预点验，以便真实反映材料消耗。依据物资点验单借记"库存材料""材料成本差异"，贷记"应付账款"。下月初用红字冲回，待发票到后再按照正常程序记账。

（2）材料发出的核算。

对于劳务单价已经包含二、三项材料的工班，二、三项材料统一由各工班自购，项目部坚决不供应。各工班领用二、三项以外其他材料时，物资根据工程项目开具发料单，经工班负责人签字认可，同时提供材料消耗表，材料消耗表应该反映该工程限额供应材料总额，实际已经供应材料总额，并经技术、计划部门主管审批，报项目经理审核后转财务列销。财务借记"工程施工",贷记"库存材料""材料成本差异",同时发责任成本转账通知书给材料费用控制中心。材料的供应必须和限额材料数量控制相结合,各工班超定额使用的材料,材料费控制中心应该提供具体的依据经各工班负责人签字后转财务并从计价总额中扣除。物资部门提供不出扣款对象的超定额供料,从物资人员的责任工资中予以扣除。每月30日物资部门应按时向财务科提供材料消耗表,并且对没有实际消耗的半成品要进行盘点,并将盘点表移交财务冲减本中心成本。财务借记"库存材料",贷记"工程施工"。下月初,再以红字冲销。

因变更设计、方案优化增减工程量主材消耗,应由技术部门提供增减限额材料数量,然后按照以上方法进行管理。

(3)周转材料核算。

购入周转材料按实际购入价点验入库,财务按照正常的会计核算制度核算。周转材料摊销,直接进入项目部成本。借记"工程施工",贷记"周转材料-周转材料摊销"。

十三、机械使用费核算

本级机械设备的进出场费、折旧费,依据经审核的发票和折旧、转账通知书借记"工程施工",同时转列机械设备费控制中心,贷记有关对应科目。

【实战范本2-10】▶▶▶

责任预算编制实施细则

责任预算是在工程施工之前,按照实施性施工组织设计和工程所在地价格水平,应用相关定额和费用标准计算的责任单位完成相应工作量时成本支出的总额。责任预算是给责任单位核定的成本支出的最高限额,同时也是考核责任单位绩效的标准。编制责任预算的目的在于将责任中心的经济责任数量化,并以此作为责任中心努力的目标和对其进行考核的依据。

项目部按照"自下而上"的原则,编制责任中心责任预算。

一、编制原则

(1)保安全、保质量、保工期的原则。

(2)开源节流、挖潜增效的原则。

(3)目标一致性原则。

(4)可控性原则。

(5)可计量或可计价的原则。

（6）自下而上的原则。

（7）收支计算口径一致的原则。

（8）动态性原则。

二、责任预算的编制

责任预算采用实物法编制，实物法是首先根据施工图纸分别计算出分部、分项工程数量，列出工程量清单，分析每道工序所需要的工料机数量，再分别乘以工程所在地当时的人工、材料、机械台班单价，分析出综合单价，乘以工程数量，得出此工序的总费用，将各工序费用汇总为直接工程费责任预算。

在编制责任预算以前首先要做好以下几方面的工作。

1．工程量的计算与核实

工程量是预算编制最基础的数据，计算过程复杂且烦琐，要依据施工图纸和各行业各类工程的工程量计算规则，认真计算，仔细复核，把工程量算准并列出工程量清单。尤其在逐级向下核批责任预算时，要"挤干"工程量中的"水分"，防止效益流失。

2．施工组织设计的确定

优化施工组织设计是项目成本管理中最重要的一环，它是整个项目施工的总体部署。经济合理的施工组织设计，能够实现均衡生产、提高效益，避免生产要素的浪费。同时，施工组织设计要合理确定施工方法、施工工序、场地布置、劳动力组织、工期要求、进度安排、安全质量措施、机械设备及材料物资供应等。

3．材料价格的确定

工程材料往往占到工程造价的60%以上，材料管理不善则项目收益就难有保障。尤其材料的价格的变化属外部因素，不为项目部所能掌握，所以必须有一套科学有效的材料采购办法使项目部主动地控制材料采购价格，采用多种形式的"竞价采购"办法是控制材料价格的有效手段。

4．定额的套用和定额用量的合理调整

在套用定额时，首先要认真阅读定额说明，透彻地理解这些说明，将实际发生的操作内容与定额表中的工程内容进行比较，并根据实际进行调整。

三、劳务综合单价的确定

（一）劳务单价组成内容确定

在确定劳务单价之前，首先明确劳务单价组成内容，尤其是实行"工序分离，工费综合单价承包"后，劳务单价的组成内容非常重要，并且要在劳务合同中予以明确。

1．工费的确定

综合工费标准按成本管理工费标准确定，即桥涵工程为120元/工天，其他工程为100元/工天；特殊作业工种根据实际情况另行确定。

2. 材料费的确定

材料的责任预算价格指材料运至工地的价格，由现场调查的材料原价加运杂费组成。

3. 机械费的确定

施工机械台班预算价格按公司《成本定额》标准执行，其中机械司机工资按130元/天计算，动力燃料费按市场调查价计算。对于租赁设备采用市场价格。

（二）责任预算的调整

项目部劳务单价控制中心在确保公司核定总成本不变的原则下，可适当调整，以丰补欠。

（1）凡满足下述条件之一者，可调整责任预算：

① 施工方案发生重大变化；

② 项目工程量出现大幅变化；

③ 项目发生变更设计，且变更部分实施性施工方案已经确定；

④ 材料价格出现较大幅度波动；

⑤ 因不可抗力因素造成重大损失，且索赔或保险赔偿不足以弥补损失；

⑥ 由于在编制责任预算时主观原因造成的漏项；

⑦ 由于方案优化或工程量节余产生的利润。

（2）发生上述情况时，各责任成本中心向项目部责任成本管理领导小组提出申请，说明申请调整的具体原因，并提供详细资料（如变更签证单、材料报价单、总工程师签审的施工方案），经责任成本管理工作领导小组审批后，采取资料审查和现场核实相结合的方式，对所提调整申请进行审核，结果报责任成本管理领导小组审批后，上报公司成本管理中心，经公司责任成本管理中心审核，总经济师审批后予以调整。

第三章

目标成本管理

目标成本是企业在特定时期内为保证预期利润的实现，并作为全体企业员工奋斗的目标而设定的一种预计成本，它是预测成本与目标管理方法相结合出现的产物，也就是将成本控制作为工作的目标。目标成本的表现形式很多，如计划成本、承诺成本、预期成本或利润成本等。目标成本是指在保证某项产品获得要求预期利润条件下允许该产品所产生的最高成本数据。

目标成本和目标成本管理两者之间是辩证统一的关系。目标成本是目标成本管理的实施对象和预期目标，目标成本管理是达到和实现目标成本的方式及方法。缺乏目标成本的确定编制、规划管理和过程控制，目标成本的实现便成为空谈。

第一节　目标成本管理概述

一、目标成本管理的基本原理

目标成本管理法是一种以目标导向为核心的成本管理方法，是通过实际需要规划出生产新产品所需的全部目标成本，并将其分解到每个产品上，形成单个产品的目标成本，最后由设计部门比较预期目标成本与现有条件下实际产生的生产成本，寻求出降低实际成本的途径，并进行改革和绩效考核的一种管理方法。对于企业目标成本管理，必须明确企业成本目标，然后采取科学、合理、有效的控制策略，对企业成本进行有序的控制。由于目标成本占据企业管理的重要位置，因此成本管理应在最大限度上挖掘潜在的产能，制定科学有效的目标成本指数，降低生产成本，控制企业的预算，最终实现成本目标得到控制，以保证企业的经济利益，实现一定的社会效益。

二、目标成本管理的原则

目标成本管理过程是关于利润与成本的战略体系，并确保获得适当的利润。目标成本的管理应遵循如图3-1所示的原则，对于建筑施工企业来说，同样适用。

原则一　**目标可行原则**

即制定目标成本必须体现每一项目工地的工程特点。目标制定要符合实际，切实可行，目标应具有一定的"紧迫"性，经过努力才能达到。切不可高估冒算，更不能把目标定得过低，失去目标成本管理的意义

原则二　**全员参与原则**

即利用施工淡季组织培训，召开目标成本管理会议等各种方式，大力宣传实施目标成本管理的必要性、紧迫性。使每一个职工都充分认识到目标成本是为实现目标利润所需要达到的成本水平，使目标成本具有可靠的群众基础。在拟定目标时，应让下级参与进来，经过协商讨论后确定目标，拟定目标的过程是一个反复循环的过程，在循环中，上级会发现新的问题和情况，采纳下级提出的意见和建议，而下级会进一步了解组织的目标和建议。促进全员参与意识，推动目标成本的全面完成

原则三　**层层分解原则**

即把已确定的目标成本总额，按照施工生产流程，以及费用产生的地点、时间、用途和成本形成的全过程，将目标成本的实物量和价值量分解到各相关部门、施工处、工地、班组、个人。同时明确规定各行政"一把手"是目标成本管理的第一责任人。从而形成以单位、部门、个人为载体，横向到边，纵向到底，责任到人的责任控制体系

原则四　**灵活应用原则**

即根据施工企业的特点，按项目建设性质、建设地点、工期长短、质量要求，及时制定和调整每一项目的目标成本，使各级目标既要有相对的稳定性，又要有一定的灵活性，提高竞争中的应变能力和目标成本的可操作性

原则五　**考核兑现原则**

即将目标成本的控制与本单位的经济责任制有机结合起来，实行"成本一票否决制"，对目标成本指标完成情况逐级考核。本着"多节约多奖励、不节约不奖励、少超支少罚、多超支重罚"的原则，严考核，硬兑现，以此调动职工的责任心和积极性，使目标成本始终处于控制状态

图3-1　目标成本管理的五大原则

三、目标成本管理的流程及特点

（一）目标成本管理的流程

很多国内外的应用目标成本管理效果显著的企业，基本遵循了目标成本管理的基本原理，根据企业自身情况，采取了各自形态和特色的方式。由于企业的性质、行业、工艺特点、管理能力等方面不同，完全形成一个具体一致的成本目标是不可能的，但是，所有企业采用的管理基本原理和流程基本相同，即包括目标成本的预测与优化形成、目标成本的分解落实、目标成本的审核及定稿、目标成本的执行与反馈、目标成本的分析、目标成本的评估考核几个环节，如图3-2所示。

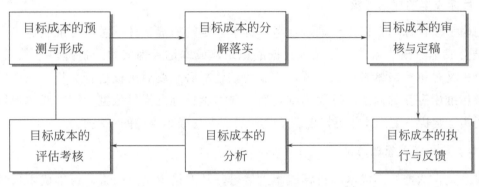

图3-2 目标成本管理流程

1.目标成本的预测与形成

根据实际提出可行性研究方案，相关执行者共同协作，根据市场行情和同类项目历史资料对产品的目标成本进行预测。目标成本需要不断调整收入、利润、成本三者之间的关系，制定出合理可行的目标成本。

2.目标成本的分解落实

目标成本的分解分纵向分解与横向分解两种：纵向分解是根据产品的设计生产过程，按照相应的成本核算科目逐级分解产品构成成本；横向分解是在成本纵向分解的基础上，按照企业各业务部门和管理职能的分工，将目标成本纵向分解的最末级科目能够分解落实到每个相应的责任主体。

3.目标成本的审核与定稿

目标成本经过纵向分解和横向分解以后，管理者要对分解的结果是否合理进行审核确认，各级管理者审批之后要以最高管理者的名义下达给每个责任主体，从而建立责任主体的责任成本。

4.目标成本的执行与反馈

目标成本在执行过程中要对各成本主体的实际变动成本情况进行详细核算，核算后的结果就是进行目标成本控制、分析以及考评的重要依据。成本信息的反馈指的是把动态实际产生成本的信息按照一定周期和相应格式，及时、准确地反馈给每个责任主体，促使每个责任主体根据已产生成本情况对产生成本进行合理的调整，这样才能保证实际产生成本在目标成本控制范围内。

5.目标成本的分析

定期的成本分析可以及时发现目标成本管理过程中的各种问题，并及时提出解决问题的方案，进而有效地对成本进行控制，也为企业的可持续发展提供宝贵的成本数据库。同时合理的成本分析也是下一步绩效考核的客观依据。成本分析工作应贯穿于目标成本管理工作的全过程，使其成为目标成本控制的重要工具。

6.目标成本的评估考核

明确考核目标和工作分析是进行考核标准制定的前提条件，考核标准制定完成之后才能结合成本考核的需求进行成本数据的记录，成本记录为成本分析提供了数据支持，成本分析又是进行成本考核的依据，成本考核之后必须要对考核进行分析，从而发现成本考核标准中存在的问题，进而为制定新的成本考核标准提供依据，同时成本考核之后必须要实行奖优罚劣，才能更好地调动企业员工参与成本管理的积极性。

（二）目标成本管理的特点

很多人喜欢把标准成本和目标成本划等号，从严格意义上来讲，标准成本只是目标成本的一种表现形式，因为它也是在产品生产前由企业的计划或设计部门预测的在成本上要求实现的目标。通过对比分析，目标成本和传统的成本之间还是有很大区别的，见表3-1。

表 3-1　目标成本管理与传统成本管产的区别

区别	目标成本管理	传统成本管理
管理的范围	全过程控制	事后控制
管理的侧重点	事前控制	事后核算
管理责任的区分	成本指标的分解归集管理	以成本的形成为出发点

1.两者管理的范围不同

传统旳成本管理范围只是局限于事中阶段的成本管理，而目标成本管理是将项目的全部经营活动过程作为一个系统来管理，从事前阶段的成本预测到事中成本的形成及事后阶段的成本分析，考核实行全过程的管理，能将全部经营活动过程中所有费用置于成本控制之下。

2.两者管理的侧重点不同

传统的成本管理侧重于"事后算账""干完算总账"，这样虽然也事后进行了成本分析，并提出了整改意见和防范措施，但这些措施必须在下一个管理过程中才能有效实施。

目标成本管理则把管理前置，它的工作重点是针对事前控制和事中控制，在目标成本产生前和产生过程中控制耗费，及时分析偏差并采取措施，真正体现成本的控制地位。

3.两者管理责任的区分不同

传统成本管理以成本的形成作为成本管理的出发点和归宿点。而目标成本管理强调成本指标的分解归集管理，在各自责任范围内有效地控制成本，强调严格划分各责任单位的经济责任。

第二节　施工企业目标成本的制定

一、目标成本编制的方法

制定科学合理的控制目标是进行有效成本控制的关键，科学合理的目标是指通过项目经理部的努力可以实现的目标。施工企业产品的成本，主要由人工费、材料费、机械使用费、其他直接费和间接费组成。由于施工企业产品价格受材料市场价格、劳动力市场价格变化等诸多因素的影响很大，应密切结合施工企业的经营特点，分别根据预算结果、中标价承包、概算价承包结算方式，灵活确定目标成本。下面着重介绍两种方法。

（一）在成本预测的基础上确定目标成本

成本预测是在分析已有资料的情况下，对未来的成本水平和可能的发展趋势做出的科学估计。目前施工企业往往忽视开工前的准备工作，而恰恰是这项工作很重要，起着很关键的作用。施工企业进行施工，受外界因素影响很大，天时、地利、人和、市场都对施工产生影响，就如同打一个大的战役。有效的决策、严密的组织、周密的计划、及时的供应、细微的交底都是项目目标成本管理的有效保证。要根据工作的特点、条件、环境、收入等因地制宜地采取有效地降低成本的措施，明确各部门、各系统的职责，做好成本预测，确定目标成本。目标成本预测需要大量的数据，为了做好这项工作，各职能部门都要密切配合，为成本预测提供数据资料。各有关部门职责分工如表3-2所示。

表 3-2　各有关部门职责分工

序号	部门	成本预测职责
1	预算部门	提供工程中标合同书，工程概算和工料分析，材料设备指导价、参考价、最高限价，各分包合同及有关资料等
2	技术部门	提供施工组织设计及施工方案，质量设计方案，制定降低成本技术措施时要明确执行部门及相关人员，同时提供降低成本技术措施的计算依据
3	工程部门	提供施工部署及生产计划，施工机械使用计划（包括大型施工机械和中小型机械的种类、台班、租赁单价及预测机械费支出总额），现场临时设施搭建计划（包括外购的活动房价值及应摊消耗，现场自行搭建的临时房用工用料计划）

续表

序号	部门	成本预测职责
4	物资部门	编制主要材料使用计划，生产工具使用计划，预计产生的各种运费，提供材料物资最新市场价格
5	劳资部门	提供劳动力使用计划，外施工队人工费承包方案，项目管理人员配备情况（包括人数、平均工资和预计工资额）
6	行政部门	提供行政性开支计划，内含现场水电费、电话费、现场宣传费等费用支出情况
7	财务部门	对各部门提供的资料进行分析整理，进行成本预测，确定目标成本。通过成本预测，确定目标成本，可以使项目经理在满足业主、监理和企业要求的前提下，选择成本低，效益好的最佳方案，并能够在施工项目成本形成过程中，针对薄弱环节加强成本控制

（二）"堵两头、挤中间"的方法

以中标价和概算价承包的工程项目，其目标成本可采取"堵两头、挤中间"的方法确定。即以中标或概算包干价扣除税金，作为工程结算收入，再扣除目标利润后确定目标成本，进行总体控制。其计算公式为：目标成本=预计工程价款收入−预计应交税金−目标利润。跨年度工程应按计划施工进度确定当年工程结算收入、应交税金和目标成本分年度进行控制。

二、了解施工项目目标成本的组成

施工项目目标成本一般由施工项目直接目标成本和间接目标成本组成。

施工项目直接目标成本主要反映工程成本的目标价值。直接目标成本总表如表3-3所示。

表 3-3　直接目标成本总表

工程名称：　　　　　项目经理：　　　　　日期：　　　　　单位：

项目	目标成本	实际产生成本	差异	差异说明
1.直接费用				
人工费				
材料费				
机械使用费				
其他直接费				
2.间接费用				
施工管理费				
合计				

施工项目间接目标成本主要反映施工现场管理费目标支出数。施工目标管理费用如表3-4所示。

表 3-4 施工现场目标管理费用

项目	目标费用	实际支出	差异	差异说明
1.工作人员工资				
2.生产工人辅助工资				
3.工资附加费				
4.办公费				
5.差旅交通费				
6.固定资产使用费				
7.工具用具使用费				
8.劳动保护费				
9.检验试验费				
10.工程保养费				
11.财产保险费				
12.取暖、水电费				
13.排污费				
14.其他				
合计				

三、目标成本编制依据

目标成本编制可以按单位工程或分部工程为对象来进行。编制依据是：

（1）设计预算或国际招标合同报价书、施工预算；

（2）施工组织设计或施工方案；

（3）公司颁布的材料指导价，公司内部机械台班价，劳动力内部挂牌价；

（4）周转设备内部租赁价格，摊销损耗标准；

（5）已签订的工程合同，分包合同（或估价书）；

（6）结构件外加工计划和合同；

（7）有财务成本核算制度和财务历史资料；

（8）项目经理部与公司签订的内部承包合同。

四、目标成本的编制要求

（一）编制设计预算

仅编制工程基础地下室、结构部分时，要剔除非工程结构范围的预算收入，如各分项中综合预算定额包含粉刷工程的费用，并使用计算机预算软件上机操作，提供设计预算各预算成本作为成本项目和工料分析汇总，分包项目应单独编制设计预算，以便同目标比较。高层工程项目，标准层部位单独编制一层的设计预算，作为成本过程控制的预算收入标准。

（二）编制施工预算

包括进行"两算"审核、实物量对比、纠正差错。施工预算实际上是计报产值的依据，同时起到指导生产、控制成本作用，也是编制项目目标成本的主要依据。

（三）人工费目标成本编制

根据施工图预算人工费为收入依据，按施工预算计划工日数，对照包清工人挂牌价，列出实物量定额用工内的人工费支出，并根据本工程实际情况可能产生的各种无收入的人工费支出，不可预计用工的比例，参照以往同类型项目对估点工的处理及公司对估点工控制的要求而确定。对自行加工构件、周转材料整理、修理、临时设施及机械辅助工，提供资料列入相应的成本费用项目。

（四）材料费、构件费目标成本的编制

由施工图预算提供各种材料、构件的预算用量、预算单价，由施工预算提供计划用量，在此基础上，根据对实物量消耗控制的要求以及技术节约措施等，计算目标成本的计划用量。单价根据指导价确定，无指导价的参照定额数提供的中准价，并根据合同约定的下浮率计算出单价。根据施工图预算、目标成本所列的数量、单价计算出量差、价差，构成节超额。材料费、构件费的目标成本确定：目标成本＝预算成本－节超额。

（五）周转材料目标成本的编制

以施工图预算周转材料费为收入依据，按施工方案和模板排列图，作为周转材料需求量的依据，以施工部门提供的该阶段施工工期作为使用天数（租赁天数），再根据施工的具体情况，分期、分批量进行量的配备。单价的核定，钢模板、扣件管及材料的修理费、赔偿费（报废）依据租赁分公司的租赁单价。在编制目标成本时，同时要考虑钢模、机件修理费、赔偿费，一般是根据以前历史资料进行测算。项目部使用自行采购的周转材料，同样按施工方案和模板排列图，作为周转材料需求量的依据，以及使用天数和周转次数，并预计周转材料的摊销和报废。

（六）机械费用目标成本的编制

以施工图预算机械费为收入依据，按施工方案计算所需机械类型、使用台班数、机械进出场费、塔基加固费、机操工人工费、修理用工和用工费用，计算小型机械、机具使用费。

（七）其他直接费用目标成本的编制

以施工图预算其他直接费为收入依据，按施工方案和施工现场条件，预计二次搬运费、现场水电费、场地租借费、场地清理费、检验试验费、生产工具用具费、标准化与文明施工等产生的各项费用。

（八）施工间接费用目标成本的编制

以施工图预算管理费为收入依据，按实际项目管理人员数和费用标准计算施工间接费用的开支，计算承包基数上缴数，预计纠察、炊事等费用。根据临时设施搭建数量和预算计算摊销费用。按历史资料计算其他施工间接费用。

（九）分包成本的目标成本的编制

以预算部门提供的分包项目的施工图预算为收入依据，按施工预算编制分包项目施工预算的工程量，单价按市场价，计算分包项目的目标成本。

（十）汇总审核

项目核算员汇总审核，在综合分析基础上，编制"目标成本控制表"（表3-5），各部门汇审签字，项目部经理组织讨论落实。项目核算员根据预算部门提供的施工图预算进行各项预算成本项目拆分。审核各部门提供的资料和计划，纠正差错。汇总所有的资料，进行"两算"对比，根据施工组织设计中的技术节约措施，主要实物量耗用计划，分包工程降低成本计划，设备租赁计划等原始资料，考虑内部承包合同的要求和各种主客观因素，在综合分析挖掘潜力的基础上，编制"目标成本控制表"，编写汇总说明，形成目标成本初稿，提请各部门汇审、签字，报请项目部经理组织讨论落实，分别归口落实到部门和责任人，督促实施。

表 3-5　目标成本控制表

部位：　　　　　　　　　　　　　　　　　　　　　　　　　　　　　　单位：万元

成本项目	预算成本	目标成本	计划差异	差异率/%
人工费				
材料费				
结构件				
周转材料费				
机械使用费				
其他直接费				
施工间接费				
小计				
分建成本				
其他收入				
成本总计				

续表

编制说明：

制表人：　　　　　　　　　　　　　　　　　　　　　　　　年　　月　　日

（十一）目标成本的编制程序

（1）编制施工方案并进行优化，制定技术降低措施；

（2）编制"两算"（施工预算和施工图预算）；

（3）进行"两算"审核，实物量对比，纠正差错；

（4）对施工图预算进行定额费用拆分；

（5）计算材料、结构件、机械、劳动力计划消耗量和费用；

（6）制订大型临时设施搭建计划和计算费用；

（7）根据施工方案指定模板、脚手架、使用设备和计算费用。

（8）根据现场管理人员的开支标准和项目承包上交基数及其他财务历史资料，计算施工间接费用；

（9）根据分包合同或分包部位估价书计算分建成本；

（10）各部门拟定编制说明资料；

（11）审定各部门提供的计算资料和编制说明，纠正差错；

（12）汇总所有资料，形成目标成本初稿，要求各部门汇审、签字；

（13）项目经理审定、签发、实施。

（十二）施工项目目标成本的确定

目标成本编制过程的计算公式、口径及目标成本控制表填制方法和编制说明情况如下。

（1）目标成本控制表中，预算成本总计数=工程合同造价-税金。

（2）目标成本控制表中，目标成本各项费用项目数值=各单位计划表数值。

（3）工程造价让利及法定利润在预算成本其他收入中填列。

（4）仅编制工程基础地下室、结构部分的目标成本，要剔除非工程结构的预算收入和支出，如各分项中综合预算定额包含粉刷工程的费用。

（5）单价的确定：

① 施工图预算的单价，按合同规定与经济签证取定，材料中准价一般按编制月份的材料中准价减去下浮确定；

② 目标成本各成本项目的单价，按编制月公司材料指导价、劳动挂牌价或分包、采购外加工合同确定；

③ 租赁公司内部机械和周转设备的单价，按现行机械台班单价、周转设备租赁单价、周转设备租赁单价确定。

（6）合同规定的补贴费，按合同规定的内容计入相应的预算成本项目。

（7）合同规定的开办费，合同规定明确的，计入相应预算成本项目；不明确的，按企业拟定的分摊比率计入相应的预算成本项目。

（8）人工补差费、施工流动津贴拆分时归入人工费。

（9）其他费用拆分：定额编制费、工程质量监督费、上级管理费三项费用，拆分时归入施工间接费。

（10）施工图预算计取的大型临时设施费，拆分时归入施工间接费。

（11）目标成本按分部分项编制的，预算含钢量大于实际数，调整实际数，不计营利；预算含钢量少于实际数的，调整预算数，不计亏损。

（12）使用商品混凝土、市场价已包括泵送费、硬管费的，将计划成本拆分时，泵送费、硬管费应计入机械费。在计划耗用量时应扣除钢筋容量。

（13）按部位编制的目标成本的临时设施摊销方法，部位摊销量＝部位计划工期×临时设施总费用/总工期。

（14）商品混凝土，在计算人工计划成本时，应按现行扣除后台用工。

五、目标成本的分解

目标成本的分解和落实是目标成本管理的一个重要环节。只有合理地分解和落实目标成本，才能保证目标成本的实施与控制、检查与考核。

（1）目标成本应按照项目经理部的组织结构逐级分解，纵向到各施工队、班组；横向到各部门、人员，实现归口管理。

（2）要根据成本内容尽量将目标成本分解到最小单位，从而使分解后的目标成本逐级落实到各责任部门和责任人。

（3）在此基础上，按月、分阶段、按分部分项工程编制计划成本。按成本构成项目归类，凡是与成本要素相关的部门、人员都要落实责任，做到人人有责任，个个背指标。它是建立项目目标成本管理责任制，开展成本控制的基础，是该施工项目降低成本的指导性文件。

 案例 <

中铁十五局五处第一项目部在承担河南焦（作）—克（井）公路V1标段和河北邯（郸）—大（名）公路A、B两个标段的施工任务中运用成本预测和目标责任分解，在中标价低于成本价的条件下，实行科学管理，精打细算，努力在降耗增效上做文章。短短5个月，完成产值1200万元，降低成本123万元。新的工程任务到手后，他们把着眼点放在预测工程成本上，由该处成本管理核算小组和项目部有关人员一起，按照成本倒推模式，以工程中标价或签订的合同价，扣除税金和上交综合费用后，确定工程的目标成本，同时由项目部经理与该处签订经济责任承诺书。然后，进行目标成本分解，建立六个责任中心，并由责任中心负责人与项目经理签订目标成本责任书。责任中心的划分主要如下。

（1）人工费责任中心由经营预算部负责全部的工费控制责任，对工费控制不力，造成工资超发所导致的损失负直接管理责任。

（2）材料费责任中心由物资部负责目标成本的控制，对于对质次价高，材料管理不善，造成工程材料毁损、流失等损失负直接管理责任。

（3）机械使用费由设备部负责，对于调配不当，施工方法不切实际或不经济，超过目标成本的费用负直接责任。

（4）其他直接费责任中心由经营预算部、设备部、工程部负责，对于建造临时设施超标准，工程现场管理不善或费用控制不力，生产工具用具使用费计划不周或因管理不善造成的经济损失由上述部门负责。

（5）间接费责任中心由财务部负责，对因主观原因未能及时保证资金供应，间接费控制不严造成间接费的超支负直接责任。

（6）质量安全事故损失控制中心由工程部、安全部、主任工程师负责，对于由于安全措施不力或安全检查不落实，技术交底不及时或有错误，技术指导或检查不及时等造成的损失负直接责任。

六个责任中心的奖惩均按责任书条款实施。在此基础上，根据各部门人员多少再分解到个人。个人收入与降低成本紧密挂钩，按为项目部创利的10%给予奖励。所属工程队也按项目部的规定制定出降低成本实施方案。由于从项目部到工程队人人目标明确，责任清楚，从而形成了人人重视成本管理，个个努力降耗增效的局面。

第三节　目标成本的控制

在总目标成本已经制定完成，分目标成本已经下达之后，成本的控制就成为成本管理的关键。在施工过程中实际产生的各种消耗和支出应严格控制在成本计划范围内，随时公布并及时反馈，严格审查各项费用是否符合成本计划，计算实际和计划成本之间的差异并进行分析，消除施工中的损失浪费现象，发现和总结先进经验，最终实现成本控制目标。

　　从招标直到工程验收，采用有效的方法和手段，控制实际产生的费用和支出，严格制度，减少浪费，降低成本，这一阶段是成本的产生阶段，是成本管理的关键。特别是一些大项目工程，具有投资规模大、工艺技术复杂、建设工期长、施工难度大等特点，成本与工程进度、质量以及材料、人力的合理利用有着密切的关系，一定要把住进度、质量、材料、人力、费用五大控制关口。

一、进度控制

　　工程进度与目标成本控制有着直接的联系，工程保质保量按期完成投产，按时进行结算，不仅能使资金按时回收，减少占用，而且能够使施工企业的施工机具、人力物力及时调剂，增加有效使用，提高资产利用率和劳动生产率，进而达到降低工程成本的目的，向进度控制要效益。

二、质量控制

　　实施目标成本管理的目的在于以最少的消耗获得最大的经济效益，前提是必须保证工程质量，投产一次成功。所以施工企业实施目标成本管理一定要与工程质量管理结合起来，千万不可以降低工程使用功能、降低质量标准或以劣充优、偷工减料等不正当手段达到降低成本的目的。否则，施工企业就会在日益激烈的市场竞争中失去生存空间，更谈不上发展。对此，施工企业必须以保证工程质量为前提，把住质量关。

（一）质量成本的构成

　　质量成本是指为确保和保证满意的质量而产生的费用以及没有达到满意的质量所造成的损失。

　　施工项目质量成本的构成见表3-6。

表 3-6　施工项目质量成本的构成

质量成本的构成项目	预防成本	含义	包含的费用项目
控制成本	鉴定成本	为了确保工程质量而进行预防工作所产生的费用，即为使故障成本和鉴定成本降到最低限度所需要的费用	· 质量工作计划费 · 工序能力控制、研究费 · 质量信息费 · 质量管理教育费 · 质量管理活动费
	内部故障成本	为了确保工程质量达到质量标准要求而对工程本身以及对材料、构配件、设备进行质量鉴别所需要的一切费用	· 材料检验费 · 工序质量检验费 · 竣工检验费 · 机械设备试验、维修费

续表

质量成本的构成项目	预防成本	含义	包含的费用项目
故障成本	外部故障成本	在施工过程中，由于工程本身的缺陷而造成的损失以及为处理缺陷所产生的费用之和	·返工损失 ·返修损失 ·事故分析处理费 ·停工损失 ·质量过剩支出 ·技术超前支出
	预防成本	工程交付使用后发现质量缺陷，受理用户提出的申诉而进行的调查、处理所产生的一切费用	·回访保修费 ·劣质材料额外支出 ·索赔费用

（二）质量成本分析

质量成本分析是根据质量成本核算的资料进行归纳、比较和分析，找出影响成本的关键因素，从而提出改进质量和降低成本的途径，进一步寻求最佳质量成本。质量成本分析的内容有：

（1）质量成本总额的构成内容分析；

（2）质量成本总额的构成比例分析；

（3）质量成本各要素之间的比例关系分析；

（4）质量成本占预算成本的比例分析。

（三）质量成本控制

根据上述分析资料，对影响质量成本较大的关键因素，采取有效措施，进行质量成本控制。质量成本控制表见表3-7。

表 3-7　质量成本控制

关键因素	措施	执行人、检查人
降低返工、停工损失，将其控制在占预算成本的1%以内	（1）对每道工序事先进行技术质量交底 （2）加强班组技术培训 （3）设置班组质量员，把好第一道关 （4）设置施工队技监点，负责对每道工序进行质量复检和验收 （5）建立严格的质量奖罚制度，调动班组积极性	
减少质量过剩支出	（1）施工员要严格掌握定额标准，力求在保证质量的前提下，使人工和材料消耗不超过定额水平 （2）施工员和材料员要根据设计要求及质量标准，合理使用人工和材料	

续表

关键因素	措施	执行人、检查人
健全材料验收制度，控制劣质材料额外损失	（1）材料员在对现场材料和构配件进行验收时，发现劣质材料时要拒收，退货，并向供应单位索赔 （2）根据材料质量的不同，合理加以利用以减少损失	
增加预防成本，强化质量意识	（1）建立从班组到施工队的质量QC（品质管控）攻关小组 （2）定期进行质量培训 （3）合理地增加质量奖励，调动职工积极性	

三、加强技术改造降低成本

"科技攻关是降低成本的根本途径"，依靠技术改造、科技进步带来的成本的大幅度降低是其他因素所不可比拟的。单纯的成本控制总是有限的，企业要想长期保持低成本的优势，就必须坚持不断地进行企业自身的技术改造，形成"增效 - 技改 - 再增效 - 再技改"的良性循环。只有这样，才能保证企业的持久增效和长期发展。

四、目标成本的调整

在进行施工成本控制时，如果发现原定的施工成本目标不合理，或原定的施工成本目标无法实现等，需要调控施工成本目标。

目标成本调整通知单

_____项目：

　　根据你单位于____年____月____日提出的____次调整目标成本的申请，经审核有关资料，情况属实。将市场经营部测算的结果报请项目管理领导小组审定，同意你单位的_____项目的_____

_____

_____

_____

　　调增（减）目标成本_____元，其中人工费_____元，材料费_____元，机械费_____元，其他直接费_____元，临时设施费_____元，现场管理费_____元。

　　截止到此次，调整后的目标成本为_____元，其中人工费_____元，材料费_____元，机械费_____元，其他直接费_____元，临建费_____元，现场管理费_____元。

　　特此通知！

　　（此通知一式四份：主管领导、项目部、工程管理部、财务部各执一份）

工程管理部
年　　月　　日

五、目标成本管理制度化

要抓好目标成本管理，必须使目标成本管理在企业内部形成制度，长期不懈地坚持下去。不能抓一阵子，放一阵子。这就要求企业领导要充分重视，要把成本管理工作作为企业管理的一项重要工作；要求企业的每一个职工都要树立成本观念和降低成本的意识，把成本控制工作作为自己日常工作的一个重要方面。通过企业全体干部职工持久的、共同的努力，必然会取得良好的收益。

【实战范本3-01】▶▶▶

....

施工企业目标成本管理办法

第一章　总　则

第一条　为了加强公司的成本管理，有效地对成本进行控制，及时、准确地反映出真实的成本结果，根据《施工企业会计制度》、公司《财务管理办法》和《项目管理实施办法》，制定本办法。

第二条　本办法适用于公司各分公司、项目部（以下简称二级单位）。

第三条　实行目标成本管理的对象范围为公司所有的工程项目。

第二章　工作程序

第四条　承接工程项目后，在施工组织设计（方案）和投标预算的基础上，参照公司当年公布的内部价格体系，由市场经营部测算出项目目标成本，提交项目管理领导小组。

第五条　项目管理领导小组对项目目标成本进行审查修订后，由工程管理部向选定的项目经理交底，并将项目目标成本作为目标责任书的组成部分一并下达给项目经理部。

第六条　项目经理部接到目标责任书后，要对其中的项目目标成本按照施工组织安排及现场的实际情况，按月进行分解，并落实每一环节的具体责任人。

第七条　项目会计（由财务部委派，常驻现场）要随时掌握项目成本执行情况，及时做出分析。每月至少向财务部反馈一次，以便于及时发现问题，有效控制成本。做到核算准确，分析及时，反馈迅速，控制有效。

第八条　工程项目完工后，按照项目管理的要求，及时办理项目终止。在项目竣工验收并办理完项目结算后一个月内向项目管理领导小组提交自考报告，项目管理领导小组在接到自考报告一个月内做出考核，并按有关规定兑现奖惩。

第三章　目标成本确定

第九条　目标成本测算依据。

（1）工程预算定额。

（2）工程投标文件。

（3）公司当年的经营计划和当年执行的内部价格体系。

（4）施工组织设计（方案）。

第十条 目标成本由市场经营部负责测算。在测算过程中，应充分考虑公司当年经营计划指标和项目施工的具体情况，尽量减少因不确定因素对目标成本造成的影响。

第十一条 目标成本测算书的组成。

（1）封面。

（2）编制说明。

（3）编制依据。

（4）经济指标对比表。

（5）目标成本汇总表。

（6）目标成本各要素明细表。

第十二条 目标成本中各要素的测算价格不得高于公司当年执行的内部价格体系。对确实存在较大差距的，应在编制说明中予以详细说明。

第十三条 市场经营部依据测算结果编制出测算书，提请项目管理领导小组进行审核。

第十四条 项目管理领导小组接到项目目标成本测算书后，应及时组织小组成员进行认真审查，对存在问题的部分提出审核意见，并以书面形式反馈到市场经营部，以便市场经营部做出相应修改、调整或解释。

第十五条 经审核通过的目标成本，提请总经理批准后，作为公司内部竞标的标底，在未正式确定项目部之前作为内部绝密资料由工程管理部负责保管。

第十六条 工程管理部在确定项目部后，将目标成本作为项目目标责任状的组成部分与项目经理签订后一并下达给项目部，同时向财务部、主管领导各报送一份。

实行内部竞标确定的项目，以内部竞标价为目标成本。

第四章 组织实施

第十七条 项目经理是执行项目目标成本的第一责任人。

第十八条 项目部依据目标成本和施工组织设计（方案），提出整个项目的施工进度计划、资金计划、用工计划、材料计划、设备计划等公司规定的各种计划。

（1）项目总计划在开工前10日内报出，月度计划在每月25日报出，临时计划在实施前10日报出。对需要采购成品件的计划，应在计划中充分考虑其制作、考察、选定、采购的时间。

（2）用工计划、材料计划、设备计划应注明具体要求、进场时间、计划价格等。

（3）施工进度计划、用工计划、材料计划、设备计划报工程管理部审批，材料计划、设备计划在工程管理部审批后报物资设备分公司，资金收支计划报财务部审核。

第十九条　项目经理应根据施工组织设计（方案）和现场的实际情况，将目标成本按月进行分解，落实每一环节的责任人，找出成本控制的难点、重点，制定相应的解决方案和成本节约方案，并将结果以书面形式于开工后10日内报工程管理部和财务部备案。

第二十条　项目部应建立内部考核机制，将实施目标成本的结果与工资、奖金挂钩，并形成文字材料，报人力资源部备案。

第二十一条　项目部对目标成本中的人工费要素的控制，必须按照公司《劳务分承包管理细则》进行管理、结算。

（1）在合格劳务分承包方档案中筛选出至少三家进行考查、评比，在进行竞价后，选出最优的一家，报工程管理部批准。

（2）签订《劳务分承包协议》，协议内容应包括：承包范围的具体内容、质量、安全、文明施工、工期要求、承包价、结算方式、结算时间、价款支付以及双方权利义务、违约责任、争议解决。在协议中，必须明确保修期限及保修金的预留和返还、物资材料及机械设备的使用责任、工程质量和工期的奖惩办法。

（3）协议中应尽量避免零工的产生，确实因工程实际情况需产生零工，应在协议中在承包费外单独列示使用零工范围、数量、金额。

（4）劳务分承包中包含劳务以外的其他费用，如小型材料费、周转材料费、机械设备费、工具用具费、意外伤害保险等，必须在劳务费外单独列示这些费用的范围、质量、数量、金额。

（5）无论协议如何签订结算劳务费，项目部必须在每月10日前对上月分承包方完成的工作量进行预结算，并报工程管理部审批，以保证阶段性成本的真实性。

（6）工程管理部必须依据目标总成本、阶段性目标成本和项目实际施工进度对项目部所报劳务费进行认真审核。

（7）对不符合上述要求的协议，工程管理部不予审批。未经过工程管理部审核的劳务分承包协议视同无效协议。

第二十二条　项目部对目标成本中的材料费要素，包括消耗材料、周转材料，必须按照公司《物资材料管理办法》《施工现场材料管理细则》执行。同时，必须严格执行材料限额领料制或定额领料制。

（1）材料使用必须坚持"先算后干，事中控制，事后分析"原则。

① 每一道工序在施工前，材料员先计算出所使用材料的数量，报项目部主任工程师审核后，以"限额领料单"或"定额领料单"的形式将计划使用量下达给施工员。

② 施工过程中，施工员应随时跟踪检查具体操作人员是否按照规定使用材料，发现问题及时纠正；保管员则根据限额领料单或定额领料单要求发出材料，不得擅自超额发出材料。

③ 该工序结束后，材料员应及时组织施工员、保管员和施工单位有关责任人盘点所使用的材料，并与限额量料单或定额领料单进行对比分析，发现问题，及时查明原因，惩罚浪费、改进不足，奖励节约。

（2）严格把好材料的"计划、采购、验收、保管、领用、盘点"六道关键环节。

① 材料员应根据施工进度计划，提前做好材料总计划、月度计划、零星计划和工序计划，报项目部主任工程师审核后，报工程管理部审批。项目部不得擅自执行未被批准的总计划、月度计划和零星计划。

② 在采购过程中，属于公司采购的材料，项目部要积极参与决策；属于项目部自行采购的材料，要做到"货比三家，竞价采购，签订合同"，保证材料质优价廉。

③ 材料的进场验收，要认真核对是否符合采购合同或施工要求，尤其是在质量和数量方面。对不符合要求的材料，必须当场退回。

④ 严格按照施工平面布置图的要求，堆放或码放各种材料物资，做到整个现场的材料整齐、有序、规范，并注意材料的防潮、防火、防霉变等。

⑤ 材料的领用，必须严格按照限额领料单或定额领料单的要求发出材料，使用过程中注意对残料、废料的回收，能再利用的，必须及时安排使用；未发出的材料发生丢失、损坏，应追究保管员的责任，并做出处罚，对已经发出的材料发生丢失、损坏或其他原因造成不能使用的，应追究领料人员的责任，并按规定进行赔偿；对造成材料浪费的，必须及时进行处罚。

⑥ 施工现场条件允许的，必须每日盘点现场所有材料，但至少应不少于三日盘点一次，并做好盘点记录和交接班记录，相关人员履行签字手续。

（3）对不再使用的周转材料应及时组织专人负责办理归还手续；不再使用的消耗材料，合同中允许退货的，由采购员及时与供货方办理退货手续，不能退货的，应组织专人负责退还到物资设备分公司。

第二十三条 项目部对目标成本中其他要素的控制，必须按照公司相关制度、规定执行。

（1）对各种施工机械设备，应按照施工进度计划合理安排进场；使用前要随时检修，对有关人员进行必要的培训，使用中要严格按照操作规程进行操作，使用后进行必要的保养，应使其一直处于良好的施工状态。在后续工序中不再使用的机械设备，应及时组织专人负责清理、撤场、归还。

（2）搭建必要的临时设施，必须进行全盘考虑、计划、论证，尽量减少不必要的开支，但必须保证符合有关规定。对不再使用的临时设施要及时拆除、清理、归还。

（3）现场管理费应按照目标成本中的额度进行限额管理使用，减少不必要的开支。

第二十四条 项目会计除了做好日常成本核算外，必须随时跟踪成本的执行过程。发现问题，及时向项目经理汇报，项目经理接到汇报后，应立即组织相关责任人分析原因，解决存在的问题。项目经理对存在的问题未能及时处理的，项目会计有权直接向财务部或主管领导汇报。

第二十五条　财务部应经常与项目部保持联系，经常深入现场检查目标成本的执行情况，并提供职责范围内的业务指导。至少每月应召集项目部有关人员开展经济活动分析一次。财务部应将项目部反映的问题及时与工程管理部进行沟通，同时将目标成本的执行情况及时反映到工程管理部。

第二十六条　工程管理部是监督项目目标成本执行的权威部门，应随时掌握项目部成本的执行状况，使目标成本在整个施工过程中一直处于受控状态。

第二十七条　项目在竣工验收日起之后30日内向项目管理领导小组提交自考报告，逾期未提交的，视同自动放弃考核。

第五章　目标成本管理

第二十八条　目标成本测算书和目标成本责任书是公司内部绝密资料，只允许公司相关职能部门和责任单位使用，未经总经理批准，任何单位或个人，不得向其他部门或单位借用、传阅、复印、泄漏等。对违反该规定的部门或个人，公司将扣发当事人当月工资及奖金；情节十分严重的，对当事人进行严肃处理。

第二十九条　目标成本责任书作为项目成本管理的纲领性文件，必须保证其合理性、严肃性。

（1）在施工过程中出现变更增减项（包括设计变更）或不可抗力（包括市场价格非正常原因变动）造成目标成本变化，项目部应及时与甲方办理相关签证。取得甲方认可后，将有关资料提交至工程管理部，并申请调整目标成本。

（2）受公司政策影响，造成目标成本变化的，工程管理部应主动调整目标成本，并将结果及时通知项目部。

（3）除上述因素外，不得随意调整目标成本。项目部应在甲方签证后7日内向工程管理部提交目标成本调整申请，超过时限，视同放弃调整目标成本。

（4）对违反上述规定的项目部，出现1次，扣发项目班子成员当月工资的20%；累计出现3次，扣发项目班子成员1个月工资，并在该项目考核时确定为不合格；情节十分严重的，工程管理部有权提出更换项目经理及班子成员。

（5）工程管理部在接到项目部调整目标成本的申请后，必须在1个工作日内做出答复，对确实需要调整目标成本的，尽快组织目标成本的测算、审定，在5个工作日内将"目标成本调整通知单"通知到项目部和公司相关部门。对工程管理部违反该规定的，出现1次，扣发部门负责人当月工资的20%；累计出现3次，扣发部门负责人当月工资和奖金；累计出现5次，扣发部门负责人3个月的工资和奖金。

第三十条　上述第二十七至二十九条由财务部负责监督管理，并将结果以书面形式及时反映到人力资源部，人力资源部负责执行。

【**实战范本 3-02**】目标成本测算书封面 ▸▸▸

目标成本测算书

（封面）

项目名称：＿＿＿＿＿＿＿＿＿＿＿＿＿＿＿＿＿＿＿＿

建设单位：＿＿＿＿＿＿＿＿＿＿＿＿＿＿＿＿＿＿＿＿

合 同 价：＿＿＿＿＿＿元　　单方造价：＿＿＿元/平方米

目标成本：＿＿＿＿＿＿元　　单方成本：＿＿＿元/平方米

开竣工日期：＿＿年＿＿月＿＿日～＿＿年＿＿月＿＿日

编制人：（签字）＿＿＿＿＿　　审核人：（签字）＿＿＿＿＿

编制部门负责人：（签字）＿＿＿＿＿＿＿＿＿＿

编制日期：＿＿年＿＿月＿日

××××××××××××公司

【实战范本3-03】 ▸▸▸

经济指标对比表

分部分项名称　　　　　指标	预算指标		目标成本指标	
	金额	占总价比	金额	占总价比
一、建筑工程				
1.人工费				
2.材料费				
其中：消耗材料				
周转材料				
3.机械使用费				
4.其他直接费				
5.临时设施费				
6.现场管理费				
其中：工资				
二、安装工程				
1.人工费				
2.材料费				
其中：消耗材料				
周转材料				
3.机械使用费				
4.其他直接费				
5.临时设施费				
6.现场管理费				
其中：工资				
三、装饰工程				
1.人工费				
2.材料费				
其中：消耗材料				
周转材料				
3.机械使用费				
4.其他直接费				
5.临时设施费				

续表

分部分项名称 ＼ 指标	预算指标		目标成本指标	
	金额	占总价比	金额	占总价比
6.现场管理费				
其中：工资				
四、其他				
······				
五、合计				

【实战范本3-04】▶▶

目标成本汇总表

成本要素	金　额	单方价
1.人工费		
2.材料费		
其中：消耗材料		
周转材料		
3.机械使用费		
其中：机械施工费		
机械租赁费		
4.其他直接费		
其中：检验试验费		
5.临时设施费		
6.现场管理费		
其中：工资		
业务招待费		
办公费		
水暖电费		
合计		

【实战范本3-05】目标成本各要素明细表 ▶▶

人工费明细表

分部分项名称	工作量	工日	单价	金额
合计				

材料费明细表

材料名称	规格	单位	数量	单价	金额
合计					

机械使用费明细表

名称	型号	单位	数量	使用时间	单价	金额
合计						

其他直接费明细表

费用名称	金额	计算依据
合计		

临时设施费明细表

费用名称	金额	计算依据
合计		

现场管理费明细表

费用名称	金额	计算依据
合计		

第四节 目标成本的检查分析与考核

对目标成本的执行情况，还需要定期或不定期的检查、分析和考核。

一、检查分析

（一）找出差异

对目标成本的检查分析和考核是目标成本管理的关键环节，对目标成本的实现起着重要的作用。

企业寻找目标成本与实施成本的差异时，可运用成本差异对比表。

1. 主要成本差异对比表

主要成本差异对比表的编制是以施工图预算和施工预算所提供的主要工料分析为依据，包括人工、材料、构件、周转料。

2. 分包成本差异对比表

合同价按预算部门提供填列，分包价按生产部门提供填列。

3. 技术节约措施及其他成本差异计算表

技术节约措施及其他成本差异计算表：技术节约措施根据技术部门提供数据填列到有关成本项目。

其他成本差异计算：主要指机械费、其他直接费、施工间接费的计算，根据影响这些成本项目的主要因素的盈亏，计算出计划成本。

（二）进行比较分析

通过检查分析，对实际成本和目标成本进行比较，找出各个环节的成本差异，找出各个责任部门归口管理的责任成本差异及产生差异的原因，分清责任，采取纠正行动。

二、进行考核

企业应在成本分析的基础上，根据考核结果和奖励制度，将责任部门和责任人的"责、权、利"相结合，给予一定的奖励。要使目标成本管理方法真正发挥其效果，就必须采取严格的考核奖励制度，彻底打破传统的"平均主义"分配方式，通过有效的激励机制引导员工去实现企业的目标，使人们自觉、自愿地承担责任，积极主动地进行成本控制。只有这样，才能保证目标成本的实现。

【实战范本3-06】▶▶▶

主要成本差异对比表

工程项目：　　　　　　　　　部位：　　　　　　　　　　单位：万元

名称规格	计量单位	预算值			计划值			计划差异		
		数量	单价	金额	数量	单价	金额	数量	单价	金额

制表人：　　　　　　　　　　　　　　　　　　　　年　　月　　日

【实战范本3-07】▶▶▶

分包成本差异对比表

工程项目：　　　　　　　　　部位：　　　　　　　　　　单位：万元

分包内容	计量单位	数量	合同价	分包价	计划差异	差异率/%

制表人：　　　　　　　　　　　　　　　　　　　　年　　月　　日

【实战范本3-08】▶▶▶

技术节约措施及其他成本差异计算表

工程项目：　　　　　　　　　部位：　　　　　　　　　　单位：万元

序	内容	计算依据	计划差异

制表人：　　　　　　　　　　　　　　　　　　　　年　　月　　日

【实战范本3-09】▶▶▶

月度直接成本分析表

年　　月

分项工程编号	分项工程工序名称	实物单位	实物工程量				预算成本		计划成本		实际成本		实际偏差		目标偏差	
			计划		实际		本月	累计	本月	累计	本月	累计	本月	累计	本月	累计
			本月	累计	本月	累计										
甲	乙	丙	1	2	3	4	5	6	7	8	9	10	11=5-9	12=6-10	13=7-9	14=8-10

【实战范本3-10】▶▶▶

月度间接成本分析表

项目名称　　　　　　　　　　　　年　　月　　　　　　　　　　单位：元

间接成本编号	间接成本项目	产值		预算成本		计划成本		实际成本		实际偏差		目标偏差		占产值的比例/%	
		本月	累计	本月	累计	本月	累计	本月	累计	本月	累计	本月	累计	本月	累计
甲	乙	1	2	3	4	5	6	7	8	9=3-7	18=4-8	11=5-7	12=6-8	13=7÷1	14=8÷2

【实战范本3-11】▶▶

最终成本控制报告表

项目名称＿＿＿＿＿＿＿　　　　　　　年　月　　　　　　　　单位：元

进度	已完主要实物进度			到竣工尚有主要实物进度							
造价	预算造价	元	已完累计产值	元	到竣工尚可报产值	元	预测最终工程造价	元			

成本项目	到本月为止的累计成本				预计到竣工还将产生的成本				最终成本预测			
	预算成本	实际成本	降低额	降低率	预算成本	实际成本	降低额	降低率	预算成本	实际成本	降低额	降低率
甲	1	2	3=1-2	4=3÷1	5	6	7=5-6	8=7÷5	9=1+5	10=2+6	11=9-10	12=11÷9
一、直接成本												
1.人工费												
2.材料费												
其中：结构件												
周转材料费												
3.机构使用费												
4.其他直接费												
二、间接成本												
1.现场管理人员工资												
2.办公费												
3.差旅交通费												
4.固定资产使用费												
5.物资消耗费												
6.低值易耗品摊销费												
7.财产保险费												
8.检验试验费												
9.工程保修费												
10.工程排污费												
11.其他												
三、合计												

（04）

第四章
责任成本制的建立与执行

引言

　　责任成本管理是现代企业管理的一个重要组成部分，是把"责任"和"成本"这两个主题结合起来的一种科学的核算形式，是对成本控制与管理主体制定成本控制目标，并对成本产生情况进行准确的归集与核算，以考核成本控制主体是否实现成本控制目标，并对成本控制主体进行奖罚的一种成本管理办法。目的是达到在保证合理工期、设计质量的前提下，以最少的投入换取最大的经济利益，实现企业增效、职工增收的目的。它是一项贯穿施工全过程进行管理的系统工作，须由全员参加，全方位、全过程实施。

第一节　责任成本管理机制建立

　　施工项目的成本控制，不仅是专业成本管理人员的责任，所有的项目管理人员，特别是项目经理，都要按照自己的业务分工各负其责。强调成本控制，一方面，是因为成本指标的重要性，是诸多经济指标中的必要指标之一；另一方面，还在于成本指标的综合性和群众性，既要依靠各部门、各单位的共同努力，又要由各部门、各单位共享降低成本的成果。为了保证项目成本控制工作的顺利进行，需要把所有参加项目建设的人员组织起来，并按照各自的分工开展工作。

一、责任成本管理的主要特点

　　责任成本管理具有如图4-1所示的主要特点。

1　综合性　责任成本管理集预算管理、定额管理、财务管理、会计核算等管理办法于一体，具有很强的综合管理职能

图4-1

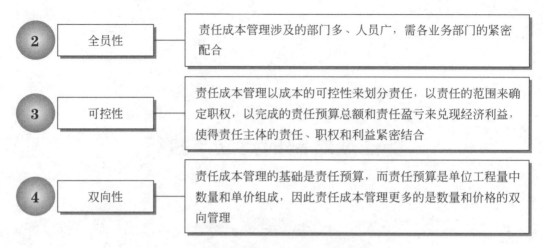

图4-1　责任成本管理的主要特点

二、建立责任成本管理组织系统

要形成完整的责任成本管理体系，施工企业首先须建立健全组织机构，完善管理体制，明确责任分工。任管理体制通常分为三级。

（一）集团公司

既为责任成本的宏观管理层，又为局直属项目责任成本管理的控制管理层。组织拟定全局责任成本管理办法，编制企业内部定额及取费标准并定期进行修订，检查指导所属各单位责任成本管理工作的开展情况，并对各单位主要项目的责任成本情况按季度汇总上报集团公司主管领导，同时定期对各单位责任成本管理工作的开展情况在全局内进行通报。对局直属项目进行项目评估并负责对项目部责任成本管理工作进行考评和兑现奖惩。

（二）各子（分）公司

为责任成本管理的控制管理层。制定详细的责任成本管理办法，指导下属单位责任成本工作，进行项目评估，根据需要，帮助下属单位责任成本预算的编制、制定适应责任成本管理需要的内部工资单价、台班单价、间接费取费标准等，指导下属单位签订责任预算承包合同，按照集团公司的要求定期上报责任成本管理报表。

（三）项目部

为责任成本管理的操作层。负责本项目责任成本管理工作的组织实施。在公司的具体指导下制定本项目部责任成本实施细则，健全各种规章制度，制定实施性施工组织设计，优化施工方案，划分责任中心，编制责任中心预算，与责任中心签订责任预算承包合同，及时办理验工计价，正确归集成本费用，定期考核责任中心责任预算的执行结果并进行考评兑现，按照公司的要求定期上报各种责任成本管理报表。

以上三个层次的管理均应设相应的责任成本管理职能部门（项目部的职能部门可由计划部门兼任），同时必须加强集团公司对子（分）公司、子（分）公司对项目部责任成本管理工作的监督、检查及指导。

以下提供某建设项目施工企业的责任成本管理组织架构，供参考。

【实战范本4-01】▶▶▶

某建设项目施工企业责任成本管理组织机构

一、公司责任成本管理组织架构

1.公司责任成本管理领导小组

组长：公司总经理。

副组长：公司总会计师、总经济师、总工程师、纪委书记。

成员：成本管理部、财务部、工程技术部、计划经营部、物资设备部、安质部、审计部、劳动人事部、党群工作部、行政工作部等部门负责人。

办公室设在公司成本管理部。

2.主要职责

（1）负责制定全公司项目责任成本管理的总目标；负责编制、审核公司项目责任成本预算并起草项目责任成本承包合同。

（2）负责本单位成本管理体系的建立及运行情况考核、评定工作；建立健全责任成本管理的各项台账。

（3）负责对项目责任成本管理工作进行检查、监督、考核及奖罚兑现工作。

（4）定期组织召开公司工程项目经济活动分析会。

（5）负责制定公司有关项目责任成本管理的制度、办法等；贯彻落实集团公司、公司对责任成本管理的各项制度、要求。

二、项目部责任成本管理组织机构

1.责任成本管理领导小组

组长：项目经理。

副组长：项目总工程师、主管生产的副经理、计划部长、财务部长。

成员：计划部、财务部、施工技术部、物资设备部、安质部等部门负责人。

办公室设在项目计划部或者财务部。

2.主要职责

（1）制定项目责任成本管理实施细则和具体的考核兑现办法及制度。

（2）编制各责任中心责任预算，签订责任中心成本承包合同。

（3）优化施工方案，通过经济比选确定项目最佳施工方案和最佳责任预算方案。

（4）组织项目开展责任预算执行情况分析、考核，实施岗位责任工资、效益工资的考核兑现。

（5）建立健全和完善责任成本管理台账及成本分析报告制度。

（6）协调各责任中心的责任成本工作，协调责任交叉。

（7）主持召开月、季度项目责任成本管理工作例会。

三、明确责任成本的主体

所谓责任成本，就是把单位成本的费用与每一个具体的责任人挂钩，节奖超罚。通过激励机制和约束机制，充分发挥"人"在成本控制中的主观能动性，以达到最大限度降低成本。

明确责任主体则是做好责任成本管理的关键。责任成本是责任和成本两个主体的有机统一，实现责任和成本有效链接的是责任主体。"谁签合同谁负责，谁负责谁承担"。各单位行政主管是单位负责成本的主要责任人。项目部与公司签订施工承包合同后，项目经理即对责任成本工作负全责，是责任成本管理的第一责任人。即项目经理首先要与公司签订内部承包合同，同时还必须组织项目相关人员根据工程实际编制项目责任预算并逐级向下分解细化。由此构成项目部的责任成本控制体系。每个项目部必须建立以项目经理为首的，各分管领导分工负责，全员参与，全过程进行控制的责任成本管理体系。

（一）责任中心的划分方式

由于每个项目的情况不同，责任中心的划分方式可有所区别。一般情况下，项目经理为第一责任层，项目部费用中心（项目部职能部门组建而成）和成本中心为第二责任层，具体的各成本中心和费用分中心为第三责任层（图4-2）。

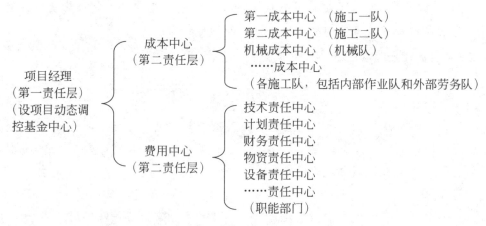

图4-2　责任中心的划分方式

所谓成本中心是指直接控制工程数量的中心，其费用直接构成构造物成本。费用中心是指为考核某一单项经济技术指标的完成情况而设立的过渡性费用归集中心，其归集的费用随着项目部供求关系的发生和内部责任转账结算的完成最终都要按照一定的方法转移分摊到各成本中心去。

各责任区的责任范围如下。

1.成本中心的责任范围

各工程队在一定期间内为完成一定工程量而实际产生的成本，包括所属各施工队产生的责任成本之和与工程队实际产生的间接费用。即工程队责任成本=工程队间接费用+∑各施工队责任成本。各施工队的责任成本由班组和责任个人在一定时期为完成一定工作量所消耗的各种材料费、人工费、机械费用之和组成。项目经理可指定项目部副经理或其他指定人员担任成本中心负责人。

2.费用中心

根据项目大小和组织机构设置，可指定项目总工或项目部计划人员担任费用中心负责人。费用中心一般分为技术责任中心、计划责任中心、机械设备责任中心、物资责任中心、财务中心，各责任中心的成本职责如表4-1所示。

表4-1　费用中心的细分及其成本责任

序号	责任中心	成本责任
1	技术责任中心	（1）负责落实优化项目施工组织设计，合理组织各责任中心的施工，并进行技术指导 （2）积极采用新技术、新工艺、新材料、新设备，提高劳动生产率，加快工程进度，降低工程成本 （3）对全区段施工图工程量实施考核 （4）牵头变更设计并实施 （5）根据各成本中心完成的工程量提供真实可靠的验工计价依据 （6）参与对各中心的责任成果评价和经济利益的兑现
2	计划责任中心	（1）负责责任预算编制，监控责任预算执行情况 （2）编制外包预算，组织外部劳务招标 （3）签订对内及外部施工承包合同 （4）负责向甲方办理验工计价，办理各成本中心的计价 （5）负责对各责任中心的责任成果进行考核评价并参与经济利益兑现 （6）定期上报责任成本报表
3	机械设备责任中心	（1）负责提供编制责任预算所需的机械设备资料 （2）合理配置设备，编制设备运转、维修和保养计划，保证设备正常运转 （3）组织配件的采购、供应 （4）制定设备租赁管理办法及具体的收费标准，回收出租设备及租赁费用 （5）参与对机械单位所完成的工程量的计量、验收 （6）参与对各责任中心的责任成果评价和经济利益兑现
4	物资责任中心	（1）负责材料的采购、供应和管理，组织材料的比价招标 （2）按照技术部门和计划部门提供的材料计划进行物资采购 （3）按照各成本中心的定额计划量进行限额发料 （4）参与对各责任中心的责任成果评价和经济利益兑现

续表

序号	责任中心	成本责任
5	财务中心	（1）负责项目部现场经费的控制 （2）监控责任成本的执行情况，及时准确地归集各中心的成本费用 （3）协助计划部门编制责任预算 （4）参与责任承包合同和其他经济合同的签订 （5）负责计算、汇总各责任中心的责任成本并与预算进行对比 （6）参与对各责任中心的责任成果评价并负责考核兑现

以上费用中心可根据项目部的实际情况合并或拆分，其他费用中心的设置依据"责任中心划分的原则"进行灵活设置。

3.第一责任层

对整个工程的进度、质量、收益等负全责，同时设项目部动态调控基金中心。项目部动态调控基金中心由项目经理负责，经项目部责任成本管理领导小组批准，可以用于对责任中心责任预算的调整，对项目部本级管理费进行控制，负责材料涨价因素的支出，控制责任中心责任外的支出，对项目部本级的亏损进行弥补并分析原因，负责项目部责任利润的兑现。

（二）明确责任主体的要求

明确责任主体应该做到：

（1）责任要细化，要全员、全过程都有真正的责任，凡是项目长不能控制的，必须找到具体的责任人，你控制什么就负责什么，你负责什么就控制什么；

（2）责任必须量化，责任要有具体的数据、具体的范围、具体的内容，要划清责任，并要实行单独核算；

（3）要责、权、利相结合，有责任就要赋予一定的权利，实现了责任就必须有他的利益；

（4）责任的划分必须与现场的实际相结合，操作性要强；

（5）责任中心的划分要避免责任交叉，要有利于调动每一个人的积极性，只有规范地划分责任成本中心，才能保证日后的责任成本分析、考核的规范、准确。

以下提供某建设项目施工企业项目责任中心的划分及责任分解，供参考。

【实战范本4-02】▶▶▶

项目责任中心的划分及责任分解

一、项目部责任中心划分

项目责任中心分为成本费用中心、收入中心和保障中心。其中，成本费用中心、收入中心与项目经济效益直接挂钩，量化指标具体、明确。保障中心突出服务、保障职能，与项目经济效益间接挂钩，主要为项目施工生产提供保证；同时，随着成本费用中心指标的层层分解、落实，保障中心也同样担负部分成本责任。

1.项目成本费用中心

主要包括：项目经理责任中心；技术责任中心；计划责任中心；物资设备责任中心；管理费责任中心；安全质量中心；作业队责任中心。

项目经理通过与上述各中心（除项目经理责任中心外）签订"责任考核合同"，实现责任的分解并进行考核、兑现。

2.项目收入中心

由项目经理负责，总工程师牵头，技术、计划、财务等责任中心组成收入中心，负责制订项目变更索赔计划，确保项目清算效果，相关内容执行公司《工程项目变更索赔管理办法》。

3.项目保障中心

主要包括：生产生活后勤保障、思想教育、职工管理及征地拆迁等保障中心。项目部主要通过岗位职责及工作标准的落实对该中心实施考核。

二、成本费用中心责任分解

1.项目经理责任中心

责任人：项目经理。责任范围如下。

（1）责全管段施工生产安全、进度、质量、文明施工的组织领导。

（2）负责各责任中心责任预算与成本管理运作过程中的责任交叉及责任预算的调整与协调。

（3）负责对责任中心与责任人按内部承包合同规定落实奖罚兑现。

2.技术责任成本中心

责任人：施工技术部门负责人。

施工技术部是项目责任成本管理的重要部门，对工程的施工技术、施工方案、工程质量、工程数量负控制责任，其责任范围如下。

（1）负责施工前图纸的审核。

（2）结合工程实际情况科学合理地编制实施性施工组织设计，合理安排施工队伍和人员，做好现场管理。

（3）建立本责任中心工程数量台账和动态控制台账，及时对各作业队完成的工程量进行验收，并填报工程数量完成台账，为计划部及时办理对上、对下验工计价提供资料。

（4）负责向计划部门提供项目的全部工程数量和分（单）项工程数量以及技术标准。

（5）负责办理合同内已完工程量及变更设计工程量的签认手续。

（6）协助办理清算、补差、索赔等相关资料的签认手续。

（7）负责计算施工图的单项工程的物资消耗数量。根据施工计划，及时向物资保障部门提供材料采购计划。

（8）负责检查、审核技术交底资料的准确性。

（9）负责检查、审核测量成果的准确性。

（10）负责检查、审核结构物尺寸的准确性。

（11）负责提供变更设计资料。

（12）负责周转材料（加工件）的合理设计极其经济性。

（13）负责合理控制临时工程规模。

（14）负责检查测量、试验仪器的维修保养情况。

（15）负责图纸、标准规范使用的正确性。

（16）负责竣工资料的编制。

（17）负责报表数字的真实性和上报报表的及时性。

（18）进行施工方案设计时，充分体现其经济性并负责施工方案的优化。

（19）加强与业主、设计及监理单位等有关方面的沟通，为责任成本管理创造良好的外部环境。

（20）对责任因素造成的损失或成本超支负直接责任。

① 拟定的实施性施工组织方案不切实际，审核图纸不细，技术交底有误，造成返工、材料浪费等损失。

② 施工现场与设计不符，未及时找现场监理签认、影响工程变更索赔而造成的损失。

③ 劳动力安排不当，工序安排不合理，施工现场管理混乱，造成窝工、停工损失。

④ 对下计价提供工程数量不实，致使工程量超计造成的损失。

⑤ 对工程质量监督把关不严，玩忽职守造成的返工，材料浪费损失负责。

⑥ 其他相关责任造成的损失。

3.计划责任中心

责任人：计划部门负责人。

计划部门是项目责任成本管理的重要部门，其责任范围如下。

（1）根据工程部门提供的实施性施工组织设计、施工图和核实后的分项工程量对各责任成本中心的成本或费用编制进行预算。

（2）负责对公司下达的责任成本预算进行二次分解。牵头组织责任成本预算费用指标核定及责任承包合同的签订。

（3）负责外包单价的分析、外包合同签订及计价工程数量的复核。

（4）负责已完工工程数量的统计、对比、分析。

（5）负责根据技术责任中心提供的有效已完工程量及应附的相关资料，及时、准确地完成对上、对下验工计价工作。

（6）负责变更设计、清概补差资料的收集、整理、编制等相关工作。

（7）负责真实、及时地完成本中心有关对外报表。

（8）参与计算物资材料消耗数量。

（9）不定期地会同财务部门对各责任成本中心的责任成本预算执行情况进行检查和分析，定期牵头组织项目责任成本管理中心召开经济活动分析会。

（10）加强与业主、设计及监理单位等有关方面的沟通，为责任成本管理创造良好的外部环境。

（11）对责任因素造成的损失和成本超支负责。

① 责任成本预算编制、分解不准造成的损失。

② 施工合同签订不及时、条款不规范、不严密造成的损失。

③ 没有及时向上级提供工程量变更、补差、索赔等资料，影响项目变更增加造成的损失。

④ 下达的施工计划安排不当，影响工期或形成部分人员待工、误工而造成的损失。

⑤ 其他相关责任造成的损失。

4.设备责任中心

责任人：物资、设备部门负责人。

物资设备保障部门是项目责任成本管理的主要部门，对可控材料采购成本和材料质量进行控制，同时对机械使用费的节超负责。其责任范围如下。

（1）物资。

① 协助计算物资、材料的消耗数量，负责甲供材料的进场数量、质量验收。

② 制定材料采购价格预控制度，负责自购材料的料源调查、物资招标采购、供货合同的签订。

③ 要与施工进度相匹配，坚持定额发料，禁止超定额领料，防止超定额消耗、浪费。

④ 建立健全收、发料登记制度，建立材料消耗控制台账。

⑤ 负责施工材料的合理调配、点验转账。负责周转材料租赁及费用回收。

⑥ 负责本中心报表数字的真实性、及时性。

⑦ 积极采取推广应用新材料、替代材料，满足施工需要，降低成本。

⑧ 加强与业主、设计及监理单位等有关方面的沟通，为责任成本管理创造良好的外部环境。

⑨ 对责任因素造成的损失和成本超支负责。

a.采购材料不按规定招标，价格控制不力；运输过程中材料变质、损坏、报废、短少而造成的材料损失及增加运杂费成本损失。

b.盲目采购，造成材料积压、淘汰、报废及不合格；或者主观努力不够，没有及时按计划采购、供料，形成停工、待料而造成的损失。

c.选择运输方式不当，运输价格控制不力，造成材料运杂费用超支。

d.没有进行限额发料，造成材料超耗。

e.材料保管不当，周转材料不及时回收利用造成损失。

f.未及时向有关部门提供完整的材料补差资料，材料运杂费调差资料，影响材料调差及费用索赔造成损失。

g.其他相关责任造成的损失。

（2）设备。

① 负责出租设备和租赁费回收。

② 负责可控的工程用电及电费回收。

③ 负责电力材料的采购单价、质量、使用数量及回收。

④ 负责机械设备、车辆的安全正常运转、检查督促。

⑤ 负责机械设备、车辆的修理费用。

⑥ 负责机械设备的燃油料的消耗控制。

⑦ 加强与业主、设计及监理单位等有关方面的沟通，为责任成本管理创造良好的外部环境。

⑧ 对责任因素造成的损失和成本超支负责。

a.配置不当，不能发挥应有效力，使用率低、闲置给项目造成的损失。

b.机械设备租赁未进行招标或单价高于市场价格增加成本。

5.管理费责任中心

责任人：财务部门负责人。

财务部门是项目责任成本汇总，各中心责任成本节超分析、考核、兑现的牵头部门。其责任范围如下。

（1）负责各中心责任成本的归集汇总和核算，牵头组织责任成本管理工作。对财务决算报表和责任成本的真实性、准确性负主要责任。

（2）负责对项目部本级施工管理费进行控制并将办公费等可分解费用根据各中心实际需要进行分解，实行包干使用。

（3）归口调度资金，按时缴纳各种税费，完成各项上缴款。

（4）加强与业主、设计及监理单位等有关方面的沟通，为责任成本管理创造良好的外部环境。

（5）对责任因素造成的损失和成本增加负责。

① 未制定管理经费开支办法，费用没有分解到各责任中心进行控制，措施不力造成的损失。

② 对下计价拨款把关不严，超付款损失。

6.安质责任中心

责任人：安质部门负责人。责任范围如下。

（1）对项目整体创优目标负责。

（2）对项目整体安全目标负责。

（3）对责任区月安全质量考核结果负责

（4）对工程质量、安全检测的合格资料负责。

（5）在满足质量要求的前提下，对混凝土配合比的经济性负责。

（6）加强与业主、设计及监理单位等有关单位的沟通，为责任成本管理创造良好的外部环境。

（7）对责任因素造成的损失和成本超支负责。

① 施工安全操作规程监督不严，造成出现安全责任事故，致使现场停工、窝工的损失。

② 工程质量监督把关不严，玩忽职守造成的返工，材料浪费损失。

7.作业队责任中心

责任人：各作业队负责人。责任范围如下。

（1）对本作业队责任范围内的责任预算节超负责。

（2）对本作业队责任范围内的技术指导、工程质量、进度、现场安全文明施工负责。

（3）对设计图纸和测量成果的正确使用负责。

（4）对竣工资料的按时编制负责。

（5）加强与业主、设计及监理单位等有关方面的沟通，为责任成本管理创造良好的外部环境。

四、确定责任成本管理运行流程

责任成本管理基本运行流程如图4-3所示。

步骤一 ▷ 前期准备和项目策划

确定项目经理部定员编制，及时组织人员到位，组成项目管理团队；开展深入细致的现场调查，核定实物工程数量，调查和测定工、料、机单价；在此基础上，开展项目风险评估，研究制定实施性施工组织设计、劳务分包控制单价，编制并发布项目管理策划书

图4-3

步骤二	界定经济责任

编制并审批项目责任成本预算，确定项目上交收益，签订工程项目管理（内容包括责任成本）目标责任书

步骤三	责任成本分解

项目经理部编制并下达作业队责任成本预算，明确责任范围和目标，签订班组目标责任书和劳务分包合同，确保项目责任成本目标实现

步骤四	实施过程控制

项目经理部及其作业队认真落实公司各项项目管理制度，严格履行项目管理目标责任书规定的义务；公司加强责任成本管理督察和绩效考核兑现工作，及时掌握项目责任成本现状及其管理工作动态，发现和解决存在的问题。通过强化管理和控制，达到有效控制项目成本的目标

步骤五	核算和分析

项目经理部及其作业队建立各类责任成本管理台账和报表，及时确认收入，正确归集成本，按期编制责任成本报告，真实反映项目成本信息；定期开展责任成本分析，查找成本节超原因，制定整改措施

步骤六	绩效考核和兑现

定期进行中期考核，分阶段兑现绩效工资；项目完成后按竣工和终结考核结果兑现绩效工资，做出评价结论

图4-3 责任成本管理运行流程

五、建立成本考核与奖励机制

企业应明确成本考核方法，规定出各责任单位目标的尺度和考核的计量方法，及责任成本的报告内容、时间等，以分别对各责任单位进行稽核。

施工项目成本考核应该包括两方面，即项目成本目标（降低成本目标）完成情况的考核和成本管理工作业绩的考核。这两方面的考核，都属于企业对施工项目经理部成本监督的范畴。应该说，成本降低水平与成本管理工作之间有着必然的联系，又同受偶然因素的影响，但都是对项目成本评价的一个方面，都是企业对项目成本进行考核和奖罚的依据。

（一）施工项目成本考核的内容

施工项目成本考核的内容如表4-2所示。

表4-2 施工项目成本考核的内容

考核对象	考核内容
企业对项目经理的考核	·项目成本目标和阶段成本目标的完成情况 ·成本控制责任制的落实情况 ·成本计划的编制和落实情况 ·对各部门、作业队、班组责任成本的检查和考核情况 ·在成本控制中贯彻责、权、利相结合原则的执行情况
项目经理对各部门的考核	·本部门、本岗位责任成本的完成情况 ·本部门、本岗位成本控制责任的执行情况
项目经理对作业队的考核	·对劳务合同规定的承包范围和承包内容的执行情况 ·劳务合同以外的补充收费情况 ·对班组施工任务单的管理情况 ·对班组完成施工后的考核情况
对生产班组的考核	·平时由作业队对生产班组考核 ·考核班组责任成本（以分部、分项工程成本为责任成本）完成情况

（二）项目成本考核的实施

1.评分制

具体方法为：先按考核的内容评分，然后按七与三的比例加权平均，即责任成本完成情况的评分为七，成本管理工作业绩的评分为三。这是一个假定的比例，施工项目可根据自己的情况进行调整。

2.要与相关指标的完成情况相结合

具体方法是：成本考核的评分是奖罚的依据，相关指标的完成情况为奖罚的条件。也就是，在根据评分计奖的同时，还要考虑相关指标的完成情况加奖或扣罚。与成本考核相结合的相关指标，一般有质量、进度、安全和现场标准化管理。

3.强调项目成本的中间考核

一是月度成本考核；二是阶段成本考核（基础、结构、装饰、总体等）。

4.正确考核施工项目的竣工成本

施工项目竣工成本是项目经济效益的最终反映。它既是上缴利税的依据，又是进行职工利益分配的依据。由于施工项目的竣工成本关系到国家、企业、职工的利益，必须做到核算正确，考核正确。

5.施工项目成本的奖罚

在施工项目的月度考核、阶段考核和竣工考核的基础上立即兑现，不能只考核不奖罚，或者考核后拖了很久才奖罚。由于月度成本和阶段成本都是假设性的，正确程度有高有低。因此，在进行月度成本和阶段成本奖罚的时候不妨留有余地，然后再按照竣工结算的奖金总额进行调整（多退少补）。施工项目成本奖罚的标准，应通过经济合同的形式明确规定。

规定明确的奖惩办法，根据考核结果实行"有功必奖，有过必罚"的利益机制，将目标与责任人的个人利益直接联系起来。在这个总的成本控制系统之下，施工企业开始进行目标成本管理的具体工作。

六、坚持成本分析制度

为加强成本管理的过程控制，项目部应按责任成本管理的要求，在每月月末组织召开成本分析例会，在相关部门认真、负责地清理成本的前提下，由项目总经济师或总会计师将本月成本管理情况向与会人员进行汇报，主要说明存在问题、目标责任成本落实情况和偏差原因分析，通过分析找出项目管理中的漏洞，以便大家及时掌握责任成本的执行情况，并制定纠偏措施。会后要建立成本分析信息库，以便对本期责任成本执行落实情况进行评价与考核，为下期成本的编制提供有关信息，形成整个项目从开工到完工有始有终的考核与评价信息资料。

七、提高全员责任成本管理意识

思想是行动的先导，因此要进一步提高认识，工程项目成本管理既不是某个领导、某个部门的责任，也不仅仅是某个员工的责任，而是全体人员的责任和义务。所以在工作中既要注重分工，同时又要注重各部门的配合协调，这样才可能降低成本。另外，要把一切为了效益的意识深深地刻在每个员工的脑海里，大家都意识到"降低成本，人人有责"。

要将责任成本管理意识作为企业文化的一部分。消除认为成本无法再降低、增收无门的错误思想，要树立施工项目成本降低的潜力是无穷无尽的，人人应对成本管理和控制有足够的重视。

【实战范本4-03】▶▶

工程项目责任成本管理办法

第一章　总　则

第一条　为了强化工程项目管理，增强企业竞争力，有效降低经营成本，提高经济效益，参照集团公司颁布的责任成本管理办法，结合公司近年来推行责任成本管理的实际情况和集团公司××责任成本管理高级培训班会议精神，特制定本办法。本办法在全公司范围内实行，明晰各管理层责、权、利，以促进企业效益最大化，更好地维护职工利益。

第二条 工程项目责任成本管理是以工程项目为依托，以可控成本为对象，以责任者为主体，以利益为驱动，以合同为载体，以奖罚为手段的横向到边、纵向到底的全员、全过程项目成本控制方法。

第二章 工程项目责任成本管理流程

第三条 工程项目从信息跟踪到最终竣工验交，根据项目进展历程和不同时期成本控制的重点，分为4个阶段，分别是标前阶段、开工前阶段、施工阶段、竣工收尾阶段。每个阶段有不同的管理重点环节，共计22个环节。

具体流程见下图。

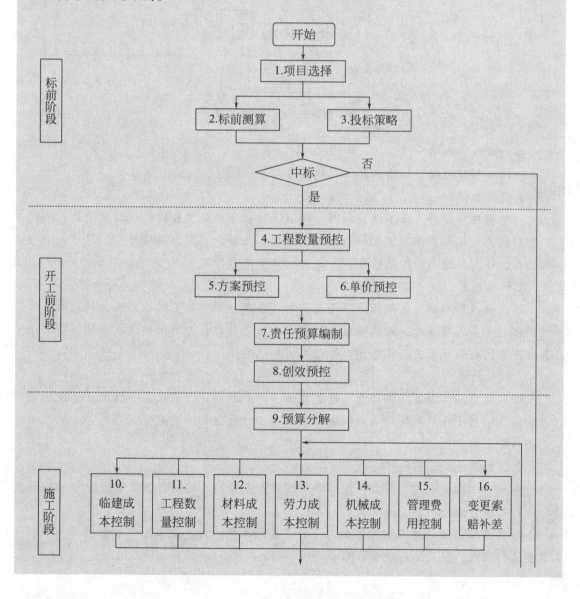

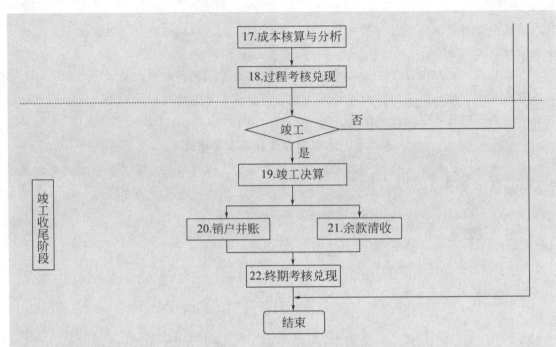

工程项目责任成本管理流程图

第一阶段：标前阶段。

包括：项目选择、标前测算和投标策略3个环节。

1.项目选择

对工程项目坚持"五不揽"原则，即不揽不符合企业发展战略规划的项目、不揽与管理能力及规模扩张不匹配的项目、不揽垫资或资金不到位的项目、不揽预期亏损的项目、不揽风险不受控的项目。

2.标前测算

以企业成本内部定额或指导单价为依据，合理预测项目施工期间工、料、机单价及变化趋势和各项风险，对工程成本进行预测，为招投标工作提供决策依据。投标测算按照集团公司《标前测算与评审管理办法》规定执行。

3.投标策略

根据标前测算结果，结合企业发展战略、产业结构、资源储备等情况，合理确定投标报价。对于重点投标项目应做好相应的施工方案优化和变更索赔筹划，并编制不平衡报价策略。

第二阶段：开工前阶段。

包括：工程量预控、方案预控、单价预控、责任预算编制和效益策划等5个环节。

1.工程量预控

项目开工前做好施工图优化和工程数量复核工作，计算施工图工程数量并与投标数量进行比较，登记工程数量台账。

2.方案预控

严格执行施工方案经济比选，在满足安全、质量、工期的前提下，选取成本最低的方案。明确对亏损的单项工程、对项目盈亏影响较大的单项工程、运用新工艺新材料的单项工程等必须进行方案比选。本着"谁优化、谁受益"的原则，将方案优化创造的效益与单位和个人利益挂钩。

3.单价预控

坚决执行"两个上移"和"三项招标"。"两个上移"即采购和结算审批上移。"三项招标"，即劳务招标、材料采购招标和设备集中采购招标。通过上移和招标，严格控制工、料、机的单价。项目部应建立相应的招标台账，做好招标记录，公司相关部门建立相应的审批记录，物资设备采购招标和上移统计表格参照物资设备管理办法执行。外部劳务的使用要执行公司制定的外部劳务选用管理办法，及时与施工队伍签订施工合同，严禁使用未签订合同的施工队伍，严禁对未签订合同的施工队伍进行技术交底、测量放样、供应材料及拨款，劳务招标合同评审按照公司《合同管理办法》执行，结算审批上移按照公司《关于对对下计量资料进行核备的通知》执行。

4.责任预算编制

编制工程项目责任预算是为了确定工程项目成本控制目标。责任预算编制要遵循可控性原则、一致性原则、动态管理原则和及时性原则。要在"四项锁定"的基础上进行编制，即锁定项目组织机构、锁定工程数量、锁定施工方案、锁定工料机单价。

5.效益策划

在编制责任预算的基础上，及时实行效益策划。效益策划的基本做法就是落实"五交底"制度，即投标报价与合同交底、施工方案交底、管理体系交底、责任成本预算与变更索赔方向策划交底、责任成本核算与财务管理交底，从而明确创效目标和创效途径。

第三阶段：施工阶段。

施工阶段的责任成本管理是项目责任成本管理的重点，包括以下10个环节。

1.二次分解

二次分解是项目经理对项目部各部门和架子队、拌和站管理人员、技术人员和操作人员量化责任目标，签订责任书的过程。项目部应依据上级编制的责任预算进行二次分解，本着"负责什么，就控制什么"的原则合理划分责任中心，并与责任中心签订责任合同，明确双方责、权、利关系。逐级分解，直至项目生产管理的责任终端。项目部建立二次分解台账，将责任预算二次分解责任书登记在册。

2.临建成本控制

首先应对大型临时设施进行施工方案经济比选，在满足安全、质量、工期的前提下，选取成本最低的方案，建立大型临时设施工程审批制度，单独编制临时工程责任预算，及时结算。

3.工程数量控制

工程数量实行逐级控制制度，建立工程公司、项目部及责任中心三级管理台账。实行"五量控制"，即投标工程数量、施工图工程数量、责任预算工程数量、二次分解工程数量和实际完成工程数量，并进行分析对比，保证工程数量受控。

4.劳务成本控制

实行"工序分离、工费承包、机械租赁、限额发料"的劳务管理模式，严格执行"拨改代"制度，全面核算劳务队成本。加强劳务计价管理，定期进行对上、对下计量与计价，建立劳务对上、对下计量与计价台账，单项工程完工后及时进行劳务结算，严格执行劳务结算审批制度，严控劳务成本。

5.材料成本控制

严把计划、质量、定价、采购、验收入库、出库使用、限额领料、余料回收、材料消耗、盘点核算等关口，做到逐日登记、日清月结、账账相符、账实相符，严格控制材料的消耗。

6.机械成本控制

机械设备采取"统筹安排、合理调配、自购租赁比选、单机单车核算"的管理方式，提高使用效率，降低使用维修成本。

7.管理费用控制

管理费用实行预算控制制度，准确编制管理费用预算，按照"预算控制、经费包干、责任到人、节奖超罚"的原则，层层分解到各责任人。

8.变更索赔补差

变更索赔补差要建立台账、明确责任，过程中注意资料收集和认证签字，并及时提交变更索赔补差报告等相关材料。具体做法参见公司《变更索赔管理办法》。

9.成本核算与分析

建立健全以责任中心为核算主体的项目成本核算台账制度，定期对项目成本进行核算与分析，实行"六项分析"，即总体盈亏分析、资金状况分析、工程数量节超分析、材料消耗节超分析、机械台班节超分析、管理费节超分析。通过成本分析查找问题、分析原因、及时纠偏。项目部每月召开一次责任成本分析会议，公司每季度召开一次责任成本分析会议，每次责任成本分析会议都应做好记录。

10.过程考核兑现

在二次分解的基础上，根据成本分析的结果，按照"谁创效、谁受益"的原则对作业层进行奖罚兑现。

第四阶段：竣工收尾阶段。

包括竣工决算、销户并账、余款清收和终期考评4个环节。

1.竣工决算

（1）概算清理及竣工决算。项目进入竣工收尾阶段后，项目部要组织专人进行概算清理和竣工决算，同时重点做好竣工阶段的迎接审计工作，争取项目效益的最大化。

（2）工程完工后，及时清理劳务、外租设备和各类货款，按合同进行结算，锁定工程成本，防止出现经济纠纷。

（3）竣工审计。项目竣工后上级单位要及时对项目进行内部竣工审计，科学评价项目管理成果，作为项目承包合同兑现的依据。

2. 销户并账

审计清算结束后，及时组织会计核算并账和银行账户销户工作，上交各项会计核算资料，除特殊原因保留银行账户外，银行账户应一律撤销，加大后期管理费用开支控制力度。

3. 余款清收

建立收尾项目清收责任制，项目经理和相关部门负责人为余款清收责任人，采取清收与项目承包合同兑现相挂钩的方式，加强尾款回收力度，尽快收回余款，加快效益变现，具体的管理参见公司《清欠管理办法》。

4. 终期考核兑现

项目债权债务清理完毕，且档案资料全部移交公司，根据《责任合同》及相关规定及时对项目管理层进行终期考核兑现。

"四个阶段、二十二个环节"的工程项目责任成本管理流程是以项目承揽为先导、以方案预控和成本预控为龙头、以责任预算为基础、以责任目标分解为手段、以工程数量和工、料、机等直接成本控制为抓手、以成本核算和成本分析为主线、以考核兑现为推手，是闭合有效的管理流程。

第三章　责任成本管理体系

第四条　公司责任成本管理体系根据职能划分为公司责任成本管理领导小组、项目部责任成本管理领导小组、工程队三个层级。

第五条　公司责任成本管理领导小组为责任成本管理控制层，领导全公司责任成本管理工作，制定公司责任成本管理办法，编制各项目部责任成本预算，代表公司与项目主要责任人签订责任成本承包合同，指导与监督项目部责任成本管理工作开展，考核与评估责任成本管理成果。

第六条　项目部为责任成本管理操作层，负责本项目责任成本管理工作的组织实施，在公司指导下制定本项目部责任成本管理实施细则和配套制度，落实公司审批的责任预算，编制责任成本二次分解，进行责任成本控制，合理划分责任单位，明确单位职责，办理对上对下验工计价，合理归集成本费用，按公司要求上报各种考核表及建立各种台账，并进行责任会计核算以及对所属责任单位的责任成果评价和经济利益兑现。

公司所属各项目部要健全相应机构。项目经理对本单位责任成本管理工作负总责，项目部必须指定一名副经理以上项目领导牵头，负责本单位责任成本核算和二次分解工作，各职能部门在职责范围内各负其责，通力配合。项目总工程师全面负责本项目技术、质量、安全的技术管理工作，开展技术革新，优化施工方案，提高经济效益，组织对重、难点工程的实施性施工组织设计的编写和再优化。

第七条　公司自有工程队为责任成本管理执行层，负责本工程队责任成本核算工作，在公司和所在项目的双重指导下进行本级责任成本控制。按照公司和项目部要求合理归集成本，上报各种考核报表，建立各种台账，优化施工方案，控制劳务班组费用、材料消耗数量、机械消耗数量。

施工队长对本单位的责任成本管理负总责，施工队可指定一位副队长，牵头本单位的责任成本管理工作。

第八条　公司责任成本管理体系要素分配见下表。

阶段	流程	公司管理部门	项目管理部门	工作内容
标前阶段	项目选项	经营部		坚持"五不揽"原则
	标前测算	经营部		工程成本进行预测
	投标策略	经营部		合理确定投标报价
开工前阶段	工程量预控	经营部	工程部	项目开工前做好施工图优化和工程数量复核工作，计算施工图工程数量并与投标数量进行比较，登记工程数量台账
	方案预控	总工	总工	严格执行施工方案经济比选，在满足安全、质量、工期的前提下，选取成本最低的文案
	单价预控	经营部物资部法律事务部		执行"两个上移""三项招标"
	责任预算编制	经营部	责任成本分管领导	在"四项锁定"的基础上编制责任成本预算
	效益策划	经营部	计划部	落实"五交底"制度
施工阶段	二次分解	经营部	项目部	项目经理对项目部各部门和架子队、拌和站管理人员、技术人员和操作人员量化责任目标，签订责任书
	临建成本控制	总工	总工	对大型临时设施进行施工方案经济比选
	工程数量控制	经营部	计划部	建立工程公司、项目部及责任中心三级管理台账，实行"五量控制"
	劳务成本控制	经营部	计划部	定期进行对上、对下计量与计价，建立劳务对上、对下计量与计价台账，单项工程完工后及时进行劳务结算，严格执行劳务结算审批制度，严控劳务成本

续表

阶段	流程	公司管理部门	项目管理部门	工作内容
施工阶段	材料成本控制	设备物资部	物资部	严把物资采购计划、质量、定价、采购、验收入库、出库使用、限额领料、余料回收、材料消耗、盘点核算等关口，严格控制材料的消耗
	机械成本控制	设备物资部	物资部	机械设备采取"统筹安排、合理调配、自购租赁比选、单机单车核算"
	管理费用控制	财务部	财务部	实行预算控制制，并层层分解到各责任人
	变更索赔补差	经营部	计划部	建立台账、明确责任，注意资料收集和认证签字，及时提交变更索赔补差报告等相关材料
	成本核算与分析	经营部	计划部	定期对项目成本进行核算与分析，实行"六项分析"，通过成本分析查找问题、分析原因、及时纠偏
	过程考核兑现	领导小组	项目经理	在二次分析的基础上，对各责任成本单位进行奖罚兑现
竣工收尾阶段	竣工决算	经营部审计部	计划部	概算清理及竣工决算。清理劳务、外租设备和各类货款，按合同进行结算。竣工审计
	销户并账	财务部	财务	审计清算结束后，及时组织会计核算并账和银行账户销户工作，上交各项会计核算资料并加大后期管理费用开支控制力度
	余款清收	清欠办	项目经理	建立收尾项目清收责任制，加强尾款回收力度，尽快收回余款，加快效益变现
	终期考核兑现	领导小组	项目经理	项目"两权两务"清理完毕，且档案资料全部移交公司后，根据《承包责任状》及相关规定及时对项目管理层进行终期考核兑现

第四章 责任成本管理责任制

第九条 公司责任成本管理责任制采用两级控制，分别是公司与项目部的责任成本管理责任制和项目部与所属单位的责任成本管理责任制。各级责任成本管理责任者之间应签订具体量化的责任状，明确双方的经济关系。

第十条 各级责任成本管理责任人对本单位的责任预算负责，所有成本节超均与奖金挂钩。各责任单位实行管理费用包干制度，由财务部门负责对包干费用进行管理。

第十一条 各责任单位权利。

（1）对管辖内的工程，在满足上级整体要求和业主合同前提下，有生产经营决策权和指挥权。

（2）对本单位人员有建议调整使用和奖罚权。

（3）对价格低于上级单位提供的小型机具、辅助材料、地材在满足质量要求前提下，依照公司物资设备采购办法，有自行采购权。

（4）在合同规定责任范围内，在扣除单项奖罚金额、项目部完成规定上缴款后，节余部分的利润由公司与项目部按7∶3比例分配，其中项目部分配部分和公司对项目部的考核挂钩，考核成绩超过80分的，不进行扣减；考核成绩低于80分的，须扣减奖金（金额＝奖金总额×责任成本考核成绩÷80）。项目部自行分配的部分，原则上项目经理、项目书记各占10%～15%，项目总工、分管责任成本的项目副经理占8%～10%。

项目部下属的各责任单位的利润分配由项目部按照公司相关办法计算，报公司责任成本领导小组审核同意后发放。

中间调入或调出人员的奖金分配原则上按照其工作期间的贡献计算，若无法量化其贡献的，则按照其在位期间的完成投资比例计算。

公司自有工程队的利润分配办法参照公司《工程队管理办法》执行。

第五章　责任预算编制与调整

第十二条　责任预算的目的，是通过成本预测，科学测算项目盈亏平衡点和成本降低额，合理地制定各责任单位的责任成本和盈利目标，并以此作为对各责任单位进行业绩考核的衡量标准。

第十三条　责任预算编制的依据：

（1）项目的经营模式、规模控制、总体部署；

（2）按照规定程序审核批准的实施性施工组织设计；

（3）按规定审核的施工图和工程数量；

（4）集团公司规定使用的统一成本定额；

（5）按规定程序调查或通过招标确定的材料价格；

（6）与业主合同中规定的有关计量支付的条款；

（7）公司制定的职工工资及福利标准；

（8）外部劳务施工合同；

（9）审定的各责任单位的工程数量和责任范围；

（10）工期情况及其他特殊要求。

第十四条　编制实施性施工组织设计和施工方案。

项目上场之初，项目部负责编写实施性施工组织设计和施工方案初稿。由公司领导牵头，组织公司相关部室到现场根据实际情况进行优化，实施性施组的核心是施工方案、施工方法及各项保证措施，要具有针对性和可操作性，还应考虑与工程成本的关系，做到经济合理。

第十五条 工程数量核定。

项目部按照实施性施工组织设计和分部分项工程施工图纸，根据施工现场的实际，重新计算和核实工程项目的分项工程数量，公司工程部、经管部核实并经充分协商后确认实际施工的分部、分项工程数量。

第十六条 劳务价格、材料预算单价核定。

劳务单价依据集团公司通用定额及相关规定并考虑现场类似工程经验数据综合确定，按照集团公司和公司指导单价或类似项目较低的施工合同价格执行。进入测算成本的材料预算单价按照以下原则制定：当地材料、钢材（型材）按照招标选定的价格进入测算成本，甲供材料直接按照甲方招标文件供应价进入测算成本。

第十七条 项目部本级经费，依据公司劳资、财务有关文件规定计取，管理费原则上控制在5%以内。

（1）工资：年完成投资在5000万元以下的项目，管理人员按15～25人计；年完成投资5000万～1亿元，管理人员按30人计；年完成投资1亿元以上，管理人员按40～70人计。工资总额按集团公司工资标准、项目定员及实际工期具体核定，食堂补贴按每人每天12元核定，福利费、过节费、防暑降温费等每人每年不超过5000元。

（2）办公费、差旅费及招待费标准见下表，投资额在中间的按内差法计算。

项目间接费用开支测算表

序号	投资额	办公费/（万元/月）	差旅费/（万元/月）	招待费/（万元/月）	备注
1	5000万元以内	2	2	2	
2	5000万～10000万元	2～3	2～3	2～3	
3	1亿～2亿元	3～4	3～4	3～3.5	根据投资额按内插法计算
4	2亿～3亿元	4～4.5	4～5	3.5～4	
5	3亿～5亿元	4.5～5.5	5～5.5	4～5	
6	5亿元以上	6.5	6.5	6	

（3）固资使用费：包括车辆保险费、修理费、保养费、年检费等，按每辆车每年4万元的标准核定，各项目包干使用。

（4）折旧费：按公司财务、物资制度核定。

（5）不可预见费：5000万元以下（含5000万元）的项目，不可预见费按投资总额0.4%计核，5000万元以上（不含5000万元）的项目，不可预见费按投资总额的0.2%计核。

（6）项目部住房费用：项目部临建原则上采用租赁形式，费用标准如下表。

序号	合同金额/万元	临建费用/万元	备注
1	5000以下	25	
2	5000～10000	30	
3	10000～20000	45	
4	20000～30000	60	
5	30000～50000	75	
6	50000～80000	85	
7	80000以上	100	

以上指标已包含办公、生活和配套设施的建设、装修和后期维修费用；以上费用包干使用，节余归项目部，超支由项目部负责。办公、生活和配套设施方案及造价应报公司批准。

第十八条　工程项目按照责任预算编制原则，编制总责任预算和分项工程责任预算，同时形成责任预算汇总表、分项工程预算表、工程量清单、项目经费计算明细表等。如因施工图纸不全，可以按单项工程划分，分别编制个别责任预算，最后汇总，确定总责任预算成本。

大型临时设施及主要的临时工程应由项目部编制专项责任成本预算，重要的部分要编制专项方案，附必要的计算过程。该部分将由公司专家组进行重点审查，并作为公司日常检查的重点。

第十九条　项目部责任预算成本包括从工程项目进场到竣工验交，办理完竣工结算，清理债权债务所产生的一切费用。

第二十条　工程结算完毕，财务账目经审计终结并处理完债权债务后交公司并账，并账后的留守人员费用由公司统一核定列销。

第二十一条　公司向项目部收取的上缴款为工程项目中标合同价与公司审批的该项目责任预算之间的差额。该上缴款数额应在责任成本管理承包合同中明确。

第二十二条　公司以总经理签批的工程项目责任预算作为与项目部第一管理者签订承包合同的依据，并以此作为考核项目部绩效的标准，按照合同进行奖罚。

第二十三条　责任预算动态调整。

在施工过程中，发生国家、业主政策性调整（费率、设计标准、规范标准），业主征地拆迁等原因造成的工期等重大调整（项目停工超过6个月），重大自然灾害、重大地质灾害、非项目自身原因造成的重大施工方案变化等，产生单项变更费用超过800万元以上的变更；钢材（型材）等主要材料产生与编制价格±5%以上的浮动，公司对上述变化项目成本进行测算，经双方确认后，对原责任预算进行调整，并变更经济责任合同。除上所述调整外的重大调整，由公司责任成本领导小组负责解释。

在施工过程中，发生了重大安全、质量事故，并且项目负责人进行了调换，公司对上述变化成本进行测算，经双方确认后，对原责任预算进行调整，并变更经济责任合同。

根据现场实际核实的增加或减少的工程量、增加或减少的直接或间接成本，对上述变化项目进行测算，经双方确认后，对原责任预算进行调整，并变更经济责任合同。

第二十四条　项目部内部各责任单位责任预算的调整由项目部责任成本管理领导小组依据实际进行，同时将调整资料报公司责任成本管理领导小组经审核批复后执行。

第六章　承包责任状的签订

第二十五条　责任成本承包应以承包合同形式实施。

1.公司与项目部的合同应包括的主要条款。

（1）工程名称和地点。

（2）承包期限。

（3）主要责任人。

（4）项目责任预算总额及责任预算调整的原则和方法，并附责任预算。

（5）项目部上缴公司的上缴款及上缴方式。

（6）节余成本的分配及未完成合同的处罚。

（7）工期、质量、安全方面的要求和规定。

（8）甲乙双方的权利和义务。

（9）合同变更的原则和条件。

（10）违规处罚的措施及标准。

（11）责任抵押的金额及方式。

（12）其他需要明确的条款。

2.项目部与所属责任单位的合同主要条款

（1）承包期限。

（2）全部责任工作量（附工作量清单）。

（3）责任预算总额。

（4）工期、质量、安全指标。

（5）责任单位的工作标准及要求。

（6）责任单位全部人员工资分配方法。

（7）甲乙双方权利和义务。

（8）节余成本的分配原则及超支的处罚规定。

（9）违规处罚措施及标准。

（10）责任抵押的金额及抵押方式。

（11）其他需要说明的条款。

第二十六条　工程项目主要管理人员要缴纳一定数量的风险抵押金，项目经理和书记的风险抵押金为投资总额的1‰（以整万元为单位，具体在承包书中明确）；项目总工和项目部其他副职的风险抵押金为投资总额的0.2‰～0.5‰（c），项目部门负责人的风险抵押金为投资总额的0.1‰～0.3‰（d）（以整万元为单位，具体在承包书中明确）。完成责任成本目标和上缴款后退还风险抵押金，根据承包合同兑现经济利益，项目部完不成上缴款指标，则没收风险抵押金。

序号	合同金额A/万元	项目主管抵押金B	项目副职抵押金C	项目部门负责人D
1	$A \leq 5000$	5万元	2万元	1万元
2	$5000 \leq A \leq 50000$	$B=A \times 1‰$	$C=Ac$	$D=Ad$
3	$50000 \leq A$	50万元	15万元	8万元

新调入或提职人员的风险抵押金可按照剩余工程投资额占整个工程的比例综合计算。调出人员风险抵押金返还按已完成产值相对应的责任状及上缴款情况核定。

完成责任状目标及上缴款的，全额返还风险抵押金；完成责任状目标比例低于60%的，全额扣除风险抵押金；完成责任状目标比例高于60%（含）但低于100%的，按未完成指标的比例扣除相应比例的抵押金。

第二十七条　各责任单位要有可靠措施确保职工与农民工工资按时足额发放（农民工工资原则上由项目部直接发至农民工手中），并有相关的规定，保证成本节余与每个职工的切身利益紧密相关，以调动全体职工的热情，积极参与成本管理工作。

第七章　责任成本管理记录

第二十八条　各单位应将责任成本管理活动的过程做好详细的记录。

（1）拟投标项目成本测算及投标策略统计表。

（2）施工方案优化统计表。

（3）预算编制和责任合同签订情况统计表。

（4）项目效益策划会议纪要统计表。

（5）项目责任预算二次分解情况统计表。

（6）项目奖惩情况登记表。

（7）项目竣工决算情况登记表。

（8）责任成本管理月度报表及分析报告，其他涉及物资设备、财务、经营、清欠的记录表格按其相关规定执行。

第八章　监督与考核

第二十九条　公司责任成本管理领导小组每半年对各项目部督查考核一次。督查的主要内容包括：

（1）各项目部是否编制责任预算并报公司审批，与所属各职能部门和相关责任人是否签订责任成本承包合同；

（2）各项目部是否建立责任成本核算机构，制定本单位责任成本核算实施细则和配套制度；

（3）项目部是否对实施性施工组织设计进行再优化，并根据可控原则确定责任部门或个人，对批复的责任预算进行分解，与施工队签订承包合同，正确执行公司的各项制度；

（4）是否建立起与责任成本管理配套的质量、安全、文明施工等管理措施；

（5）项目部是否对工程数量、设备物资、固定资产、劳务、管理费用等实施有效控制；

（6）变更索赔工作，项目部是否明确相关部门专门负责相应业务的变更索赔事宜，是否制定变更索赔奖惩办法；

（7）各项目部是否及时批复责任单位的责任预算计价表，是否按规定进行责任会计核算，是否按月对责任成本核算情况进行分析，是否对所属责任单位的责任成果进行评价，中期考核部分是否兑现；

（8）是否出现重大的突破成本预算的问题，如果有，要明确原因和责任。

第三十条　检查的内容和办法参照公司《责任成本管理考评办法》执行，对于发现问题的项目部，要在规定期限内做出整改。对于落实责任成本核算措施不力，工作严重滞后的单位，在规定期限内仍然整改不到位的，报请公司申请撤换第一责任人。

第三十一条　在工程竣工验收后，公司责任成本管理领导小组对项目责任成本管理进行综合评价，全面分析责任成本管理合同执行情况，并形成报告，由公司主管领导审批后，按合同规定的原则进行利益分配或处罚。在此基础上，项目部内部按照自己制定的各项原则，分别进行奖惩。

第九章　奖　惩

第三十二条　公司责任成本管理领导小组依据考核评分办法，对各项目部进行考核。综合评分在80分（含）～90分（含）的项目部为达标项目部，不予奖罚；综合评分为90分（不含）～95分（含）的项目部，公司给予1万～2万元奖励。综合评分在95分（不含）以上的，公司给予2万～5万元的奖励。综合评分低于80分的项目部为不达标项目部，除通报批评并责令限期整改外，另处以1万元罚款，每低1分加罚1000元。综合评分低于60分的项目部，领导小组将建议撤换项目经理、书记、总工。

第三十三条　对于日常督察中发现的无特殊原因而未开展责任成本管理工作的项目部，对项目经理（和书记）、总工各处以1万元罚款，对项目部处以10万元罚款，并建议撤换项目经理。

第三十四条　项目部违反本办法的规定对外分包工程的，或者组织未签合同队伍进场施工的，首次出现的，罚款该项目部10万元，并对项目经理（和书记）、项目总工进行全公司内通报批评，再次发生的，领导小组将建议撤换项目经理、书记、总工。

第三十五条　项目部在建设单位拨款时未按规定比例上缴工程项目上缴款的，不准发放效益工资。

第三十六条　项目部对下计价不及时，或未计量便对施工队拨款的，发现一例，罚款项目部1万～2万元，并对项目经理、项目书记及财务部长在全公司范围内通报批评，情节严重者撤销当事人职务。

第三十七条　项目上场三个月内，未按责任成本管理规定建立项目成本控制体系、未制定操作规范等实施细则，对项目经理（和书记）、项目总工各罚款1万元，罚责任成本管理牵头部门负责人5000元，相关业务部门未按规定的时间、规定的标准提供成本核算资料的，罚部门负责人3000元。

第三十八条　每月结束后10天内未办理内部责任预算计价，未对各责任单位成本节超进行考核的，罚项目经理、项目书记各5000元，罚计划部门负责人2000元。

第三十九条　未按照责任会计核算规定进行责任会计账务处理的，每发现一例罚项目财务主管2000元。

第四十条　对项目部发生第二十三和二十四条情况，而未向公司或集团公司汇报，擅自进行责任预算调整的，对项目部罚款10万元；对项目经理和项目书记各罚款1万元，收回其已发放的效益工资。

第四十一条　每年考核后，项目部在完成公司任务指标及上缴款的情况下，报公司责任成本领导小组批准，超出公司制定任务指标部分，可预提25%的奖金给予兑现。

第四十二条　项目中标后中标清单金额（不含暂定金）与方案优化前项目责任预算成本的差值作为项目承揽利润，在公司自主参与的投标项目年中标率及中标金额超出公司制定的目标前提下，超出部分的承揽利润的10%作为奖励，根据贡献大小发放给参与项目投标的有功人员（参照公司经营管理办法执行）。

第四十三条　各责任单位执行项目责任预算二次分解指标过程中产生净利润计入其责任成本管理收入。

第四十四条　余款清收的奖励办法参照公司《清欠考核奖惩办法》执行。

第四十五条　项目所属工程队产生的利润按照公司《工程队管理办法》执行，工程队内部的奖惩办法可参照本办法执行。

第四十六条　项目部及所属各责任单位的奖罚应报公司责任成本管理领导小组批准后方可执行。

第四十七条　超出合同清单奖励基金的部分，50%上缴公司，剩余部分由项目部支配。业主指定发放的，该发放金额纳入最终责任状分配。

第四十八条　各项目完成年度上缴款指标任务的，按照下达指标的1%进行奖励，超额部分按照超出指标的1.5%予以奖励，未完成年度上缴款指标的，按照欠缴金额的0.5%予以罚款。

第四十九条　公司机关的考核激励办法由相关部门另行制定。

第五十条 对超过4个月未完成竣工资料编制的单位的项目经理和总工进行处罚，处罚标准为：完成责任状单位，每超过4个月扣除竣工时项目经理和总工应发奖金的10%；没有完成责任状单位，每超过4个月扣除竣工时项目经理和总工风险抵押金的10%（每4个月之间按内插法计算）。

第五十一条 项目完工后，必须将剩余人员调配计划报公司人力资源部。

【实战范本4-04】▶▶

责任成本分解表

序号	项目名称		责任目标（降低额）	责任人
1	现场综合管理			
2	技术方案优化	钢筋的代换		
3		模板的优化		
4		抹灰技术		
	小计			
5	专业分包			
6	人工费及辅材			
7	索赔计划			
	小计			
8	现场文明施工、材料管理利用、变更签证、各分包现场管理等			
9	现场质量管理、文明施工、材料管理等			
10	测量试验、配合比优化等			
11	材料采购			
12	税金收入			
13	各种费用			
	小计			
14	工期控制		工期计划按照合同工期完成，质量达到省优标准	
15	安全管理及文明施工（文明施工创"市级文明工地"）			
	合计			

【实战范本4-05】▸▸▸

成本费用分解控制责任表

项目部名称：　　　　　　　　　　　　　　　　　　　　　　年　月　日

序号	成本项目或费用名称	单位	金额	责任部门								备注
				劳资部	物资部	设备部	合约部	安全部	财务部	综合办	工程部	
	直接成本	元										
1	人工费	元										
1.1	项目部生产工人	元		√								
1.2	项目部协议工	元		√								
1.3	劳务分包	元					√					
1.4	外协奖	元		√								
1.5	工资附加费	元										
2	材料费	元										
2.1	工程实体材料费	元			√							
2.2	大宗周转材料费	元			√							
2.3	其他材料	元			√							
3	船（机）使用费	元										
3.1	自有设备	元				√						
3.2	租赁设备	元				√						
3.3	燃油料	元				√						
3.4	设备调遣费	元				√						
4	其他直接费	元										
4.1	材料二次倒运费	元					√					
4.2	现场施工水电费	元								√		
4.3	住地建设及临时设施	元					√					
4.4	测量试验费	元					√					
4.5	冬、雨、夜施工增加费	元					√					
4.6	安全文明环保施工措施费	元						√				

续表

序号	成本项目或费用名称	单位	金额	责任部门								备注
				劳资部	物资部	设备部	合约部	安全部	财务部	综合办	工程部	
4.7	设计及技术援助	元									√	
4.8	技术开发费	元									√	
4.9	场地清理	元					√					
5	工程保险费	元							√			
5.1	其他	元							√			
5	间接费用	元										
5.1	管理人员工资（含工资附加费）	元		√								
5.2	社会及企业统筹费	元		√								
5.3	财务费	元							√			
5.4	办公费	元							√			
5.4.1	现场办公设备及易耗品	元							√			
5.4.1.1	固定资产使用费	元							√			
5.4.1.2	工具用具使用费	元							√			
5.4.1.3	低值易耗品摊销费	元							√			
5.4.2	差旅交通费	元							√			
5.4.3	财产及人身保险费	元							√			
5.4.4	外单位管理费	元					√					
5.4.5	劳动保护费	元						√				
5.4.6	地方行业部门专项收费	元					√					
5.4.7	其他费用	元					√					
6	分包工程费	元					√					
7	上级管理费	元							√			
8	工程税金及附加	元							√			
合　计												

第二节　工程项目成本测算

项目责任成本是在既定的市场环境和条件下，在项目测算成本基础上，根据工程实际情况和深入优化的施工方案，项目部通过采取先进的管理手段和技术进步措施，进一步降低成本后，分公司与项目部协商确定的项目成本开支计划。

工程中标后，由公司成本核算职能部门到施工现场，根据工程的实际情况，对工程的直接成本和间接成本分别进行测算评估。工程成本测算是指根据工程的资源需求计划和各种工程所需资源的市场价格或预期价格信息，估算和确定出工程各种活动的成本和整个工程全部成本的工程成本管理工作。

一、工程成本测算的方法

工程成本估算的方法有：类比估算法、参数估计法、软件工具法和工料清单法等方法。

（一）类比估算法

这是一种在工程成本估算精确度要求不是很高的情况下使用的工程成本估算方法，也是一种通过比照已完成的类似工程的实际成本，去估算出新工程成本的方法。类比估算法通常比其他方法简单容易，成本低，但它的精度也低。

（二）参数估计法

参数估计法是利用工程特性参数法去建立数学模型来估算工程成本的方法。例如，工业工程使用工程设计生产能力、民用工程使用每平方米单价等。参数估计法是一组工程费用估算关系式，通过这组关系式可以对整个工程或其中大部分的费用进行一定精确程度的评估。参数估计法的优点是快速并易于使用，它只需要一小部分信息即可据此得出整个工程的成本费用。这种方法的缺点是：如果不经过校准和验证，参数估计模型可能不准确，估算出的工程成本精度不高，而如果用于校准和验证的历史数据不适用或有问题，则估算出的成本会差距较大。

（三）软件工具法

这是一种运用现有的计算机工程成本估算软件确定工程成本的方法。大部分的工程成本管理软件都可以使用各种方法进行工程成本估算。人员的工资可以按小时、加班和一次性来计算，也可以具体明确到到期支付日；对于原材料，可以确定一次性或持续成本；对于各种材料，可以设立相应的财务会计科目和预算代码。另外，还可以利用用户自定义公式来实施成本函数。

（四）工料清单法

工料清单法是目前最常用的方法，这种方法首先是根据工程分解结构（WBS）得出工程的人工和物料清单，然后对各项物料和工作的成本进行估算，最后向上滚动加总得到工程总成本的方法。这种技术对成本估算而言通常十分详细而且耗时，它可用于对每个工作包进行详细分析来评定其费用，每个工程活动的成本总和构成了一个工程工作包的成本，然后统计得出整个工程的成本。

这种方法的优点是对成本估计提供了基本详细的信息，比其他方式更为准确。这种基于详细的成本估算能够得出工程的实际成本。这种方法的缺点是要求有详细的信息，它本身需要大量的时间和经费支持。

二、项目成本测算的依据

（1）现场调查结果。评估前首先应进行现场调查，将影响成本的各种因素，包括施工规模、合同条件、工程难易程度、技术含量高低和施工地域的地理、自然、气候、人文及周边环境因素等都纳入现场调查范围。

（2）市场调查结果。通过市场调查，获取相关信息数据资料是准确分析预测目标成本的重要环节，主要包括：工程材料、设备的价格、当地人工价格、当地运杂费市场的物价走势及对成本的影响；对采用新技术、新工艺、新材料的可能性和对成本的影响；对甲方的建设资金来源及构成、资金到位情况及外币汇率风险对成本的影响等。

（3）实施性施工组织设计。根据现场实际情况和制定合理的有利于降低工程成本的实施性施工组织设计，在保证工期、质量、安全的前提下，使成本支出最小化。

（4）甲方核定的施工图纸。

（5）甲方制定的计量支付的有关规定。

（6）与第三方达成的相关协议。

（7）企业内部定额和取费标准。企业内部定额作为集团公司实行责任成本管理的内部统一定额，是核算的依据。适用于铁路、公路、市政等相关工程项目的新建和改、扩建工程的核算。

（8）上交的各种税金比例。

三、项目责任成本费用组成及计算方法

项目责任成本由分部、分项工程直接工程费、措施费、现场管理费和其他费用组成。

（一）分部、分项工程直接工程费

分部、分项工程直接工程费是指施工过程中耗费的构成工程实体和有助于工程实体形成的各项费用。具体包含以下费用。

1.劳务费

劳务费是指按照劳务分包模式或劳务合同支付给劳务方的价格，包括人工费、劳务合同中约定的其他费用（如小型机械费、小型易耗材和其他承包给劳务的费用等）。在下

面的费用计算过程中，只要是本费用包含的内容，其他费用就不再重复计算，具体计算方式有如下几种。

（1）按中标书中的定额工日乘以本企业分包模式下的人工平均价格［或经事业部（分公司）认可批准的市场价］。

（2）依据工程所在地的建筑工程施工定额或企业定额编制施工预算，按其定额工日乘以当地人工市场价格。

（3）依据拟采用的劳务分包模式，以当地同期同类工程劳务单价乘以工程量计算。

（4）依据签订的劳务合同中的劳务单价乘以工程量计算。

2.材料（设备）费

材料（设备）费是指施工过程中耗用的构成工程实体的原材料、设备、辅助材料、构配件、零件、半成品和成品的费用。这里不包括劳务费中已包含部分，不包括周转材料和模板费用。

（1）量，采用中标书中的量；价，按照公司材料物资价格发布信息确定，或采用与业主签订合同时工程所在地当月市场价格。

（2）依据工程所在地的建筑工程材料消耗定额或企业定额编制施工预算用量，按其定额消耗量乘以相应的材料单价。

3.施工机械使用费

施工机械使用费是指施工机械作业所产生的机械使用费及机械安、拆费和场外运费。不含已在劳务费、专业分包费和其他机械费中包含的施工机械使用费用。大型机械应根据优化的施工组织设计确定投入的机械类型、数量、工作时间确定工作台班，台班价格根据内部租赁价或市场租赁价确定。小型机械费可参考投标报价执行。

4.专业分包费

专业分包费是指按不同的施工专业进行分包，分包方完成本专业所有的作业项目所需的费用。专业分包项目不分人工、材料、机械，按分包合同单价或者本单位类似工程的分包价格乘以工程量计算。

（二）措施费

措施费是指为完成工程项目施工，产生于该工程施工前和施工过程中非工程实体项目的费用，包括表4-3所示。

表 4-3 措施费说明

序号	费用项目	说明
1	环境保护费	是指施工现场为达到环保部门要求所需要的各项费用
2	文明施工费	是指施工现场文明施工和CI形象所需要的各项费用
3	安全施工费	是指施工现场安全施工所需要的各项费用

续表

序号	费用项目	说明
4	临时设施费	是指施工企业为了进行建筑施工所必须搭设的生活和生产用的临时建筑物、构筑物和其他临时设施的费用。临时设施包括：临时宿舍、文化福利及公用事业房屋与构筑物、仓库、办公室、加工厂以及规定范围内的道路、场坪、围墙、水、电、管线等临时设施和小型临时设施等。临时设施费包括：临时设施的搭设、维修、拆除费用和摊销费用。临时设施费按施工组织设计或施工方案中具体确定的面积、标准计算，项目包干使用。如属摊销的费用，按分公司制定的费用标准执行
5	夜间施工增加费	是指因夜间施工所产生的夜间补助费、夜间施工降效、夜间施工照明设备摊销及照明用电等费用。在计算测算成本时，夜间施工增加费用暂不考虑，待施工期间产生时按实调整
6	二次搬运费	是指施工场地狭小等情况而产生的二次搬运费。在计算测算成本时，二次搬运费可暂不考虑，待施工期间产生时按实调整
7	大型机械设备进出场及按拆费	是指机械整体或分体自停放场地运至施工现场或由一个施工地点运至另一个施工地点，所产生的机械进出场运输及转移费用，以及机械在施工现场进行安装和拆卸所需要的人工费、材料费、机械费、试运转费及安装所需的辅助设备的费用。大型机械设备使用费用按优化后的施工组织设计或施工方案中的配置数量和使用天数乘以市场或内部租赁单价计算；大型机械进出场费、安拆费、基础费等，按当地规定标准或企业定额一次包干；其他机械费，参照当地预算定额的费用标准包干使用
8	垂直运输机械及超高增加费	是指施工中使用垂直运输机械产生的费用和建筑物超过规定高度所产生的机械、人工降效费用。垂直运输机械及超高增加费按优化后的施工组织设计（或施工方案）中的配置数量和使用天数乘以市场或内部租赁单价计算。垂直运输机械的进出场及安拆费在大型机械设备进出场及安拆费用中计算
9	混凝土、钢筋混凝土模板及支架费	是指混凝土施工过程中需要的各种钢模板、木模板、支架等的支、拆、运输费用及模板、支架的摊销（或租赁）费用。混凝土、钢筋混凝土模板及支架费用按优化后的施工组织设计（或施工方案）中的配置数量（含损耗）和使用天数乘以市场或内部租赁单价计算；进出场运费按照市场价格包干使用。如属一次摊销的用量，按优化后的施工组织设计（或施工方案）配置数量乘以市场价格计算
10	脚手架费	是指施工需要的各种脚手架搭、拆、运输费用及脚手架的摊销（或租赁）费用。脚手架费用按优化后的施工组织设计（或施工方案）中配置数量（含损耗）和使用天数乘以市场或内部租赁单价计算；进出场运费按市场价格包干使用
11	已完工程及设备保护费	是指竣工验收前，对已完成工程及设备进行保护所需的费用。在计算测算成本时，已完工程及设备保护费用可不考虑，待施工期间产生时按实调整

续表

序号	费用项目	说明
12	施工排水、降水费	是指为确保工程在正常条件下施工，采取各种排水、降水措施所产生的各种费用。施工排水、降水费用，按优化后的施工方案中确定的排水、降水方式进行计算或按专业分包合同单价乘以工程量计算
13	冬、雨季施工增加费	是指冬、雨季施工期间，为保护工程质量，采取保温、防护措施所增加的费用，以及因工效和机械作业效率降低所增加的费用。冬、雨季施工增加费用，按优化后的施工方案中确定的保温、防护措施依据市场价格进行计算
14	构件运输及安装费	是指混凝土、金属构件、门窗等自堆放场地或构件加工厂至施工吊装点的运输费用，以及混凝土、金属构件的吊装费用。构件运输及安装费用，按优化后施工方案中的机械配置数量和使用天数乘以市场或内部租赁单价计算

（三）现场管理费

现场管理费是指发生在施工现场这一级，针对项目组织施工生产和经营管理等所需费用，是按项目部人员的构成和有关费用开支标准计算所得出的费用总和，包干使用。具体包如表4-4所示。

表4-4　现场管理费

序号	费用项目	说明
1	现场人员的工资	是指现场管理人员和辅助人员的岗位工资、绩效工资、工资性补贴、职工福利费和劳动保护费等。其中：现场人员的岗位和绩效工资按公司薪金管理办法确定的标准套定
2	现场办公费	是指现场管理办公用的文具、纸张、账表、印刷、邮电、通信、书报、会议、水电、烧水和集体取暖（包括现场临时宿舍取暖）用煤等费用
3	差旅交通费	现场职工因公出差、调动工作的差旅费、住勤补助费、市内交通费和误餐补助费、职工探亲费、工伤人员就医路费和现场管理使用的交通工具的油料、燃料、养路费及牌照费等
4	固定资产使用费	是指现场管理和实验部门使用的属于固定资产的设备仪器等的折旧、大修、日常维修或租赁费
5	工具用具使用费	是指不属于固定资产的工具、器具、家具，交通工具以及检验、实验、测绘、消防等用具的购置、维修和摊销费
6	工会经费	是指按项目人员工资总额计提的工会经费
7	职工教育经费	是指企业为职工学习先进技术和提高知识文化水平，按职工工资总额计提的费用
8	财产保险费	是指施工管理用财产、车辆保险费

续表

序号	费用项目	说明
9	经营招待费	是指项目部为理顺各方关系或进行二次经营所需支付招待的费用
10	其他费用	包括保险费、绿化费、法律顾问费、咨询费等。现场管理费中，保险费按有关规定或合同约定计取；绿化费、法律顾问费、咨询费在计算测算成本时可不考虑，待施工期间产生时按实调整；其余各项费用均参照公司制定的费用标准执行
11	保安费	总包为维护工地的安全警卫产生的费用

（四）其他费用

其他费用包括质量、安全、工期、示范工地奖、总包服务费、索赔与签证、招标人预留金及其材料（设备）购置费、其他构成工程成本开支的费用。

1.质量、安全、工期、示范工地奖

（1）按合同约定从建设单位收取的，列入项目收入。工期奖、质量奖、示范工地奖（税后）扣除合同约定由分包单位所得后，剩余部分并入项目收入，增加的开支、罚款由项目部承担。

（2）合同未有约定，工期奖、质量奖、示范工地奖的争创是分公司行为，分公司可根据实际发生数制定标准补贴给项目部。

2.总包服务费

（1）从业主处收取的总包管理费10%～20%归项目部（根据项目承担的总包责任区别对待），从业主和分包单位收取的配合费（税后）80%归项目部，列入项目收入，相应的开支列入项目成本。

（2）从业主处收取的总包管理费不包括在责任成本内，总包管理费全部上交，从业主和分包单位处收取的配合费归项目部，列入项目收入，相应的开支列入项目成本。

以上两种计算方式各分公司根据各自的情况选择其一，统一口径。

3.索赔与签证

（1）从业主处取得的签证与索赔费或从分包单位处取得的违约索赔费，除税金外列入项目责任成本收入，相应的开支亦列入项目成本。

（2）索赔与签证成本列入项目开支，索赔获取利润的40%列入项目收入。

以上两种计算方式各分公司根据各自的情况选择其一，统一口径。

4.招标人预留金及其材料（设备）购置费

此部分费用不列入项目责任成本，待施工时按实调整。

5.其他构成工程成本开支的费用

根据实际情况由各分公司自行确定。

【实战范本4-06】▶▶▶

项目用工计划配置表

工程名称及编码			表格编号	
项目基本情况				
人员需求预测及配置基本情况				
现场施工人员				

序号	岗位名称	人数	年龄（平均）	学历	职称	薪资水平	工作月数	薪资合计
1								
2								
...								
机械操作人员								
1								
2								
...								
管理人员								
1								
2								
...								

人数合计：			薪资共计：		
有关说明事项					
项目经理意见					
项目评价委员会意见					

制表人		审核人		批准人	
时间		时间		时间	

【实战范本4-07】▶▶

材料需求预测表

项目名称及编码		表格编号
项目基本情况		

主材需求预测信息

序号	主材名称	规格型号	预计需求量	市场预估价	总价	计划进场时间
1						
2						
3						
…						

主材费用合计：

辅材需求预测信息

序号	辅材名称	辅材成本占比
1		
2		
…		

辅材费用合计	
材料总费用预计	

有关说明事项

项目经理意见	
项目评价委员会意见	

制表人		审核人		批准人	
时间		时间		时间	

【实战范本4-08】▸▸

机械（设备）需求预测表

工程名称及编码					表格编号		
项目基本情况							
自有机械（设备）需求配置信息							
序号	设备名称	规格型号	计划数量	进场时间	预计工时	单价	费用
1							
2							
3							
…							
自有机械耗用费用合计：							
租赁（设备）需求预测信息							
序号	设备名称	规格型号	计划数量	进场时间	预计工时	单价	费用
1							
2							
3							
…							
租赁设备费用合计：							
机械费用总计：							
有关说明事项							
项目经理意见							
项目评价委员会意见							
制表人		审核人			批准人		
时间		时间			时间		

【实战范本4-09】▶▶▶

项目总成本预算表

项目名称及编码		表格编号	
项目基本情况			

序号	费用名称	预算值/万元	占比/%	备注
1	人工费			
2	材料费			
3	机械费			
4	其他直接费			
（1）	分包费			
（2）	土石方			
（3）	其他费用			
5	间接费			
（1）	财务成本费用			
（2）	税金			
（3）	其他			
费用支出总计				

项目经理意见	
项目评价委员会意见	

制表人		审核人		批准人	
时间		时间		时间	

【实战范本4-10】▶▶▶

项目成本核算表

单位：万元

项目名称及编码							表格编号
月项目进展基本情况							
序号	费用名称	本期			累计			备注
		目标成本	实际成本	实际成本占比	目标成本	实际成本	实际成本占比	
1	人工费							
2	材料费							
3	机械费							
4	其他直接费							
（1）	分包费							
（2）	土石方							
（3）	其他费用							
5	间接费							
（1）	财务成本费用							
（2）	税金							
（3）	其他							
费用支出总计								
各项偏差情况说明：								
项目经理意见								
项目评价委员会意见								
制表人			审核人			批准人		
时间			时间			时间		

【实战范本4-11】▶▶▶

项目成本控制及措施计划表

单位：万元

项目名称及编码							表格编号
月项目进展基本情况							
费用名称 ＼ 成本控制		针对责任成本拟采取的主要措施及成本降低点分析	实际成本	目标成本	降低额	降低率/%	责任人
1	人工费						
2	材料费						
3	机械费						
4	其他直接费						
（1）	分包费						
（2）	土石方						
（3）	其他费用						
5	间接费						
（1）	财务成本费用						
（2）	税金						
（3）	其他						
项目经理意见							
项目评价委员会意见							
制表人		审核人			批准人		
时间		时间			时间		

注：附表为"施工成本测算表"和"成本费用分解控制责任表"。

【实战范本4-12】▶▶

项目初期成本测算汇总表

工程名称：　　　　　　测算日期：　年　月　日　　　　　　金额单位：元

序号	预算费用项目	合同总价	预测成本	占合同总价/%	备注
一	人工费				
1	项目部自行施工人工费				
2	项目分包劳务费				
二	材料费				
三	船机使用费				
四	其他直接费				
五	间接费用				
六	分包费用				
七	预计总成本				∑（一～六）
八	上级管理费				
九	工程税金及其他				
十	合计				

编制人：　　　　　　　　审核：　　　　　　　　部门负责人：

【实战范本4-13】▶▶

人工费用测算表

工程名称：　　　　　　测算日期：　年　月　日　　　　　　金额单位：元

序号	工种名称	数量/人	测算时间			单价/（元/月）	金额	备注
			起止时间	小计/月	合计/月			
1	2	3	4	5	6=3×5	7	8=6×7	9
一	主体员人工资							
1	生产工人工资					8%		
2	工资附加费							

续表

序号	工种名称	数量/人	测算时间			单价/(元/月)	金额	备注
			起止时间	小计/月	合计/月			
二	协议工工资							
1								
2								
三	外协奖							
...								
	合计							

编制人：   审核：   部门负责人：

【实战范本4-14】▶▶▶

劳务分包费用测算表

工程名称：   测算日期： 年 月 日   金额单位：元

序号	分部、分项工程	单位	数量	单价	金额	备注
	合计					

编制人：   审核：   部门负责人：
注：1.本表分部、分项工程栏、单位栏、数量栏填写内容按合同文件中的清单及施工图要求填写。
2.备注中注明劳务分包工作内容。

【实战范本4-15】▶▶▶

材料用量测算表

测算日期：　年　月　日

序号	分部分项工程	单位	数量	主要材料名称及数量															备注
				C混凝土/立方米		C/立方米		C/立方米		级钢筋/吨		钢绞线/吨		预应力钢筋/吨		型钢/吨		……		
				单耗	数量	单耗	数量	单耗	数量	单耗	数量	单耗	数量	单耗	数量	单耗	数量	单耗	数量	
	合计																			

编制人：

注：1.分部、分项工程内容按合同工程量清单内容填写。

2.材料名称栏可根据项目具体情况进行修改或扩充。

3.不涉及多个项目的特种材料可直接在材料费用表中填写。

【实战范本4-16】▶▶

材料费用测算表

工程名称：　　　　　　　　　　　　　　　测算日期：　　年　月　日

序号	材料名称	单位	数量	单价/元	合计	备注
一	主要材料					
二	周转材料					施工方案
三	其他材料					
	合计					

填表：　　　　　　　　审核：　　　　　　　　部门负责人：

注：1.主要材料为构成工程实体直接消耗的材料；特殊材料如钢轨等直接在本表中列项计算；实行全费用分包的混凝土构件预制、钢构件制作等。

2.辅助材料为完成主要材料加工、安装而消耗在工程实体中的零星用料，视工程规模、类型或分包情况按主要材料费的0.10%～0.50%列项计算或不计算。

3.周转材料为专用模板、支撑等可以周转使用和回收的施工措施用料，根据施工组织设计或优化方案应列项计算，并在备注栏中注明一次投入量。

[实战范本4-17] ▶▶▶

船机设备使用费及调遣费测算表

工程名称：　　　　　　　　　　　测算日期：　　年　　月　　日　　　　　　　　金额单位：元

| 序号 | 船机名称、规格 | 工程数量 | | 台数 | 使用时间 | | | 使用费用 | | | 能源消耗费用 | | | | 合计 | 备注 |
		单位	数量		起止时间	小计/月	合计/（台·月）	单价/[元/（台·月）]	小计/元	台月能耗/（千克/千瓦时）	能耗小计/（千克/千瓦时）	单价/元	小计/元		
1	2	3	4	5	6	7	8=5×7	9	10=8×7 或4×7	11	12= 8×11	13	14= 12×13	15= 10+14	16
一	船机设备使用费														
1															
2															
3															
…															
二	燃油料费														
三	船机调遣费														
1															
2															
	合计														

填表人：　　　　　　　　审核：　　　　　　　　部门负责人：

【实战范本4-18】▶▶▶

其他直接费测算表

工程名称： 测算日期： 年 月 日

序号	费用名称	单位	数量	单价	金额	备注
1	材料二次倒运费					
2	现场施工水电费（含管线铺设）					
3	冬、雨、夜施工增加费					
4	办公住地及临时设施					
4.1	办公住地建设（含场地硬化）					
4.2	与场临时作业车间					
4.3	临时道路					
5	检验、测量、试验费					
5.1	外检费（必须由专业机构检测的项目）					
5.2	常规测量试验费					
6	安全文明环保施工措施费					
7	设计及技术援助					
8	技术开发费					
9	场地清理					
10	工程保险费					
11	其他					
	合计					

填表： 审核： 部门负责人：

【实战范本4-19】▶▶▶

间接费用测算表

工程名称： 测算日期： 年 月 日

序号	费用名称	单位	数量	比例/%	金额	备注
1	管理人员工资和工资附加费					
1.1	管理人员工资					

续表

序号	费用名称	单位	数量	比例/%	金额	备注
1.2	工资附加费	元		8.00		
2	社会及企业统筹费用					
2.1	养老保险金	元		20.00		
2.2	住房公积金	元		12.00		
2.3	失业保险金	元		2.00		
2.4	企业年金	元		8.33		
2.5	工会经费			2.00		
2.6	职工教育经费			2.00		
3	财务费用					
3.1	利息净支出					
3.2	汇兑净损失					
3.3	金融机构手续费					
3.4	指印花税			0.03		
4	预提费用					
4.1	存货盘亏、毁损和报废损失					
4.2	计提的合同预计损失					
5	办公费					
5.1	固定资产使用费					
5.2	工具用具使用费					
5.3	低值易耗品摊销费					
5.4	差旅交通费					
5.5	通信费					
5.6	劳动保护费					
6	财产及人身保险费					
7	外单位管理费					
8	地方行业主管部门专项收费					
9	其他费用					
…						
	合计					

填表：　　　　　　　　审核：　　　　　　　　部门负责人：

【实战范本4-20】▶▶

分包工程测算表

工程名称：　　　　　　　　　　　　　　　　　日期：　　年　　月　　日

序号	分包细目名称	单位	数量	单价	金额	备注
一						
1						
2						
3						
4						
…						
…						
二						
1						
2						
3						
4						
…						
…						
三						
1						
2						
…						
合计						

填表人：　　　　　　　　　　　　　　　　　审核：

注：本表分包工程所指如下。

1.业主指定分包，但在项目部核算的项目。

2.项目部切块分包收取管理费的项目。

3.按照市场价格，通过内部招（议）标实行全费用分包的项目。

【实战范本4-21】▶▶

管理费用、财务费用、税金测算表

工程名称：　　　　　　　　　　　　　　　日期：　　年　　月　　日

序号	费用名称	单位	数量	单价	金额	备注
一	上级管理费	元				
三	工程税金及附加	元				
	合计					

编制人：　　　　　　　　审核：　　　　　　　　部门负责人：

第三节　项目部责任预算的编制

责任预算是项目部核定给施工生产单位和各责任中心的责任成本的最高限额，是对各施工生产单位和各责任中心进行绩效考核与衡量的依据，也是各施工生产单位和各责任中心可以预测与规划、计量与统计、调节与控制的目标成本。

项目部责任预算是在与公司签订了施工承包合同后，于项目开工之前编制。责任成本预算编制得是否合理，决定了责任成本核算工作的成败，是责任成本核算的关键。

一、责任预算编制的分工

责任预算的编制由项目部合同管理部门（或计划部门）负责，财务、技术、物资、设备部门做好配合工作。

二、责任预算的编制内容

责任成本预算编制包括自工程投标到工程竣工结算所产生的全部成本费用。其中工程预算部分应按照责任预算的编制原则，编制项目总责任预算和分项工程责任预算，同时生成责任预算汇总表、分项工程预算表、单价组成表以及工、料、机汇总表和工程数量清单等报表；间接费开支按照核算的开支费用内容及标准列出明细。

三、责任预算的编制原则

责任预算编制应遵循如图4-4所示的原则。

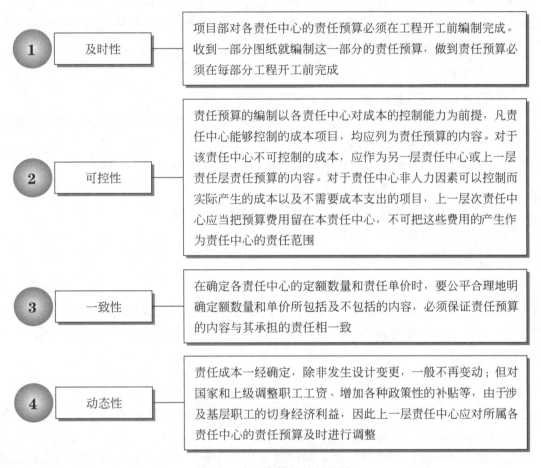

| 1 | 及时性 | 项目部对各责任中心的责任预算必须在工程开工前编制完成。收到一部分图纸就编制这一部分的责任预算，做到责任预算必须在每部分工程开工前完成 |

| 2 | 可控性 | 责任预算的编制以各责任中心对成本的控制能力为前提，凡责任中心能够控制的成本项目，均应列为责任预算的内容。对于该责任中心不可控制的成本，应作为另一层责任中心或上一层责任层责任预算的内容。对于责任中心非人力因素可以控制而实际产生的成本以及不需要成本支出的项目，上一层次责任中心应当把预算费用留在本责任中心，不可把这些费用的产生作为责任中心的责任范围 |

| 3 | 一致性 | 在确定各责任中心的定额数量和责任单价时，要公平合理地明确定额数量和单价所包括及不包括的内容，必须保证责任预算的内容与其承担的责任相一致 |

| 4 | 动态性 | 责任成本一经确定，除非发生设计变更，一般不再变动；但对国家和上级调整职工工资、增加各种政策性的补贴等，由于涉及基层职工的切身经济利益，因此上一层责任中心应对所属各责任中心的责任预算及时进行调整 |

图4-4　责任预算的编制原则

四、责任成本预算的编制依据

（1）施工图及设计文件（不包含总承包风险包干费解决的工程内容）。

（2）公司批准的施工组织设计。

（3）公司发布的当期工程项目市场价格。

（4）调查核实的当期材料市场价格（落地价）。

（5）项目中心试验室确定的配合比。

（6）公司《工程项目管理纲要》及其配套办法。

五、责任成本预算的编制方法

责任成本预算根据项目工程内容分别采用工程量清单模式下直接费单价法和综合取费法进行编制。

（一）工程量清单模式下直接费单价法

工程量清单模式下直接费单价法是指按照工程量清单子目逐项计算工程量，套用集团公司公布的市场价格和材料费确定直接工程费，然后按照本办法规定的费用标准计取有关费用，汇总形成项目责任成本预算。

1.计算程序

（1）计算施工图数量，分别计清列到相应单子目项下。

（2）分别套用集团公司公布的市场价格，按照配合比及材料价计列主材费用，按照集团公司规定计列周转材料费用。

（3）计算施工措施费、现场管理费、税金等费用，形成责任成本费用。

（4）计取大型临时设施和过渡工程费。

（5）计取总承包风险包干费、安全生产费及激励约束考核费。

（6）计取内部奖励基金及项目部管理费。

（7）计算预期利润。

2.计算流程

计算工程量→套用市场价格及材料费→计算取费→计取型临时设施、总承包风险费、安全生产费、激励约束考核费→计取内部奖励基金及项目部管理费→计取预期利润→形成责任成本预算。

（二）综合取费法

对于专业性较强的电务和房建等站后工程，按集团公司规定，收取一定比例的总包收益后确定责任成本预算的方法，称为综合取费法

指挥部、经理部模式项目的电务和房建等站后（含料费）专业性较强工程，分别按合同中相应费用的4%、3%上缴集团公司，上缴的收益包含集团公司项目部的管理费用，参建单位不再参与利润分配。

六、责任成本预算的编制实操细节

责任预算的编制是在项目部优化了工程各部位的施工方案后，参照第二节工程成本测算评估的依据详细编制的，主要做法如下。

（一）施工方法的确定

施工方法是施工方案的核心内容。施工方法一经确定，生产要素的配置只能满足其需要。项目部应由总工程师和技术部门牵头，计划、物资、设备部门配合，在满足工期、

质量的前提下，比照多种施工方法，根据相应的单价，计算出每种方法的经济投入，做出经济比较，最终确定出最低成本的施工方法。

（二）劳、材、机等各种单价的确定

1. 物资材料

物资材料直接构成工程实体，是工程成本的主要组成部分，降低材料成本是节约成本的重要手段。除由甲方招标确定的主要材料外，其他材料在厂家选用之前首先要进行市场调查。调查的重点是所需材料在本地区的供货地点、供货价格、运输方式、供货地至工地的道路状况、各种材料的运输单价及材料运至工地料场前的杂费等。根据调查结果，本着公开、公平、公正的原则进行公开招标。做到集体确定材料的采购价格，严禁在材料采购中的暗箱操作，在保证原材料质量，保证工程进度的前提下，确保物资价格的市场最低价。调查要做好原始记录，并分类归集整理，建立台账。物资材料的调查可由项目部材料部门主要负责，计划部门协助。

2. 电力价格的确定

对电力情况的调查，重点是地方的电力资源、供电能力、供电地距施工地点的距离、电力输送途中的损耗、供电地电价、损耗费用等，根据调查的情况确定有功电价，与采用项目部自发电价格进行对比，在满足施工条件的情况下，确保电价最低。电力价格的调查可由项目部计划或物资部门负责。

3. 机械费的确定

机械台班预算价格执行集团公司企业定额附录中的《施工机械台班定额》，按调查价进行燃料、动力调差。

4. 劳动力及工资的确定

劳动力和工资情况的调查重点是施工地区的产业结构，即施工地区产业结构的劳动力来源，有无剩余劳动力，能否在用工高峰期为企业或项目部提供用工，在结合企业定额分析的基础上结合当地的工资水平，通过多方比较，确定最合理、最经济的劳务单价。劳动力和工资情况可由项目部劳资部门负责，计划部门配合。

5. 运杂费的确定

材料按工程所在地的最低运费标准和调查的实际运距里程计算运杂费单价，列入材料预算单价中，不单独计列。

（三）工程数量的确定

工程数量的增减直接影响工程成本的增减，因此，必须准确计算工程数量。工程施工图纸送达后，项目部首先要组织技术部门人员对施工图进行复核，计算出理论工程数量，然后组织技术及测量人员对项目工程量进行实测，依据责任中心的划分确定各中心实际的工程数量，工程数量的节余量归为项目部动态调控基金。工程数量的计算可由项目部技术部门负责，计划部门配合。核算的工程数量需报项目部领导进行审批。

（四）定额的选用

企业内部定额作为实行成本管理的内部统一定额，是编制责任预算的依据。

（1）企业内部定额按照合理的施工组织和正常的施工条件编制，定额中所采用的施工方法和工程质量标准，根据国家现行建设工程施工技术及验收规范、质量评定标准及安全操作规程确定，除定额中规定允许换算者外，均不得自行变更定额。定额中的工程内容，均包含定额项目的全部施工过程。定额内除扼要说明施工的主要操作工序外，均包括准备与结束、场内操作范围内的水平与垂直运输、材料工地小搬运、辅助和零星用工、工具及机械小修、场地清理等工作内容。

（2）企业内部定额中的材料、成品、半成品消耗量均按合格产品编制并已包括场内运输及操作损耗，编制责任成本预算时不得另行增加。其场外运输损耗、仓库保管损耗以及由于材料供应规格和质量不符合定额规定而产生的加工损耗，应在材料预算价格内考虑。

（3）定额中各项目的施工机械种类、规格、型号按现行执行标准做了部分调整，当实际施工采用的规格、种类与定额不同时，除定额另有说明外，均不得换算。同时定额中的施工机械台班消耗，已考虑了工地的合理停置、空转和必要的备用量等因素。

（4）定额中混凝土、钢筋混凝土、砂浆中的水泥用量，均按中粗砂编制，当采用细砂时，每立方米混凝土的水泥用量增加4%或按实验室配合比调整。当设计采用的混凝土、砂浆标号与定额所列标号不同时，可按配合比表进行换算。当实际施工配合比材料用量与定额配合比用量不同时，一般不得调整。

（5）定额中仅列主要材料和主要机械台班用量，零星材料和小型机具列入"其他材料费"和"小型机具使用费"，以元表示，使用时不得调整。

（6）定额中的摊销和周转性材料均按部颁标准计入，但考虑在实际施工中有些摊销及周转材料为外部租赁，在附后的表中将模板及脚手架子目进行分解。

（五）其他直接费的计取

使用企业内部定额原则上不计取其他直接费。如有些特殊情况必须计取其他直接费，按下列方法计列。

1.冬季施工增加费

按实施性施工组织设计安排在冬季施工的工程项目，以划定的工程所在地区的气温区类别及取费标准计列。冬季施工增加费费率表及冬季施工气温区划分表可参照部颁定额预算编制办法并按下列近似公式计算。

$$冬季施工增加费=某项工程定额直接费 \times \frac{冬季施工的工程量}{该工程的总工程量} \times 冬季施工增加费率$$

2.雨季施工增加费

按照施工组织设计，安排在雨季施工的工程项目，以划定的雨量区类别及取费标准计取雨季施工增加费。雨季施工增加费率表和雨季施工雨量区及雨季区划分表可参照部颁定额预算编制办法执行。计算方法同雨季施工增加费。

3.夜间施工增加费

夜间施工增加费是根据施工组织设计安排和合理的施工进度要求，必须在夜间连续施工而产生的工效降低、夜班津贴以及有关照明设施而增加的费用。

其费用按夜间施工工程项目的定额直接费之和的0.5%计取。

4.高原地区施工增加费

指在海拔2000米以上的高原地区施工时，因受气候、气压影响，致使人工、机械效率降低而增加的费用，以定额工费、机械费之和乘以表列系数计算（表4-5）。

表 4-5　高原地区施工增加费

海拔高度/米	定额增加幅度/%	
	工天定额	机械台班定额
2000～3000	10	17
3001～4000	20	32
4001～5000	30	50

5.原始森林地区施工增加费

指在原始森林地区施工，由于受气候影响，其路基土石方工程应增加的费用，按其定额工天和机械台班量分别增加30%计算。

6.沿海地区工程施工增加费

指工程项目在沿海地区施工受海风、海浪和潮汐的影响，使人工、机械效率降低等所需要的费用。构造物Ⅱ（指有夜间施工的桥梁）、技术复杂大桥、钢桥上部工程的定额直接费之和按0.15%计取。

7.行车干扰工程施工增加费

指由于边施工边维持通车，受行车干扰的影响造成局部停工或妨碍施工，使人工、机械效率降低，增加的费用。该项费用应分别按铁路工程、公路工程受行车影响部分工程的定额工天、机械台班量和表列费率计算（表4-6和表4-7）。

表 4-6　铁路工程行车干扰施工增加费

每昼夜行车对数/对	工天、机械台班定额增加幅度/%
6及以下	0
7～18	13
19～36	29
37～60	42

每昼夜行车对数/对	工天、机械台班定额增加幅度/%
61～80	55
81以上	65

表 4-7　公路工程行车干扰工程施工增加费费率表　　　　单位：%

工程类别	施工期间平均每昼夜双向行车次数（汽车兽力车合计）			
	51～100	101～500	501～1000	1001以上
人工土方	5.52	8.29	11.05	13.81
机械土方	2.45	4.89	7.34	9.78
汽车运土	2.63	5.26	7.89	10.53
人工石方	5.24	7.57	10.5	12.8
机械石方	2.45	4.81	7.49	9.63
高级路面	1.31	1.97	2.63	3.28
构造物Ⅰ	1.29	1.93	2.58	3.22
构造物Ⅱ	1.24	1.87	2.49	3.11

（六）责任预算的编制

责任预算的编制根据费用可控原则，按照费用的组成分成本中心责任预算编制和费用中心预算编制两部分，以工点或分部、分项工程作为编制单元。成本中心和费用中心之和与公司评估总额的差额放入项目动态调控基金中心。

1. 成本中心责任预算编制

成本中心责任预算以由项目部经过方案优化与实测后的细目工作量和项目部调查确认的材料采购价格为依据编制，由外部施工队责任预算和内部施工队责任预算组成。

（1）外部施工队责任预算。

按照费用组成划分，分为直接费和其他间接费两部分。

外部施工队责任预算中主要材料（钢材、水泥、火工品、钢轨、道岔、商品混凝土等）如果不包含在承包单价中，相应的材料费由物资中心负责控制。

外部施工队如果实行清包工费的承包形式时，其预算人工费、其他间接费由外部劳务承包，材料费、机械费从单价中分出来，作为物资中心和机械设备中心的承包内容。

（2）内部施工队责任预算。

内部施工队责任预算基本视同外部施工队伍，分内部成建制队和自带劳务队两种形式。与外部施工队的区别如下。

① 工资：成建制队按内部实际定员的生产人员的责任工资平均水平、施工期平均人

数以及承担各工序施工任务的总体工期安排计算责任工资控制总额。责任工资控制总额与预算定额人工费的差额部分增列责任预算的生产人员工资差。

属自带劳务的承包形式，按参与自带劳务的内部职工数和承担各施工任务的总体安排，给予一定的工资补贴，由内部承包责任人自主分配，项目部不再负担此部分人员的工资。

② 材料及运杂费：与外部施工队相同。

③ 机械使用费：成建制队施工机械使用费中大修、折旧费由设备和财务部门按照规定确定指标，可划入机械设备费用中心的责任范围。其余同外部施工队。

④ 其他间接费：成建制队按管理人员定编单独编制其他间接费预算，以单独一笔费用计入内部责任预算总额，不反映在单价中。

自带劳务仅对内部职工考虑工资补贴，不再另取其他间接费。

成本中心只对预算范围内的工、料、机数量和工程数量负责，按工、料、机预算价格实现的数量节超费用，为成本中心绩效，对因价格因素实现的成本节超不负责。

编制内部机械队责任预算时，因大修、折旧费为成本中心不可控费用，因此可将此部分费用从责任预算中分解出来，由项目动态调整基金中心负责提取上交。

2.费用中心责任预算编制

费用中心按该中心承担的工作内容和项目部的规定编制责任预算。一般情况如表4-8所示。

表 4-8　费用中心责任预算编制要求

序号	费用中心	编制要求
1	技术中心	对外计量数量节超、变更设计引起的数量变化或由于技术交底失误造成的损失等负责，责任预算总额基数为零
2	计划中心	对责任预算单价与对外计价的单价差形成的价差额、从甲方索赔费用等负责，责任预算总额基数为零
3	物资中心	对材料的实际购入价与责任预算单价形成的材料成本差异负责，一般责任预算总额基数为零。但对于项目部统供材料（未包含在施工预算中的材料费），由物资中心负责，限额供料
4	机械设备中心	由项目部直接使用的机械设备费用（自有和租赁）、项目部对外租赁机械设备的预算收入之和形成的总值为该中心的责任预算总额，对实际收支的差异负责
5	财务中心	对可控的项目部管理费开支负责
6	项目部动态调控资金	施工承包合同总额与项目部各成本中心和费用中心责任预算的总额形成的预算差额可命名为项目动态调控基金，主要由优化施工方案及工程量节余、各种单价节余和其他不可控费用（包括间接费、临时工程费、折旧费、大修费、税金）组成，由项目负责人及各职能部门（责任成本管理领导小组）共同掌握，用于责任预算调整及其他支出等

3.待分配责任预算

由于施工图纸未到或其他不确定因素造成暂不能分配的责任预算，不属于调控范围，不作为项目调控资金的组成部分，应单独计列。

（七）责任承包合同的签订

责任预算编制完成后，项目部要及时与各成本中心签订《内部施工承包合同》，为了避免争议和便于成本管理，《内部施工承包合同》必须为单价承包。同时根据费用中心的责任范围，与费用中心签订责任合同。

七、责任成本预算实行动态调整

在项目实施过程中，客观情况发生变化并对项目成本造成重大影响的，公司应区别情况对项目责任成本预算予以适当调整。

（一）调整的权限

所有调整都必须由项目经理部提出报告和相关资料报公司审查批准。

（二）可以调整责任成本预算的情况

可以调整责任成本预算的情况包括：

（1）经上级批准的实施性施工组织方案发生重大变更；

（2）业主批准并实际增减了合同总价的索赔事项和索赔净效益的分成；

（3）主要材料价格（加权平均）变动时，业主予以调整的和不予调整的变动在±5%以上的部分；

（4）工程数量增减引起的价值变动时，业主予以调整的和不予调整的变动在合同总价±2%以上的部分；

（5）非项目经理部责任造成关键线路工程工期延长3个月以上的部分；

（6）发生不可抗力增加的项目成本，公司批准的责任成本预算中的遗漏和错误；

（7）公司认为应该调整的其他情况。

客观产生的且非作业队（不包括劳务分包队伍）自身责任造成的作业队成本增减，项目经理部应据实调整。

（三）调整的频次

责任成本预算一般情况下每半年调整一次，对变化不大的项目可一年调整一次。

八、责任成本预算终结清理

责任成本预算一经确定，就应严格执行。施工过程中施工方案发生重大变化或材料价格波动较大（钢材、水泥等主要材料），通过验工计价计取差价的方式进行动态调控，项目终结进行责任成本预算终结清理。责任成本预算终结清理内容如下：

（一）工程量增减调整

工程量增减应据实调整（不包括总承包风险包干费内解决的内容）。责任成本预算有相同项目的，采用责任成本预算单价；责任成本预算有相近项目的，采用经调整的相近项目的责任成本预算单价，否则采用重新编制的责任成本预算单价进行调整。

（二）索赔费用的调整

已编制责任成本预算的项目，300万元以上的索赔，由项目部按确定的原则重新编制责任成本预算；300万元以下的索赔（包含政策性调差），按项目责任成本预算确定的利润比例提取总包收益后足额对工程队验工。

收取总包收益的项目，按确定的总包收益系数收取总包收益后，足额对工程队验工。

第四节　责任成本管理过程控制

一、施工组织设计方案预控

把握施工方案控制的要点，抓住成本控制的重点，是项目管理始终处于受控状态的关键。有了一个好的方案预控才能实现一个好的成本预控，方案预控要以成本预控为前提，成本预控要以方案预控为基础。项目部要重视施工组织方案、技术方案的编制与审查工作，建立施工方案的逐级优化和审查制度，从节约成本的角度做好多方案优化对比。

施工组织方案的编制原则如下。

（1）本着在保证质量、工期的前提下，以最少的投入换取最大的经济利益为目标。

（2）根据承建工程项目内容，分清主次，突出重难点，因地制宜，合理安排施工顺序和工艺流程，统筹安排各单项工程进度。

（3）充分利用现有设备，做到配套、实用。

（4）合理安排冬、雨、夜施工。

（5）尽量采用国内、外先进成熟的施工技术和科学的管理方法。

二、工程数量的控制管理

工程数量的增减与工程成本费用的增减成正比，对工程成本的控制起着决定性的作用。

（一）工程数量的逐级确定与经济关系

项目部以实施性施工组织设计为前提，由总工程师牵头组织技术人员对施工图进行会审，计算出理论工程数量后，对现场进行实测，确定实际的工程数量，分解到各责任中心。两者之间的差额归集到项目部动态调控基金中心。

各责任中心根据各自的实施性施工组织设计施工，以实际完成的工程数量确定本中心的工程数量。批准的各责任中心工程数量与实际完成的工程数量之间的差额形成各中心利润。

项目部和责任中心的工程数量必须由相应的工程技术主管审核批准。

（二）工程数量的动态管理

1. 项目部

项目部按照责任预算动态管理的原则，对责任范围之外的工程数量的变化要及时地调增或调减责任中心的实际工程量，并相应地增加或减少责任预算。对责任范围之内工程数量的变化或由于自身责任增加的工程数量不予调整责任预算。由于变更设计造成工程数量的增加，项目部无论甲方是否批准，都要及时对责任中心的工程数量进行调整并且及时地向建设单位提出变更。

2. 技术部门

技术部门是工程数量控制的关键部门，控制的工程数量的节余形成项目动态调控基金，最终转化为责成本节约额，按照规定兑现技术人员的奖励。

3. 成本中心

成本中心对工程数量的控制，主要就是工程量增加时，从自身利益出发要求项目部追加本中心的责任预算，同时及时为项目部技术部门向建设单位申请变更提供准确的信息。因此，成本中心在施工过程中，当工程数量发生变化时要及时报告并做好基础资料的整理签认，为变更责任预算提供依据。

（三）工程数量台账的建立

设工程数量总台账和各成本中心分台账之间数量是平衡的。设立的台账要反映出工程数量的变更情况。工程数量台账要定期提交计划部门以便进行验工计价，同时提交财务部门并根据台账的设置定期对责任盈亏进行分析。

三、物资材料的控制管理

物资材料直接构成工程实体，是工程成本的主要组成部分，做好物资管理是节约成本的有效途径。为保证材料质量及降低材料成本，项目部应对除甲方供应材料外的用量较大的材料实行统一管理。

（一）物资材料管理的环节

项目部物资材料的管理控制环节主要有三个：采购、保管、发料。对于物资采购环节来说，主要是对材料价格和运杂费的控制。对于物资保管环节来说，主要是保管费用的控制。对于发料环节来说，主要是对物资的数量进行控制。

（二）物资材料采购过程中价格的控制

物资材料采购过程中价格的控制步骤如图4-5所示。

步骤一 制订采购计划

由技术部门和根据实施性施工组织设计、工程细目工程量、工程预算计算出各部位所需物资材料的用量以及结合施工进度安排编制出物资使用计划提交给物资部门，由物资部门据此制订物资采购及加工计划

步骤二 成立招标小组

项目部物资材料招标小组应由项目部中的物资部门牵头，项目部以及技术、计划、安质等多部门参加，形成集体确定材料价格，严禁物资材料在招标采购中的暗箱操作，在保质保量的前提下，确保材料最低价

步骤三 组织材料招标

物资部首先要对市场进行调查，收集各厂的资质证书、生产许可证、权威部门近期对该产品的检测证明，向招标采购小组领导进行汇报，确定几家信誉较好、能够满足我方施工生产需要的厂家。发出招标邀请，同时要求竞标单位提供必备的资料及对招标产品的价格、供货能力、运输能力、售后服务等做出书面承诺。最终确定出在满足质量前提下，价格、运杂费及售后服务最优的厂家

步骤四 签订供货合同

合同的签订要严格执行合同法中的有关部门规定，做到条理清楚、文字严密，要对市场价格的浮动、质量要求、供货能力等方面做出明确规定，制定违约责任

步骤五 材料的采购验收及付款

现场材料员和质检人员，要加强材料验收程序，核对材料数量，检查材料质量，点验后及时入账，做到账物相符。材料经现场材料员、质检员验收合格后，由项目部物资材料部门申请，工程质检人员、预算人员签字后提交财务审核，报项目经理审核签字，按规定付款

图4-5 物资材料采购过程中价格的控制步骤

提醒您：

对价格处于激烈波动的物资材料及需用量大、使用时间长的物资材料在做好市场预测的前提下根据市场的变化情况分阶段进行招标采购。

（三）物资材料采购、保管费的控制

物资材料采购、库存的费用包括采购人员工资、差旅费、招待费、各种手续费及保管人员工资、防护费及保管费等。为尽量降低采购、保管费用，必须做到科学安排进货计划，并结合材料市场前景的分析，在保证用料的前提下实施经济批量采购。

（四）物资材料消耗数量的控制

对物资材料，可采用以下两种办法进行控制。

1.对于类别、型号较少、用量较大的材料

由项目部中的物资部门根据各成本中心责任预算中材料的消耗量，按材料类别、型号分责任中心建立材料消耗量控制台账，在各类材料总量控制的前提下按工程进度和供料计划进行限额供料。

限额供料的前提是技术部门或计划部门确定供料数量，由物资部门按计划供料，超额消耗部分由相应成本中心负担。

采用限额供料方法，责任预算中的材料费由物资部门负责。预算材料费和物资部门实耗材料费的金额差异形成物资部门的工作绩效。

2.对于类别、型号较多、用量较少的材料

项目部物资部门只负责材料的采购单价，成本中心负责材料数量的控制，责任预算中的材料费全额转入各成本中心负担。如果物资中心不按成本中心的计划供料，超采购部分由物资中心负担，由于物资中心不能按时供料影响工期的损失由物资部门承担。物资部门建立各成本中心实际领用材料数量台账，材料消耗量变为各成本中心控制。各成本中心材料费用利润由项目责任预算消耗量与实际消耗量之间形成。物资部门责任成本材料预算单价与实际购买材料单价间的金额差异形成物资部门的工作绩效。

四、机械设备的控制管理

机械设备的现代化水平是项目生产力水平的重要标志，做好项目机械设备管理、提高机械使用效率、降低设备使用成本是项目责任成本管理的一项重要内容。

（一）项目机械设备的选择

项目机械设备的来源分为自有机械设备和租赁机械设备两种，机械设备选择总的原则是技术先进、经济合理、生产适用。在满足项目施工的前提下，项目部要尽量选用自有设备，对于自有设备不能满足施工的，再考虑从外部租赁设备。

（二）项目机械台班数量和价格的控制

以节约项目机械设备成本为目标的项目机械设备管理，要从台班单价和数量两个方面进行控制。设备使用形式分为自有设备和租用部分两种，如图4-6所示。

形式一 ▷ 自有设备

项目部成立机械设备中心。责任预算的机械费部分由设备中心控制，责任预算的台班单价和数量与实际消耗的台班单价和数量之差形成设备中心利润（或亏损）。或机械费划分到对应的成本中心，机械设备中心与各成本中心形成租赁的关系，由项目部制定台班单价，设备中心和使用单位按照台班的使用数量和时间共同签认机械台班数量，机械设备中心按租赁台班和单价实现收入，产生的燃料费、折旧费、管理费、维修费、司机工费等形成成本，两者之间的差异形成机械设备中心责任利润

形式二 ▷ 从外部租赁机械

对于项目部统一外部租赁的设备，按照谁使用谁承担的原则，由项目部制定对下租赁台班单价，设备中心和使用单位共同签认使用的台班数量，形成再次租赁的关系。对下租赁的机械费与外租的机械费之间的差额形成收入或亏损，划入项目动态调控基金中心

图4-6 设备使用形式及其控制措施

（三）机械设备配件的管理控制

项目部在施工过程中，机械设备配件的消耗是机械费中一项重要的内容。进口设备配件的采购实行厂商与经销商或代理商比价的采购制度，由经销商或代理商报价，在保证质量和售后服务的同时，保证价格最低。国产设备配件采购以向厂家采购为主，尽量省去中间环节。

五、外部劳务管理

（一）外部劳务的录用原则

外部劳务的录用坚持如图4-7所示的原则。

原则一 ▷ 坚持先内后外的原则，首先安排内部在岗或待岗职工，可根据单项工程特点组建内部管理的劳务队伍

原则二 ▷ 成建制的外部劳务队伍，必须持有经建设行政主管部门年审合格且三级以上的资质证书，工商部门颁发的营业执照和法人委托书，以及建设部门颁发的安全许可证

图4-7

原则三	成建制的外部劳务队伍须有承建国内类似工程的施工经验，懂得施工管理及工程技术的管理人员、技术工人，并有一定业绩
原则四	在资质审查合格的情况下，外部劳务必须承诺认可我方使用的定额标准，责任预算编制办法及定价原则
原则五	凡与集团公司各级单位发生过严重经济纠纷或被清理出场的外部劳务队伍，在本集团范围内不得再次使用

图4-7 外部劳务的录用原则

（二）外部劳务的合同管理

凡经审批录用的外部劳务队伍，必须在开工前签订劳务合同，所有合同文本和附件、附表均要有外部劳务队伍持有法人委托书者签名，并在签订合同时，外部劳务队伍须以现金或银行汇款的方式缴纳合同履约保证金，保证金统一由项目部中的财务部门管理，待工程竣工后视履约情况返还。

六、验工计价管理

项目部验工计价的管理主要是内部验工计价管理，它是成本管理过程中一个重要的环节。项目部验工计价由计划部门负责。

（一）验工计价的依据

（1）双方签订的合同。

（2）各中心责任预算、工程综合单价、责任工程数量。

（3）经批准的设计变更、补充合同中的工程项目及款额。

（4）质检部门提供的各种检查合格报告单。

（二）验工计价的办法及要求

（1）需验工计价单位必须填写"已完工程数量计价表"，报项目部计划部门，项目部领导和业务部门共同验收，共同签认后方可计价。

（2）项目计划部门根据确认的"已完工程量计价表"按项目部要求填制"验工计价表"，要根据预算章节体现出本次和开累完成的数量价值。并且应填写工程的形象进度，即已完工程量占合同数量的比例。

（3）凡当月完成的工程量，当月内应办理验工计价，不得因工程款不到位的原因推迟验工，未完成的工程量，不得提前计价。

（4）项目部内部验工计价中，工程数量不得突破责任成本预算核定的工程数量和甲方批复并完成的变更设计数量之和，原设计数量和变更设计数量要严格区分。

（5）对于甲方难以批复，但又必须进行变更的项目，须经项目经理、项目总工和技术管理部门同意并签证。

七、间接费控制管理

间接费是施工生产单位为组织和管理施工生产所产生的费用，涉及工程项目的各个部门，需各有关部门协调管理。间接费的控制直接影响到工程项目的管理水平，是责任预算控制的一项重要内容。

（1）间接费应在工程公司测算的基础上，由项目部有关部门详细计算核定项目间接费开支标准，详细办法可参照间接费的测算办法，两者的差额计入项目基金。核算后的项目部间接费标准由项目部有关部门和财务部门共同制定降低成本措施、共同监控其发生情况。

（2）财务部门应严格审批签认报销制度，并按规定的程序操作，预算内的费用开支，单位领导可直接审批，对于预算外大额开支，须经单位领导集体审批。

（3）财务部门要严格遵守经费开支标准，维护财经纪律，对有关国家政策、上级规定的费用开支标准，应严格控制在标准之内，超标准不许列支。

（4）严格备用金管理审批制度，严格控制携带大量现金外出，严禁将备用金挪作个人或转借他人使用。借支备用金应提供经批准的办理业务的有关文件或出差报告申请书，并在规定的期限内报账还款。防止备用金坏账损失的发生。

（5）加强结算资金的管理，促进应收款项的及时回收，杜绝应收账款坏账损失的形成。

八、项目动态调控基金的控制管理

项目施工方案优化和工程数量、单价的节余形成项目动态调控基金。项目动态调控基金是项目部集体控制的一种机动费用，而且数额较大，是项目部经济关系和利益分配关系的集结点。加强项目动态调控基金，发挥好其经济杠杆作用，避免新的效益流失和分配中的不合理现象是责任成本管理中的一项重要内容。

（一）成立项目动态调控基金管理小组

由项目班子、各职能部门负责人组成项目动态调控基金管理小组，项目经理任组长，集体决定动态调控资金的使用。

（二）项目动态调控资金的用途

（1）责任中心责任预算调整支出。

（2）材料涨价因素的支出。

（3）责任中心责任之外的损失支出。

（4）项目部本级的亏损弥补。

（5）项目部费用中心及其他人员的利润奖励兑现。

（三）支出程序

（1）由于项目部调整施工方案造成的工程量变化，由技术或计划部门提出，经项目动态调控基金管理小组批准、项目经理签字后做相应调整。

（2）由于变更设计引起的工程量变化，无论甲方是否批复，都由技术部门提出，经项目动态调控基金管理小组批准后做相应调整。此部分成本先列入动态调整基金中心，待批准后冲减。

（3）成本中心可根据设计数量与实际施工数量之差提出内部变更，增加或减少的费用列入相关成本中心。经项目动态调控基金管理小组批准后做相应调整。

（4）因国家政策性调差引起的材料价格的波动，由物资部门提出，经项目动态调控基金管理小组批准后做相应调整。

（5）对于施工过程中责任范围不包括的内容由计划部门提出，经项目动态调控基金管理小组批准后做相应调整。

（6）对于项目部本级的亏损，由财务部门提出，经项目动态调控基金管理小组批准后做相应调整。

（7）对于责任中心的责任利润兑现，由项目部财务部门提出，经项目动态调控基金管理小组批准后做相应调整。

九、工程项目资金的管理控制

资金管理是责任成本管理的重要内容，工程项目的材料采购、工程价款的支付、工资的发放、企业费用的上交等都离不开资金这条纽带。资金管理要本着预算管理、过程控制的原则，其管理的效果直接影响到工程施工进度、企业的经济效益。做好资金的管理，必须注重以下两方面的工作。

（一）编制责任资金预算

（1）责任资金预算的编制，要以责任中心的责任成本（或费用）预算为基础，凡是列入责任成本（或费用）预算的内容均作为责任资金预算的范围。

（2）根据工程施工进度和甲方计价拨款方式，了解甲方资金的到位情况，制订资金收入计划。

（3）根据工程项目的工程进度、材料采购计划、间接费开支计划、上交款计划、工资发放计划等制订出月资金支出计价。

（4）根据资金收入计划和资金支出计划，可以预测资金的缺口或溢余，及时制定相应措施，保证项目资金的正常运转。

（二）资金预算的控制

1.结算资金的控制

（1）应收账款的控制。

对于工程价款收入，计划经营部门和财务部门要按照承发包合同规定，及时办理验工计价手续。应收账款产生后，应建立应收账款的控制机制，由专人负责，采取各种措施，确保工程价款的按期回收。

（2）应付账款的控制。

外部劳务要严格遵循先计价后付款的原则。外部劳务计价结算单要有责任中心、现场技术和测量负责人签字，然后报技术主管、项目总工、计划部门负责人和项目领导审批签字。禁止超计价、超拨款现象的发生。

2.其他资金的控制

（1）物资设备管理部门应制订严格的采购计划，履行严格的招标采购的审批程序，控制物资设备的储备量，积极处理超储积压材料来盘活储备资金，加速资金周转，实现对材料储备资金的控制。

（2）财务部门应加强各项其他应收款、预付款项的管理，严格其支付审批程序，加强逾期各种应收预付款项的清理，必要时要运用清理应收账款的措施进行清收。

（3）财务部门要加强备用金的审批和管理。对于借支备用金，一定要限额使用，本着前清后借的原则，对备用金要定期清理，借款超过一个月的可在工资中扣回。调动人员的备用金未清理完毕，不准办理调动手续。

（4）施工技术和计划经营部门要合理组织工程投标和工程开工，合理组织施工生产，禁止盲目投标和盲目开工，尽量加快工程施工进度，缩短工程工期，减少在建工程占用资金。

第五节　责任成本后续管理工作

一、项目经理部成本月报

为动态、及时反映项目经理部生产经营状况，公司制定项目经理部月报制度，全面、综合、连续地反映项目月度生产经营情况，为公司及时了解项目的成本情况提供第一手资料。具体的表格项目如表4-9所示。

表 4-9　项目经理部成本月报说明

序号	报表名称	说明
1	项目基本情况表	全面综合反映项目基本情况，包括工程概况、合同内容、主要经济指标、合同工期等
2	项目人员基本情况表	动态反映项目人员变动情况，进出场时间
3	项目产值完成基本情况表	按单位工程（分部分项）反映项目当月、累计完成工作量情况及完成比例
4	项目净收入情况表	反映项目当月及累计上缴情况、项目净收入情况

续表

序号	报表名称	说明
5	项目分包情况表	反映项目劳务分包、工程分包、当月结账数、累计结账数及劳务使用情况
6	项目物资采购情况表	反映项目材料当月和累计采购情况及计入项目成本情况
7	项目设备租赁情况表	反映项目设备当月及累计使用情况及计入成本情况
8	项目间接费用支出情况表	反映项目间接费用的当月计划、当月使用、累计使用情况
9	项目成本情况表	综合反映项目当月和累计成本情况，是考核项目成本指标的主要报表
10	项目二次经营变更情况表	综合反映项目经济签证、技术变更情况
11	项目其他情况表	反映项目经理部存在的其他情况及公司部门存在的问题

二、项目责任成本分析

（一）分析频次

项目部每月进行成本核算，分析成本控制情况，编制项目成本分析报告。

（二）分析方法

成本分析应按照"量价分离"的原则，采用对比分析等方法，对实际工程量与预算工程量、实际消耗量与预算消耗量、实际价格与采购价格（或预算价格）、各种费用实际产生额与计划产生额等进行对比分析。

（三）分析参与部门

项目部中的商务部门牵头，财务、材料、机械、工程等部门参与，进行成本核算并编制成本分析资料；召开项目部月度经济活动分析会，通过目标责任成本（企业确定的成本目标）、计划成本与实际成本的对比分析，总结当期成本控制经验，核算项目成本的节超情况，分析项目成本节超原因，查找成本控制中的不足，确定改进措施或方案。

（四）分析的依据

分析依据如下：

（1）项目现场施工条件及工程特点；

（2）前期经营阶段的招标文件、招标文件答疑；

（3）前期经营阶段的《技术标》《商务标》；

（4）投标图纸；

（5）施工图纸；

（6）公司下达的项目成本和《项目管理目标责任书》。

（7）总包合同交底。

（五）分析的内容

首先要针对成本差异的性质做出分析，如果出现成本节余，要找出降低成本的因素，总结出成功的经验，在项目部内部推广。若出现成本亏损，则要从中找出存在问题的原因，对出现的成本亏损提出整改措施。同时对于自身无法改正的因素，要分析出原因，以便及时对责任预算进行调整。其次要针对分析出的产生成本差异的原因和各责任中心的分工一一对应，确认最终的责任归属，对于责任人，要依据责任成本承包合同和责任成本管理的有关部门规定进行奖罚。分析的具体内容如表4-10所示。

表 4-10　项目责任成本分析的内容

序号	分析项目	说明
1	人工费分析	通过项目计划人工费与实际人工费对比分析，考核人工费节超情况，分析节超原因
2	材料费分析	通过项目计划材料费及计划用量与实际材料费及实际用量对比分析，考核材料费节超情况，分析节超原因
3	机械费分析	通过项目计划机械费和机械台班计划与实际机械使用费及实际机械台班用量对比分析，考核机械费节超情况，分析节超原因
4	间接费分析	通过项目计划间接费与实际产生间接费对比分析，考核间接费节超情况，分析节超原因

分析的目的在于找出实际成本脱离计划成本的偏离项目，分析产生偏离的原因，并提出改进措施。

三、项目成本管理检查

在项目开工前根据施工图做出项目的目标责任成本、计划成本、实际制造成本，三者构成逐步递减的成本目标保证体系。项目成本检查分两个层次进行，即公司检查项目部，项目部检查各管理岗位及作业层。

在项目施工过程中，公司定期（季度）对项目部成本情况进行检查考核。公司通过检查项目部现金流测算及控制情况、盈亏测算及控制情况，实时掌握项目部实施工程管理过程中的成本控制风险，对项目部阶段性亏损及时预警，督促整改。项目部在规定的期限内查找原因，将分析报告及改进措施报公司审核。

公司除了定期（季度）成本检查外，还将工程分为基础（±0.000以下）、主体（±0.000以上）、装修三个阶段对工程进行阶段性核算和考核，工程竣工后也要进行考核。公司核定责任成本和实际成本的差值（正值表示盈利，负值表示亏损），并根据考核情况对项目部进行奖罚。

四、责任成本考核与经济利益兑现

项目经理组织每月对项目整个成本进行一次成本分析会，根据项目月成本分析结果，对其相应的责任人进行考核。同时进一步分析：亏盈部位、亏盈原因、亏盈责任人。针对亏损项目情况制定相应的措施，及时补救，同时对其他项目制定预防措施。项目管理层必须认真做好经济利益兑现工作，公平合理地给责任中心兑现经济利益。

（一）经济利益兑现的原则

根据承包合同，按照责、权、利相当，以及按劳分配的原则，为了调动广大职工的生产积极性，提高职工的责任心，凡已明确责任范围、管理权利及经济利益的责任中心，只要其完成责任范围的各项责任指标，上一级责任层次应根据其完成责任指标程度及时给予兑现经济利益，而不能以各种理由予以拒绝或推迟兑现。如果发现上期的责任预算有不合理因素，也应在兑现经济利益之后，经过认真的测算、计算和分析，向各个责任中心进行解释，然后再进行责任预算调整。

（二）经济利益的兑现时间及来源

项目部责任成本管理小组按月或季进行经济利益兑现，兑现的经济来源是各责任中心实现的责任利润。

（三）各责任层次经济利益的兑现比例及时间

对于项目部来说，主要的责任层次经济利益兑现如下。

1.各成本中心

按照所承包的工、料、机和工程量内容，对其所应负责的部分实行总承包，实现的责任利润100%兑现给主承包人，由主承包人对下一层次的人员进行奖罚。对于超支、延误工期、工程质量问题等造成的亏损，也由主承包人负担。

2.各费用中心

各费用中心的兑现比例如表 4-11所示。

表4-11　各费用中心的兑现比例

序号	费用中心	兑现比例
1	技术部门	（1）在责任预算的基础上对其再次优化施工方案形成的成本节约额按10%～20%兑现 （2）在责任预算的基础上由于向建设单位提出变更设计实现的成本节约额按15%～25%兑现 （3）由于责任预算工程数量与实际工程数量的差形成的成本降低额按20%～35%兑现
2	计划部门	（1）对责任预算劳务单价与实际计价单价差实现的成本节约额按25%～40%兑现 （2）在责任预算的基础上对向建设单位进行额外索赔或通过计价实现的利润增加或减损按5%～15%兑现
3	物资部门	（1）对责任预算材料单价与实际采购单价形成的成本节约额按30%～40%兑现 （2）对责任预算材料数量与实际控制数量差形成的成本节约额按20%～25%兑现（不含因工程数量变化产生的材料节余）

续表

序号	费用中心	兑现比例
4	机械设备部门	（1）自有设备对施工队外租实现的收入与支出形成的成本节约额按15%～20%兑现 （2）统一租赁设备收入与支出差额实现的节约额按35%～40%兑现
5	其他人员	其他人员按照以上部门利润兑现的平均值从项目动态调控基金中兑现
6	项目经理	（1）按职能部门奖金平均数的2.5～3倍兑现 （2）奖励的兑现分三次实现：即考核月或季末、下一个考核月或季末、工程竣工，比例为40%、30%、30% （3）如果出现由于部门人员失职造成经济损失，按造成经济损失的20%～30%对责任部门或责任人进行经济处罚

五、项目部成本还原

工程竣工交付或结算完成后2个月内，企业通过成本还原的方式核定项目部的实际成本及利润，考核项目部成本管理绩效。必要时企业审计部门参与核定项目实际利润。

项目成本还原的内容包括：

（1）项目整体成本核定；

（2）分包结算汇总核定；

（3）项目预算收入核定；

（4）项目部管理费用核定；

（5）项目部材料损耗控制核定；

（6）项目部改进成本控制措施核定。

通过以上六个方面最终确定项目实际盈亏情况，根据《项目管理目标责任书》进行奖罚兑现。

【实战范本4-22】▶▶

项目实施过程成本分析表

序号	费用名称	本 期			累 计			备注
		合同收入	目标成本	实际成本	合同收入	目标成本	实际成本	
1	人工费							
2	材料费							
（1）	工程材料费							
（2）	周转材料费							

续表

序号	费用名称	本　期			累　计			备注
		合同收入	目标成本	实际成本	合同收入	目标成本	实际成本	
3	机械使用费							
（1）	大型机械进出场费							
（2）	安拆费							
4	其他直接费							
（1）	临时设施费							
（2）	安全措施费							
（3）	其他费用							
5	间接费							
6	分包工程费							
7	税金							
合　　计								

超成本降低率： （目标成本−实际成本）÷目标成本×100%		上交比例： （合同造价−实际成本）÷合同造价×100%	
编制		审核		批准	
时间		时间		时间	

注：1.单位为万元。

2.成本控制对象可以采用工程量清单中的分类单项，或者根据工程实际成本构成内容进行分类分析。

【实战范本4-23】▶▶▶

项目成本控制及措施计划表

序号	费用名称	针对责任成本拟采取的主要措施及成本降低点分析	责任成本/元	计划成本/元	降低额/元	降低率/%	责任部门（责任人）
1	人工费						
2	材料费						
（1）	工程材料费						
（2）	周转材料费						

续表

序号	费用名称	针对责任成本拟采取的主要措施及成本降低点分析	责任成本/元	计划成本/元	降低额/元	降低率/%	责任部门（责任人）
3	机械使用费						
（1）	大型机械进出场费						
（2）	安拆费						
4	其他直接费						
（1）	临时设施费						
（2）	安全措施费						
（3）	其他费用						
5	间接费						
6	分包工程费						
7	税金						
合计							

编制		审核		批准	
时间		时间		时间	

注：1. 单位为万元；

2. 成本控制对象可以采用工程量清单中的分类单项，或者根据工程实际成本构成内容进行分类分析。

【实战范本4-24】▶▶▶

项目成本还原及指标分析

工程名称及编码					
工程概况	建筑面积（地上/地下）		建筑物高度/层高/层数（地上/地下）		
	承包范围		结算方式		
	工程地点		开、竣工日期		
	结构形式		合同范围内精装饰内容		
	合同造价（万元）：				
成本还原	1. 人工费				
	2. 材料费				

续表

成本还原	其中：工程材料费				
	周转材料费				
	3.机械使用费				
	4.其他直接费				
	其中：大型机械进出场及安拆费				
	临时设施费				
	安全措施费				
	其他费用				
	5.间接费用				
	6.分包工程费				
	7.税金				
	合　计				
指标分析	土建/（元/平方米）		其中：地上		地下
	钢筋含量/（千克/立方米）		其中：地上		地下
	混凝土含量/（立方米/平方米）		其中：地上		地下
	砌体含量/（立方米/平方米）		其中：地上		地下
	门窗含量/（平方米/平方米）		其中：地上		地下
	水泥含量/（吨/平方米）		其中：地上		地下
施工做法	基坑支护				
	基础结构				
	墙体				
	主体结构				
	装修				
	屋面				
	其他				
综合说明	合同规定结算方式、执行定额、取费标准等说明				

审核人：　　　　　　　编制人：　　　　　　　时间：

【实战范本4-25】▶▶

责任成本管理考评评分表

项目名称：

序号	考核内容	基本分值/分	自评得分	考评得分	考评方法及评分标准
一	管理体系	5			
1	组织机构	1			未成立责任成本管理领导小组的不得分；未明确分管领导的扣0.5分；未明确主管部门的扣0.5分，扣完为止
2	责任成本管理实施细则	2			未制定项目责任成本管理实施细则的不得分；实施细则但未明确施工方案、工程数量、分包、材料、机械、临时设施、现场管理费等主要成本费用控制措施的，每缺一项扣0.5分，本项得分扣完为止
3	信息化系统	2			未使用信息系统进行项目成本管理的不得分；未对信息系统中劳务管理、物资核算、验工计价、核算分析等数据及时更新的，每缺一项扣0.5分，扣完为止
二	成本预控	10			
1	成本预控方案	3			无责任成本预控方案不得分；公司总经理未亲自参与项目成本预控的扣2分；预控方案中应包括项目组织机构设置、项目作业层管理模式选择、施工组织技术方案确定、工程数量复核、施工队伍选择、物资材料预控、机械设备预控、征地拆迁、临时设施和现场管理费预控等，每缺一项扣0.5分
2	项目责任预算及责任合同签订情况	2			未编制项目责任预算的不得分；未签订责任合同的扣2分；预控方案确定后3个月未完成责任预算编制的扣2分；责任预算编制完成6个月内未签订责任合同的扣1分；发生重大变化后责任预算未及时调整的扣1分，扣完为止
3	责任分解与责任书签订情况	5			未划分责任中心不得分；成本控制岗位职责不明确或不全面的每发现一项扣1分；未分解量化工程数量、材料数量、现场管理费用等责任控制指标的每项扣1分；未与责任中心签订责任书的扣2分；责任书未明确控制指标和责任兑现的每发现一项扣0.5分，扣完为止

续表

序号	考核内容	基本分值/分	自评得分	考评得分	考评方法及评分标准
三	过程管控	35			
1	施工方案优化	5			每进行一次有效施工方案优化得0.5分，得满为止
2	工程数量控制	5			未建立工程数量控制台账的不得分；工程数量台账未按中标清单工程数量、施工图工程数量、责任预算工程数量、责任中心工程数量和实际完成工程数量"五量"控制的，每缺一项扣1分；工程数量台账更新不及时的，每项扣0.5分；未按实际完工工程数量控制，对下计价数量及台账不同步的，每项扣0.5分，扣完为止
3	劳务成本控制	8			未按招（议）标规定录用劳务队伍的，每发现一个队伍扣1分；未在公司劳务分包商资源库或合格劳务名册中录用的，每发现一个队伍扣1分；未签合同先进场或付款的，每发现一个队伍扣1分；劳务分包合同未按规定报上级审批的，每发现一份扣0.5分；对劳务队伍未按期办理计价的，每发现一起扣0.5分；超计价或超付款的，每发现一起扣1分；劳务队竣工结算未按规定报上级审批的，每发现一份扣1分；未定期对劳务分包商进行综合评价的，每发现一起扣0.2分，扣完为止。
4	材料成本控制	8			未按规定权限集中采购的，每发现一起扣2分；采购合同未按规定权限报上级审批的，每发现一份扣0.5分；未编制材料供应计划的扣2分；未实行限额发料的扣2分；未按月盘点，每缺一月扣0.5分；物资最终结算未按实际并按规定权限报上级审批的，每发现一起扣0.5分。拌和站、钢筋加工厂、混凝土预制件厂未独立核算的，每项扣1分，扣完为止。
5	机械成本控制	4			设备租赁合同未按规定报上级审批的，每发现一份扣0.5分；劳务分包合同中对使用项目机械台班单价不明确的，每发现一起扣0.5分；劳务队伍使用项目机械未及时签认台班的，每发现一起扣1分；租赁设备最终结算未按规定权限报上级审批的，每发现一起扣0.5分；大型自有设备及未含油料租赁设备未按月单机单车核算的，每发现一起扣0.5分，扣完为止

续表

序号	考核内容	基本分值/分	自评得分	考评得分	考评方法及评分标准
6	临时设施控制	3			主要临时工程无设计方案的不得分；未编临时设施预算的每项扣1分；临时工程未经现场验收办理竣工结算的每发现一起扣0.5分；临时设施费用支出超责任预算扣1分，扣完为止
7	现场管理费控制	2			未编制管理费预算的不得分；未按季核算分析的，每缺一期扣0.5分，扣完为止
四	核算分析及考核兑现	10			
1	责任成本核算分析	8			未按照"月重点、季全面、年综合"要求定期开展责任成本核算分析的，少一期核算分析扣2分；每季度对项目综合效益、责任成本预算节超率、产值计价率、资金到位率进行核算分析，每缺一项扣0.5分，未对工程数量节超、方案优化、劳务成本、物资成本、机械设备成本、临时设施成本、现场管理费用节超及工期安全质量成本控制情况进行核算分析的，每缺一项扣0.5分，扣完为止
2	责任中心考核兑现	2			未定期对责任中心实施责任成本考核的不得分，每缺一期扣0.5分；未按规定（责任书）兑现的，每缺一期扣0.2分，扣完为止
五	管理效果	40			
1	责任成本预算节超考核	19			责任成本预算节超率=（成本预算−实际成本）÷成本预算。按内插法，取开累数计算
（1）	责任成本预算节超率	10			每超支1%扣1分，扣完为止；每节约1%加1分，最高加5分
（2）	劳务成本节超率	3			每超支1%扣0.5分，扣完为止
（3）	材料成本节超率	3			每超支1%扣0.5分，扣完为止
（4）	机械设备成本节超率	1			每超支1%扣0.2分，扣完为止
（5）	现场管理费用节超率	1			每超支1%扣0.2分，扣完为止
（6）	临时设施节超率	1			每超支1%扣0.2分，扣完为止

续表

序号	考核内容	基本分值/分	自评得分	考评得分	考评方法及评分标准
2	产值计价率	3			产值计价率＝计价产值÷实际完成产值。不足100%的每低5%扣1分。超过100%不加分。按内插法，取开累数计算
3	资金到位率	3			资金到位率＝实际拨款÷应拨款。不足100%的每低5%扣1分。超过100%不加分。按内插法，取开累数计算
4	项目综合收益率	15			（1）项目综合收益率与公司责任合同相比，基本分10分，每提高0.5%加1分，最高加3分；每降低0.5%扣1分，最多扣10分 （2）项目综合收益率与当期股份公司平均水平相比，基本分5分，每提高0.5%加1分，最高加2分；每降低0.5%扣1分，最多扣5分 该考核得分为考核得分之和，最高不超过20分，最低得0分。按内插法，取开累数计算
	合　　计	100			

【实战范本4-26】▶▶

项目成本管理考核评分表

序号	考核内容	检查内容扣分标准	应得分数/分	扣减分数	实得分数
一	责任成本考核	1.工资达到考核指标得标准分，每超标耗1%扣1分	10		
		2.钢筋，每超标耗1%扣3分	10		
		3.浇灌混凝土，每超标耗1%扣2分	10		
		4.周转材料费达到考核指标得标准分，每超标耗1%扣2分	10		
		5.机械费达到考核指标得标准分，每超标耗1%扣2分	9		
		6.临时设施费达到考核指标得标准分，每超标耗1%扣2分	4		
		7.现场管理费达到考核指标得标准分，每超标耗1%扣2分	4		
		小　　计	47		

续表

序号	考核内容	检查内容扣分标准	应得分数/分	扣减分数	实得分数
二	成本管理	1.有成本降低计划和降低成本措施	8		
		2.每月开展一次经济活动分析,工、料、费用节超分析资料齐全	8		
		3.项目部报工程量不准确、计量无依据视情况扣分	7		
		小　计	23		
三	核算资料管理	1.项目部在上报工程量报表时必须附工程量计算表,没有附扣1分	2		
		2.项目成本消耗量台账,没有按时报出扣1分	2		
		3.次月材料需要计划表,没有按时报出扣1分	2		
		4.实际成本消耗量月报,没有按时报出扣1分	2		
		5.项目材料消耗量台账,没有按时报出扣1分	2		
		6.分包工程进度结算报表,没有按时报出扣1分	2		
		7.分包工程竣工结算报表,没有按时报出扣1分	2		
		8.机械租赁进度结算报表,没有按时报出扣1分	2		
		9.机械租赁竣工结算报表,没有按时报出扣1分	2		
		10.脚手架租赁进度结算报表,没有按时报出扣1分	2		
		11.脚手架租赁竣工结算报表,没有按时报出扣1分	2		
		12.临时设施租赁进度结算报表,没有按时报出扣1分	2		
		13.临时设施租赁竣工结算报表,没有按时报出扣1分	2		
		14.合同外项目价格审批表,没有按时报出扣1分	2		
		15.材料收、发、存、月报表,没有按时报出扣1分	2		
		小　计	30		
检查项目		合　计	100		
评语					
检查部门		检查人员(签字)		项目经理(签字)	

05

第五章
施工准备阶段成本控制

引言

　　施工准备工作，就是指工程施工前所做的一切工作。它不仅在开工前要做，开工后也要做，它是有组织、有计划、有步骤分阶段地贯穿于整个工程建设的始终。认真细致地做好施工准备工作，对充分发挥各方面的积极因素，合理利用资源，加快施工速度、提高工程质量、确保施工安全、降低工程成本及获得较好经济效益都起着重要作用。

第一节　施工准备阶段费用组成及存在的问题

　　施工准备工作，是建筑施工管理的一个重要组成部分，是组织施工的前提，是顺利完成建筑工程任务的关键。按施工对象的规模和阶段，可分为全场性施工和单位工程的施工准备。全场性施工准备指的是大、中型工业建设项目、大型公共建筑或民用建筑群等带有全局性的部署，包括技术、组织、物资、劳力和现场准备，是各项准备工作的基础。单位工程施工准备是全场性施工准备的继续和具体化，要求做得细致，预见到施工中可能出现的各种问题，能确保单位工程均衡、连续和科学合理地施工。

一、施工准备阶段费用组成

　　施工准备阶段的费用并不多，占整个施工阶段的费用比重较低，主要是为施工实施阶段做准备。其费用构成大致如表 5-1 所示。

表 5-1　施工准备阶段的费用构成

序号	项目	说明
1	调研费	建筑工程施工涉及的单位多、内容广、情况多变、问题复杂。编制施工组织设计的人员对建设地区的技术经济条件、厂址特征和社会情况等往往不太熟悉，特别是建筑工程的施工在很大程度上要受当地技术经济条件的影响和约

续表

序号	项目	说明
1	调研费	束。因此，编制出一个符合实际情况、切实可行、质量较高的施工组织设计，就必须做好调查研究，了解实际情况，熟悉当地条件，收集原始资料和参考资料，掌握充分的信息
2	人工费	人工费包括办公人员费用和施工人员工资。施工准备阶段，项目部施工人员需要进驻项目部准备技术资料、编制施工组织设计、编制施工图预算和施工预算。施工开始前还要进行施工现场准备，包括拆除障碍物、"三通一平"、测量放线和搭设临时设施等内容，这些工作都需要施工队伍提前进场实施
3	临时设施费	为了施工方便和安全，应用围墙将施工用地围护起来，围护的形式和材料应符合市容管理的有关规定和要求，并在入口处设置标牌标明工地名称、施工单位、工地负责人等。所有宿舍、办公用房、仓库、作业棚等，都应按施工图纸搭建
4	物资费	材料、构件、机具等物资是保证施工任务完成的物资基础。根据工程需要确定用量计划，及时组织货源、办理订购手续、安排储蓄，满足连续施工的需求。对特殊的材料、构建、机具，更应提前准备

二、施工准备阶段存在的问题

施工准备阶段，是建筑施工管理的一个重要组成部分，是组织施工的前提，是顺利完成建筑工程任务的关键。在施工准备阶段，施工准备工作如果做得不好，甚至出了错误，则对后期的施工展开将产生非常大的影响，甚至能够决定该工程能否顺利完成。施工准备阶段一般存在如图 5-1 所示的问题。

> **问题一**　施工图审查错误
>
> 在施工图审查过程中，经常出现的错误有：消防电梯机房与其他机房之间隔墙上门洞未设甲级防火门；设备用房门直接开向楼梯间；对特殊建筑物规范的条文内容不熟悉，设计执行不到位；六层教学楼采用了开敞楼梯（应为封闭楼梯）、地下室内安全疏散最大距离超过 60 米等

> **问题二**　施工图预算错误
>
> 施工图预算是施工图设计完成后确定工程造价的文件，也是工程造价的计价方法。施工图预算一般分为三大阶段，即准备阶段、编制试算阶段和复算收尾阶段。很多人盲目求快，忽视质量，没有熟练的技巧和丰富的实际工作经验，仓促蛮干，只追求中间编制阶段的工作速度，而忽略开头准备阶段和最后复核收尾阶段，只能欲速则不达，功亏一篑

图 5-1

问题三 ▷ 施工组织设计或施工方案不当

施工组织设计是对施工活动实行科学管理的重要手段，它是合理选择施工方法、组织正常施工、保障施工技术措施和安全技术措施顺利实施的文件。它体现了实现基本建设计划和设计的要求，提供了各阶段的施工准备工作内容，协调施工过程中各施工单位、各施工工种、各项资源之间的相互关系。以确保施工过程能有序的进行。如果前期的施工组织设计编写不完善或施工方案不当，如没考虑到周围居民，采用的方案噪声较大，没有考虑到雨季施工等，这些都将给工程进度、质量和成本带来不利影响

问题四 ▷ 前期材料供应不足，人料机进场不及时

现场施工要顺利进行就必须保证施工人员到位，材料准备充足，机械及时进场

图 5-1　施工准备阶段的问题

第二节　施工准备阶段成本控制

施工单位施工阶段控制成本首要是从施工准备阶段开始抓起。由于施工组织设计不同、施工方案不同，所选用的材料设备等不同，使施工成本千差万别。

同时，在现场施工正式开始前，施工及管理人员必须进场后方可开工。要保证施工连续顺利进行，就必须保证材料、机件的及时供给，在开工前就应落实好材料供应单位，签好供应合同。如果是租借的大型机械，要协调组织好机械进场，以免延误施工进程，从而增大成本。

一、优选施工方案

准备阶段主要研究的是工程的总体实施要求和目标，以及实现目标的方法。主要从项目建设规模、平面布置、建设标准水平、建设地点等几个方面，去了解该项目的功能要求和须达到的目标，以便能用最优的方法来完成工程。施工组织方案是建筑工程在成本控制方面的基础，所以整体施工组织方案的合理确立直接关系到成本控制的最终效果。

（一）认真审图

施工企业要在审查施工图时认真对待，不能打马虎眼，对照规范和标准仔细审查，发现不符合规范或不能理解的地方要及时与相关单位沟通，避免给之后的施工带来不必要的麻烦。

（二）做好施工图预算

在做施工图预算的时候，必须使用经过建设单位、设计单位会同施工单位会审后的合法图纸。采用适用的消耗量定额，遇到定额缺项，不能随意串换，必须按照规定的程序编制补充定额，或征得有关各方的同意，参照有关部门的相应定额执行。当消耗量定额带有价格内容时，由于其只限于定额编制期的价格水平，在编制施工图预算时应结合预算编制期的价格水平进行调整。按定额计价法编制施工图预算，人工工资、材料及机械台班预算价格应采用当时当地工程造价管理机构发布的指导价格。

（三）制定几套施工组织设计方案

施工单位要根据工程特点、现场状况以及所具备的施工技术手段、队伍素质和经验等主客观条件制定施工组织设计，要合理地选择施工方法。在施工开始前，施工单位应踏勘施工现场，了解场地、场外道路、水电源情况。通过踏勘施工现场，可以补充有关资料，例如，现场有无施工障碍需要拆除清理、现场有无足够的材料堆放场地、超重设备的运输路线和路基的情况等，从而为编制施工组织设计提供充分依据。

在制定方案时，要认真研究设计图纸和业主要求，在确保工程质量和工期的前提下，充分利用项目当地的各种有利资源，充分发挥企业本身的人力、机械设备、材料等现有优势，使施工工序的各环节互相衔接协调，通过采用新工艺、新技术，提高生产效率、降低成本。

施工企业一般要制定几套施工组织设计方案，并通过可行性、技术性、经济性比较来确定最佳方案。

（四）施工组织方案的优化

施工企业可以运用价值工程进行施工方案的优化。在应用价值工程时，必须有一个组织系统，把各专业人员组织起来，发挥集体力量，利用集体智慧，方能达到预定的目标。组织的方法有多种，在项目建设中，把价值工程活动与质量管理活动结合起来进行，不失为一种值得推荐的方法。

价值工程（Value Engineering，VE）是以提高产品（或作业）价值和有效利用资源为目的，通过有组织的创造性工作，寻求用最低的寿命周期成本，可靠地实现使用者所需功能的一种管理技术。其"价值"是一个相对的概念，是指作为某种产品（或作业）所具有的功能与获得该功能的全部费用的比值。其一般表达式为

$$V = \frac{F}{C}$$

式中　　V——价值；

　　　　F——研究对象的功能，广义讲是指产品或劳务的功用和用途；

　　　　C——成本，即寿命周期成本。

就建筑施工企业而言，定义中的"作业"是指提供一定的功能的工艺、工序、作业、活动等。

价值工程的工作程序，实质就是针对产品的功能和成本提出问题、分析问题、解决问题的过程。

以下通过实例说明，应用价值工程活动，制定技术先进、经济合理的施工方案，实现施工项目成本控制目标的方法。

 案例<

某工程是太湖流域治理的骨干工程之一。Ⅰ标段工程位于湖州市织里镇轧村至南浔区东上林村的横古塘及延伸段上，全长3.145千米。工程主要内容：疏浚土方26.6万立方米，新建防洪墙1.3千米，桥梁3座。

为保证施工质量、按期完成施工任务，项目部决定在编制施工组织设计中开展价值工程活动。在施工阶段应用价值工程不同于设计阶段应用价值工程，重点不在于考虑如何实现这个功能，而在于考虑怎样实现设计人员已设计出的疏浚工程。因此通过对价值工程的工作程序的合并及简化，项目部进行了以下工作。

价值工程的工作阶段	工作步骤		对应问题
	基本步骤	具体步骤	
一、分析问题	1.功能定义	（1）选择对象 （2）搜集资料	（1）价值工程的研究对象是什么
		（3）功能定义 （4）功能整理	（2）这是干什么用的
	2.功能评价	（5）功能分析及功能评价	（3）它的成本是多少 （4）它的价值是多少
二、综合研究		（6）方案创造	（5）有无其他方法实现同样功能
三、方案评价	3.制定创新方案与评价	（7）概括评价 （8）指定具体方案 （9）实验研究 （10）详细评价 （11）提案审批 （12）方案实施 （13）成果评价	（6）新方案的成本是多少 （7）新方案能满足要求吗

第一步：对象选择

项目部对工程情况进行了仔细的分析。该工程主体由三部分组成：桥梁工程、防洪墙工程和疏浚工程。采用百分比分析法对这三部分主体工程分别就施工时间、工程量、施工机械设备投入和劳动力投入等指标进行测算，结果表明疏浚工程在各指标中均占首位，情况如下表所示。

工程名称指标	桥梁工程	防洪墙工程	疏浚工程
施工时间	20	20	60
工程量	25	10	65
施工机械设备投入	11	5	84
劳动力投入	34	23	43

工程各项指标测算 （单位：%）

能否按期完成施工任务的关键在于能否正确处理疏浚工程面临的问题，能否选择符合本企业技术经济条件的施工方法。总之疏浚工程是整个工程的主要矛盾，必须全力解决。项目部人员决定以疏浚工程为研究对象，应用价值工程优化疏浚工程施工组织设计。

第二步：功能分析

1.功能定义

在对疏浚工程进行功能分析时，第一步工作是进行功能定义。根据功能分类中按其功能的重要程度进行分类，疏浚工程的基本功能是满足泄洪要求，其子功能主要是过水顺畅、边坡稳定、保证通航和增加美观。

2.功能整理

功能分析的第二步工作是进行功能整理。在疏浚工程功能定义的基础上，根据疏浚工程内在的逻辑联系，采取剔除、合并、简化等措施对功能定义进行整理，绘制出疏浚工程功能系统图。

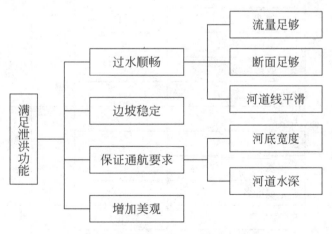

疏浚工程功能系统图

第三步：功能评价和方案创造

根据功能系统图可以明确看出，施工对象是疏浚工程的满足泄洪功能。采用什么样的施工方法和技术组织措施来保质保量地完成河道疏浚的施工，是应用价值工程编制施工组织设计中所要研究解决的中心课题。为此，项目部价值工程人员同技术人员、经营管理人员和施工人员一道，积极思考，大胆设想，广泛调查，借鉴以往公司成功的施工经验，提出了大量方案。最后根据既要质量好、速度快，又要企业获得可观经济效益的原则，初步遴选出强抓式挖泥船、绞吸式挖泥船、泥浆泵和合同转包四个施工方案供做进一步技术经济评价。

第四步：施工方案评价

对施工方案进行评价的目的是发挥优势，做出正确的选择。首先价值工程人员运用给分定量法进行方案评价，评价情况如下表所示。

运用给分定量法进行施工方案评价

方案评价			方案			
指标体系	评分等级	评分标准/分	A	B	C	D
清障设备	1.需要投入	0	0	4	0	4
	2.不需要投入	4				
吹泥船	1.需要投入	0	0	4	0	4
	2.不需要投入	4				
管道铺设	1.需要投入	0	4	0	4	4
	2.不需要投入	4				
施工人员	1.少工种、少人员	2	0	2	2	4
	2.多工种、多人员	0				
	3.不需要参加	4				
通航影响	1.严重影响通航	0	2	4	0	4
	2.一般影响通航	2				
	3.不影响通航	4				
施工准备时间	1.较短	3	2	1	3	4
	2.中等	2				
	3.较长	1				
	4.无须准备	4				
受气候、机械等因素影响	1.较大	0	2	4	0	4
	2.较小	2				
	3.不受影响	4				
总体施工时间	1.保证工期	4	0	4	0	0
	2.拖延工期	0				

续表

方案评价			方案			
指标体系	评分等级	评分标准/分	A	B	C	D
施工难度	1.复杂	1	3	2	1	4
	2.中等程度	2				
	3.较简单	3				
	4.无难度	4				
方案总分			13	25	10	32

注：A——强抓式挖泥船施工方案；B——绞吸式挖泥船施工方案；C——泥浆泵施工方案；D——合同转包施工方案。

计算结果表明：合同外包方案得分最高，其次为绞吸式挖泥船施工方案，得分最低的为泥浆泵施工方案。对得分结果进行分析可以发现，合同外包方案之所以得分最高，是因为它与其他方案比较时，基本上没有费用支出。事实上虽然在每个指标进行比较时，合同外包方案没有费用支出，但是在向其他单位外包时却是要花费总的费用。因此简单地认为合同外包方案为最优方案是难以令人信服的，表中设置的指标体系还不能充分证明合同外包方案和其他三个施工方案孰优孰劣，必须进一步评价。为此价值工程人员还以给分定量法进行方案评价，如下表所示。

运用给分定量法进一步进行施工方案评价

方案评价			方案			
指标体系	评分等级	评分标准/分	A	B	C	D
技术水平	1.清楚	1	1	1	1	0
	2.不清楚	0				
设备投入	1.投入量大	0	1	1	1	0
	2.投入量小	1				
成本	1.很高	0	1	1	1	0
	2.较低	1				
工程质量	1.保证质量	1	1	1	1	0
	2.难以保证	0				
安全生产	1.避免事故责任	1	0	0	0	1
	2.尽量避免事故责任	0				
施工力量	1.需要参加	0	0	0	0	1
	2.不需要参加	1				
方案总分			4	4	4	2

上表计算结果表明，虽然合同外包方案可以坐享其成，但是权衡利弊还是利用本单位施工力量和生产条件，在保证工程质量和获得利润方面较为有利，因此应舍弃合同外包方案，选择绞吸式挖泥船施工方案。

为进一步证明上述评价准确，价值工程人员又通过计算各方案的预算成本和确定疏浚工程的考核成本，进而确定各方案的成本指数，以成本指数高低为判断标准来选择最佳施工方案。

通过计算，考核成本为210万元，各方案的预算成本及成本指数计算如下表所示。

各方案预算成本及成本指数比较

方案	考核成本/万元	预算成本/万元	成本指数
A	210	157	1.338
B	210	134	1.567
C	210	178	1.180
D	210	193	1.088

该计算结果也表明，绞吸式挖泥船施工方案为最优方案。

第五步：效果总评

从降低成本方面看，疏浚工程实际成本为125万元，与强抓式挖泥船方案相比节约32万元，与泥浆泵施工方案比节约53万元，比合同外包方案节约68万元，成效显著。

二、及时组织材料进场

（一）材料进场计划

根据施工图以及施工预算，并进行工料分析，再根据施工进度计划，制订出各阶段材料需用计划。

 案例

主要工程材料投入计划

序号	材料名称	总数量	单位	20××年								
				3月	4月	5月	6月	7月	8月	9月	10月	11月
1	钢筋	17000	吨	6000	3500	2300	2300	2300	400	100	100	0
2	混凝土	112000	立方米	7000	35000	25000	17000	17000	11000	0	0	0

续表

序号	材料名称	总数量	单位	20××年								
				3月	4月	5月	6月	7月	8月	9月	10月	11月
3	砌块	21000	立方米	2000	0	4000	6000	6000	3000	0	0	0
4	钢管	3000	吨	1700	1300	0	0	0	0	0	0	0
5	模板	75000	平方米	35000	25000	8000	5000	2000	0	0	0	0
6	安全网	90000	平方米	0	5000	17000	17000	10000	13000	12000	10000	6000

（二）材料进场及验收

各阶段所需材料，应分期、分批组织进场，并按规定进行堆放和储存。材料进场后，应按规定进行验收和必需的见证取样试验，合格后方可用于工程中。

（三）保证材料及时供应的保证措施

（1）项目部中设立材料部，由经验丰富的材料员专项负责材料的采购、保管和发放等工作。

（2）项目部预先根据施工进度计划制订施工各阶段的材料需用量计划，要求材料组严格按计划进行采购和发放，并随时掌握现场材料消耗的情况，根据现场实际情况及时对材料计划进行调整和补充。

（3）选择与本单位长期合作、信誉良好的材料供应商进行合作，签订适合现场需求的《材料供应合同》，要求严格按合同中的条款进行材料供应，确保材料的质量和供应及时。

（4）提前预算足够的资金，材料款专款专用，保证材料不因资金缺乏导致供应不及时而影响工程的进度。

（5）组织足够的运输工具，并保证材料运输通道畅通，保证及时将材料运到现场指定位置。

（6）为保证施工的连续性，施工中施工现场应有一定数量的材料储备，以防止材料供应的脱节，特别是节假日期间，应提前做好节假日期间的材料准备工作，避免延误工期。

（7）在地下结构底板施工阶段，混凝土浇筑量大，为了保证混凝土供应的及时和满足要求，需同时和多家混凝土原材料供应商签订供货合同，确保混凝土的及时供应。

（8）周转材料特别是脚手架用的钢管、扣件较多，本单位将通过调配从各个材料基地中集中大部分的材料，同时与材料租赁商商谈合同，分区进行供应。钢管前期主要集中在地下室梁、板支撑架，在上部结构施工阶段因作业面积减小，故将剩余的钢管用作搭设外脚手架。

（9）加强材料的管理，及时进行验收工作，使已进场材料能及时投入使用。

三、保证机械设备及时进场

机械设备供应计划是机械管理的重要环节，合理的供应计划是保证施工生产顺利进行的保障之一。机械设备供应计划是根据施工进度计划、施工段划分、施工图、施工工艺以及企业多年类似工程施工经验和现有可调配机械编制而成的。

（一）做好设备进场计划

编制合理的机械设备供应计划，在时间、数量、性能方面满足施工生产的需要。合理安排各类机械设备在各个施工队（组）间和各个施工阶段在时间和空间上的合理搭配，以提高机械设备的使用效率及产出水平，从而提高设备的经济效益。

（二）机械设备检验及验收

1.机械设备进场前检验

（1）项目设备工长组织相关人员对其进行检查、验收。

（2）检查机械的完善情况，外部结构装置的装配质量，连接部位的紧固与可靠程度，润滑部位、液压系统的油质油量，电气系统的完整性等项内容，并填写《机械设备进场验收记录》。

（3）项目设备工长组织相关人员对设备外观进行检查，要求机械设备外观整洁、颜色一致，经验收合格后方能进入现场进行安装。

2.设备验收

（1）设备安装完毕后，由项目、安装单位进行验收，并按照建委的验收表格填写记录，合格后，原件交项目设备工程师、复印件交物资工程师进行备案。

（2）设备验收合格后，在进行施工生产前，由项目设备工长检查操作人员的操作证并预留其复印件存档，合格后，方能进入现场进行施工作业。

（三）机械设备日常管理

机械设备日常管理的措施如图5-2所示。

措施一　设立机械设备台账

机械设备经安装调试完毕，确认合格并投入使用后，由项目经理部设备工长登记进入项目机械设备台账备案。对台账内的大型机械建立技术档案，档案中包括：原始技术资料和验收凭证、建委颁发的设备编号及经劳动局检验后出具的安全使用合格证、保养记录统计、历次大中修改造记录、运转时间记录、事故记录及履历资料等

| 措施二 | 落实"三定"制度 |

由项目设备工长负责贯彻落实机械设备的"定人、定机、定岗位"的"三定"制度。由分包单位填写机械设备"三定登记表"并报项目备案

| 措施三 | 执行安全技术交底制度 |

机械设备操作人员实施操作之前，由项目设备工长、安全工程师对机械设备操作人员进安全技术交底

| 措施四 | 执行定期检查、保养制度 |

由项目设备工长负责组织相关人员对施工设备进行定期检查（包括周检和月检）和保养并做好记录

图5-2　机械设备日常管理的措施

（四）机械设备的使用管理

（1）在机械设备投入使用前，项目设备工长应熟悉机械设备性能并掌握机械设备的合理使用的要点，保证安全使用。

（2）严格按照规定的性能要求使用机械设备，要求操作者遵守操作规程，既不允许机械设备超负荷使用，也不允许长期处于低负荷下使用和运转。

（3）机械设备使用的燃油和润滑油必须符合规定，电压等级必须符合铭牌规定。

四、劳动力投入计划及保障措施

（一）劳动力投入计划

劳动力的投入主要是指现场施工作业人员的投入数量情况，以及对劳动力的合理调配，并对其实施有效的监督和管理，做好有关劳动力的计划、决策、组织、指挥、监督、协调等项的工作，达到最有效、最合理组织劳动力，以确保工期、质量、安全目标的实现。

1. 劳动力的选择

进行劳动力的选择时应考虑图5-3所示的因素。

| 因素一 | 劳动力素质的优化性选择 |

为保证现场施工质量，需根据工程的特点，选用素质较高、有类似工程施工经验的劳动力，并通过现场短期的培训不断提高劳动力的综合素质

图5-3

因素二 > 劳动力数量的优化性选择

根据工程的规模和施工技术特性及进度安排，按比例配备一定数量的劳动力，既避免窝工，又不出现缺人现象，使得现有劳动力得以充分利用

因素三 > 劳动力组织形式的优化性选择

建立适合于本工程特点的精干、高效的劳动力组织形式，做到管理到位、人员调动灵活且能降低管理费用

图5-3　劳动力的选择因素

项目部根据本工程的特点结合企业的实际情况，调遣具有较高施工技术水平和丰富施工经验的施工队。

2. 劳动力的投入

项目部根据施工进度计划的安排、月度工程量的大小、施工作业段的划分、工种的安排、工程质量的要求，制订劳动力资源投入计划表。

 案例 <

某工程，土建劳动力的高峰期出现在6～7月，高峰期的施工总人数为950人。

本安装工程具有面积大、工程量大、交叉配合面广、管理面大、工艺技术要求高等特点，其安装工程包含了给排水、消防、电气、暖通等。根据进度计划安排，安装工程共划分为A、B、C、D四个区域，实施流水施工，具备施工条件后立即插入。机电预埋及防雷接地工程跟进土建进度进行施工，施工人员在25人左右。责任工程师根据现场情况可灵活调度施工班组进行作业，高峰期在2013年9～10月，高峰期的施工总人数为510人。

具体劳动力资源投入计划见下表。

劳动力资源投入计划　　　　　　　　　　　　　　单位：人

工种、级别	按工程施工阶段投入劳动力情况			
	基础阶段	主体阶段	装修阶段	收尾阶段
土石方工	50			30
泥工	50	100	30	10
防水工	20	20	20	
木工	300	250		

续表

工种、级别	按工程施工阶段投入劳动力情况			
	基础阶段	主体阶段	装修阶段	收尾阶段
钢筋工	250	200		
混凝土工	50	60	10	10
架子工	20	50		
普工	100	170	150	26
抹灰工	30	100	180	5
机械操作工	30	50	50	
市政工程工人				50
电工	60	60	150	6
管道工	40	40	110	6
钳工	10	10	12	1
焊工	10	10	16	1
起重工	2	2	6	0
油漆工	6	6	20	1
机械工	2	2	6	0
保安等	2	2	30	0

（二）劳动力保障措施

劳动力的投入是确保工期实现的一项必不可少的要素，对于专业施工工种和劳动力的选择，必须以素质高、技术好为条件进行选取，将在长期与本单位合作的多个劳务公司中组织强有力的施工队伍进场施工。

1. 选取劳务队伍的原则

选取劳务队伍应遵循如图5-4所示的原则。

原则一	考虑存在什么风险，需要从哪些方面控制风险
原则二	首先从本市选取相应劳务队伍，必要时可从其他地方补充劳务施工队伍
原则三	确保起重工、焊工、架子工、电工等特种作业工种持证上岗，上岗前同时进行实操考试，考试合格后才准予上岗

图5-4 选取劳务队伍的原则

2. 劳动力组织、投入保证措施

人的因素是关键，无论从管理层到劳务层，人的素质的好坏直接影响到工程质量目标的实现。根据项目的情况，项目部可采取如表5-2所示保证措施。

表5-2　劳动力组织、投入保证措施一览

序号	保证措施
1	为了保证进场工人做到人尽其才以提高劳动生产力，在劳动力管理上，采取区域管理与综合管理相结合，岗前、岗中、岗后三位管理相结合的原则
2	做好宣传工作，使全体施工人员牢固树立起"百年大计，质量第一"的质量意识，确保工程质量创优目标的实现
3	选派优秀的工程管理人员和施工技术人员组成项目管理班子，实施和管理本工程
4	选派技术精良的专业施工班组，配备先进的施工机具和检测设备，进场施工
5	建立完善的质量负责制，使每位参与本项目施工的人员都明确自己的质量目标和责任，使工作有的放矢
6	进场前，对工人进行各种必要的培训，特殊、关键的岗位必须持有效的上岗证书才能上岗
7	对施工班组进行优化组合，竞争上岗，使工人保持高度的责任心和上进心
8	加强对工人的质量、安全、文明施工等方面的教育
9	认真做好班前交底，让工人了解施工方法、质量标准、安全注意事项、文明施工要求等
10	按劳动力定额组织生产，同时结合实际情况对现场人员进行劳动定员，使工人岗位明确，职责明确，防止人浮于事、发生窝工等消极现象
11	推行经济承包责任制，使员工的劳动与效益挂钩
12	加强劳动纪律管理，施工过程中如有违纪屡教不改者、工作不称职者将撤职并调离工地，立即组织同等级技工进场，进行人员补充
13	建立激励机制，奖罚分明，及时兑现，充分调动工人的积极性
14	施工中，根据施工进度的具体要求安排劳动力的进场，注意不同工种的合理搭配
15	做好职工的后勤保障工作，尤其在大批人员进场之后，责成有关职能部门的有关人员做好后勤工作的安排，主要解决职工的衣、食、住、行等问题，确保职工无后顾之忧，安心现场工作
16	为了保证劳动力及时到位，本单位将针对本工程，成立专门的人力资源管理机构，指派专门的人员对本工程劳动力进行调配管理

（三）劳动力及时供应措施

高素质、充足的劳动力的投入是工程施工质量、安全、进度的保证，为确保实现工程总体目标要求，在劳动力投入管理上按以下措施执行。

（1）根据施工进度计划、施工阶段划分、各个专业工种的需要、劳动定额，编制切实可行的劳动力需用量计划，并提前在单位内部的施工队伍和劳务基地中进行组织安排。施工前和每月25日前根据工程实际进展情况，由项目经理部负责对各施工队劳动力进退场时间、数量提出指导性计划并及时调整，避免劳动力资源的浪费。

（2）长期合作的、高素质的劳务组织，向其聘用高素质的劳务人员。

（3）工期紧，在劳动力进场前，先明确要求保证节假日，特别是春节放假期间的最少施工人数，使之做好准备和相关的配合，方能签订合同，以满足工程的需要。

（4）根据工程的特点、质量、工期要求，对所组织的劳动力进行现场岗位技术培训，提高劳动者的操作技能，加强质量意识教育，组织学习国家有关规范、标准、规程，进行施工组织设计的总设计交底，使施工人员了解该工程的特点，以熟练规范的要求，高质量地完成额定任务，确保计划用量，满足施工生产需要。

（5）工程范围内根据施工进度的需要对各个施工队进行必要的调节，实行动态管理，使之合理流动，达到最佳劳动效率和满足现场施工进度的需要。

（6）制定合理可行的激励机制，充分调动广大职工的积极性、创造性，优胜劣汰，以保证工程的劳动力满足要求。

（7）保障后勤服务，提供良好的物质、精神文明生活条件，使其有足够的精力投入工作中。

06

第六章
施工阶段成本控制

引言

　　施工阶段的成本控制是施工企业效益的重点，也是企业项目管理的重要内容。施工企业项目成本管理是在保证满足工程质量、工期等合同要求的前提下，对项目实施过程中所产生的费用，通过计划、组织、控制和协调等活动实现预定的成本目标，并尽可能降低成本费用，以实现盈利目标的一种管理活动。

第一节　施工阶段成本控制概述

一、建筑工程施工阶段费用构成

　　施工企业在工程施工中为提供劳务、作业等过程中所产生的各项费用支出，按照国家相关规定计入成本费用，具体由直接费、间接费、利润和税金组成，如表6-1所示。

表 6-1　建筑工程施工阶段费用构成

建筑工程施工阶段费用构成	直接费	直接工程费	人工费
			材料费
			机械使用费
		措施费	环境保护费
			文明施工费
			安全施工费
			临时设施费
			夜间施工费
			二次搬运费
			大型机械进出场费
			混凝土、模板、支架费

续表

建筑工程施工阶段费用构成	直接费	措施费	脚手架费
			已完工程保护费
			施工排水、降水费
	间接费	规费	工程排污费
			工程定额测定费
			社会保障费
			住房公积金
			危险作业意外伤害保险
		企业管理费	管理人员工资
			办公费
			差旅交通费
			固定资产使用费
			工具用具使用费
			劳动保险费
			工会经费
			职工教育经费
			财产保险费
			财务费
			税金
			其他
	利润		
	税金		

（一）直接工程费

直接工程费是指施工过程构成工程实体或有助于工程形成所耗费的各项费用，包括人工费、材料费和施工机械使用费。

（二）间接费

间接费是指企业的各项目经理部门为组织和管理工程施工所产生的全部支出，包括规费和企业管理费两部分。

1. 规费

规费是指政府和有关部门规定必须缴纳的费用，包括工程排污费、工程定额测定费、社会保障费、住房公积金和危险作业意外伤害保险。

2.企业管理费

企业管理费是指建筑安装企业组织施工生产和经营管理所需费用，包括管理人员工资、办公费、差旅交通费、固定资产使用费、工具用具使用费、劳动保险费、工会经费、职工教育费、财产保险费、财务费、税金和其他。

二、项目施工阶段成本控制的对象

项目实施阶段成本控制的对象可以从以下几个方面加以考虑。

（一）以建筑工程成本形成的过程作为控制的对象

对建筑工程成本的形成进行全过程、全面的控制，具体的控制内容如图6-1所示。

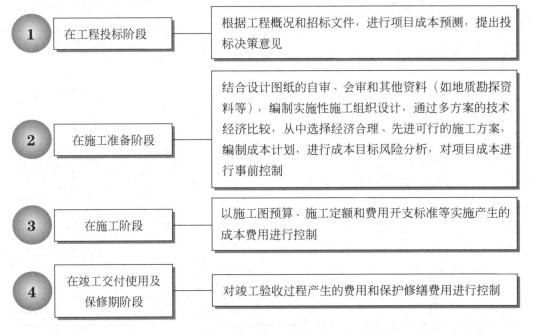

图6-1　建筑工程成本形成过程中成本控制对象

（二）以建筑工程的职能部门和班组作为成本控制的对象

成本控制的具体内容是日常产生的各种费用和损失，它们都发生在建筑工程的各个部门和班组。因此，成本控制也应以部门和班组作为控制对象，将建筑工程总的成本责任进行分解，形成项目的成本责任系统，明确项目中每个成本中心应承担的责任，并据此进行控制和考核。

（三）以分部、分项工程作为成本控制的对象

为了把成本控制工作做得扎实、细致，落到实处，应以分部、分项工程作为成本控制的对象。根据分部、分项工程的实物量，参照施工预算定额，编制施工预算，分解成

本计划，按分部分项工程分别计算工、料、机的数量及单价，以此作为成本控制的标准，对分部分项工程进行成本控制的依据。

（四）以对外经济合同作为成本控制的对象

施工项目的对外经济业务都应通过经济合同明确双方的权利和义务。建筑工程签订各种经济合同时应将合同中涉及的数量、单价以及总金额控制在预算以内。

三、现场施工阶段成本控制影响因素

影响施工项目成本的因素主要有两个方面：一是外部的属于市场经济的因素；二是内部的属于经营管理因素。这两方面在一定条件下，又是相互制约和相互促进的。影响施工项目成本变动的市场经济因素主要包括工程价格构成要素、市场的供求与竞争状况等，经营管理因素主要包括计价依据、计价方式、合同方式、价格管理活动及效果、结算方式以及施工质量水平的高低等。

（一）工程价格构成要素

工程价格构成要素包括建筑工程施工成本、利润和税金，其中以建筑工程施工成本的影响为最大。建筑工程成本由材料费、人工费、机械台班费、其他直接费和现场经费、管理费（间接费用）构成。

1.材料费

在这些因素中，对工程价格影响最大的是材料费。从价值角度看，材料物资的价值，占工程造价的60% ～ 70%，甚至更多。材料费所占的比重之所以很大，主要是因为工程体形庞大，耗用材料多。影响材料费大小的另一个因素是材料单价。在市场活动中，价格随着供求等关系的影响始终处于变动态势。因此，材料单价的浮动影响了材料费用，又极大地影响工程成本并波及工程价格。

2.人工费

人工费在工程成本中的地位次于材料费，虽然其所占比例远低于材料费，但对工程价格的影响却是关键，并呈较为复杂的状态。人工费的多少取决于用工量和单价。由于工程施工手工劳动量大，用工多，故人工费支出相对较多。人工单价取决于承包商的劳动组织和劳动生产率以及分配制度。

3.机械台班费

关于机械台班费，随着施工技术、设备的进步，其对施工成本的重要性绝对不能忽视。它的比重根据工程施工难易而变化。需要机械作业越多，其比重越大，较高的和较深的工程大都会使机械费增加，它在成本中的比重与人工费有反比关系，且机械化水平越高，比重越大。机械台班单价的高低还与采用的机械来源有关：机械是租来的，单价由机械租赁市场决定；机械是承包商自己的，则单价取决于折旧费与使用费。

（二）市场供求与竞争状况

1.供求状况的影响

商品供求状况对价格形成的影响，是通过价格波动对生产的调节来实现的。对发包和承包价格市场供求状况能产生影响的是生产要素。在诸生产要素中，人工费用发生的变化并不会很大，因为建筑市场中人力的供应总是处于买方市场状态，即供大于求，人工费在相对时段里，其变化将是缓慢的，但也会受市场的影响而产生一定的变化，在一定程度或多或少地影响发包承包价格。对发包承包价格最有影响的还是材料价格和机械台班价格。这是因为，就某一种材料或某种机械设备来讲，有时供大于求，则价格降低；有时供小于求，则价格升高。当材料价格和机械台班费降低时，工程价格中的材料费和机械费减少；反之，当材料价格和机械台班费提高时，工程价格中的材料费和机械台班费增加。所以材料价格和机械台班价格是弹性的，既有供给弹性，又有需求弹性。

2.竞争状况的影响

建筑市场属于买方市场，施工力量供应远远大于施工需求，故建筑市场的竞争主要表现为承包商之间的竞争。承包商之间的竞争主要表现在价格上，招投标法又规定低价中标，所以低价成为中标的先决条件。作为买方的发包方，可以利用买方市场这一特殊的优势采取适合的、有限度的压价发包，并在施工过程中对工程变更和索赔导致的价格调整持保守态度。同样，因为这种在价格上的不平等地位，使承包商承担着比业主更大的价格风险，业主可利用担保的手段（投标担保、履约担保、预付款担保、保修担保等）向承包人大量转移风险。

（三）工程工期对成本的影响

1.工期

在确定建设工程发包承包价格阶段，业主按照建设项目的建设周期提出施工阶段的目标工期，以保证整个建设项目按计划完成，而承包商则根据建设工程的情况，结合生产组织、劳动力标准、设备、成本等具体因素，使其达到价格、质量、工期的最佳平衡点后提出自己的工期，相对而言此时工期对价格的影响不是很大，但在合同履行过程中，工期对价格的影响发生了变化，因业主原因引起的工期拖延，承包商可按合同进行索赔；反之，由于承包商生产组织不当拖延了工期，业主应支付给承包商为此而增加的费用。这些情况的发生，在施工过程中是屡见不鲜的，都会影响结算价格的变化。

工程的成本与工期直接相关，而且是随着工期的变化而变化的。工期-成本抉择模型（图6-2）就是要解决工程工期和成本预算的问题。

工程建设的直接成本（物料成本、人工成本等）与工期之间存在一定的对应关系。周期越短，因突击施工而增加的直接成本越多；相反，周期延长，突击施工的程度就会降低，工程直接成本也越低。将这种关系表示在工期-成本图中，就可得到一条直接成本曲线。间接费用包括管理费、贷款利息及其他随项目工期成正比的支付款项。将间接费

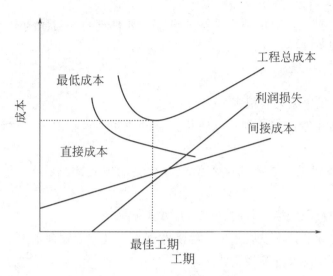

图6-2 工期-成本抉择模型示意

用与工期的关系展示于工期-成本图中，得到一条直线。在权衡工程工期和工程成本时，有一个容易被忽视的因素，就是利润损失。建筑工程的成本目标是盈利，提前建成提前收益，工期推迟则造成利润损失。所以，利润损失并不是实际发生的支付款项，而是工期超过最短期限后造成的收入减少。在上述的工期-成本图中，利润损失也是一条直线。将直接成本、间接费用和利润损失相加在一起得到工程总成本随时间变化的曲线，总成本曲线的最低点对应的是最低工程成本，对应的工程工期为经济意义上的最佳周期。这就是工期-成本抉择模型的直接表述。工期-成本抉择模型科学地展示出成本与工程工期之间的内在联系，指明了最低工程成本和项目最佳工期。

（四）工程质量对成本的影响

工程质量是指工程能够满足客户需求的特性与指标。显然，工程所要求的质量越高，所需要的成本自然越高。另外，一个工程的实现过程就是工程质量的形成过程，在这个过程中为达到质量的要求，还需开展两个方面的工作：其一是质量的检验与保障工作；其二是质量失败的补救工作。这两项工作都要消耗资源，从而都会产生质量成本。

工程质量标准一般可分为优良、合格、不合格。优良工程是通过高素质的技术工人和管理人员，合理的施工组织，以及良好的设备保证和品质优良的建筑材料来实现的，而不合格工程则相反。优良工程、合格工程、不合格工程还会产生不同的后果，并引起连锁反应，其最终的成本必然影响到施工价格的变动。

（五）项目管理水平对成本的影响

工程的项目管理水平高低是影响工程成本的决定性因素。只有项目管理水平高，才能科学地分析工期-成本抉择模型，确定和实现最低工程成本和最佳工期；才能实现项目耗用资源的数量最少、价格最低；只有项目质量管理水平高，才能合理确定出工程质量标准，减少工程直接成本和质量失败的损失；也只有项目管理水平高才能从技术方面、使用功能方面严格把关,对增项变更签证进行必要性核查,对减项变更及时缩减工程范围,才能实现工程范围最优化。

（六）其他影响

影响建筑成本的因素还有很多,例如:

（1）建设行政主管部门的规定与政策、金融政策、税收政策、建设政策及规定、外汇政策、改革政策等;

（2）宏观经济状况,改革的深入状况,社会的安定团结状况,国民经济市场发育状况;

（3）固定资产投资规模、方向、结构及方式;

（4）国家及行业的技术发展水平,经济发展水平及宏观管理水平;

（5）国际市场状况及外商投资状况。

综上所述,项目的工期、资源耗用和价格、质量和范围等要素对工程成本影响的好与坏,完全取决于项目管理水平的高与低。只有科学高效的管理,才能实现对以上几项要素的集成管理;相反,管理水平差、现场管理混乱,只能导致项目的工期、资源耗用和价格、质量及工程范围等要素的最劣化组合,不仅会大幅度增加工程成本,还可能导致项目的失败。

第二节　施工阶段成本控制措施

施工阶段由于其自身的特殊性,成本管理的影响因素较多,包括材料成本影响、经营管理影响、工期影响等,而施工阶段的成本控制措施也应分别从针对以上成本影响因素的角度出发,同时遵循降低成本不降低质量的原则,具体如下。

一、组织措施

组织措施是从施工成本管理的组织方面采取的措施。施工成本控制是全员的活动,如实行项目经理责任制,落实施工成本管理的组织机构和人员,明确各级施工成本管理人员的任务和职能分工、权力和责任。施工成本管理不仅是专业成本管理人员的工作,各级项目管理人员都负有成本控制责任。

组织措施也是编制施工成本控制工作计划、确定合理详细的工作流程。要做好施工采购规划,通过生产要素的优化配置、合理使用、动态管理,有效控制实际成本;加强施工定额管理和施工任务单管理,控制活劳动和物化劳动的消耗;加强施工调度,避免因施工计划不周和盲目调度造成窝工损失、机械利用率降低、物料积压等而使施工成本增加。成本控制只有建立在科学管理的基础之上,具备合理的管理体制,完善的规章制度,稳定的作业秩序,完整准确的信息传递,才能取得成效。组织措施是其他各类措施的前提和保障,而且一般不需要增加额外的费用,运用得当可以收到良好的效果。

二、技术措施

施工过程中降低成本的技术措施包括：

（1）进行技术经济分析，确定最佳的施工方案；

（2）结合施工方法，进行材料使用的比选，在满足功能的前提下，通过代用、改变配合比、使用外加剂等方法降低材料消耗的费用；

（3）确定最合适的施工机械、设备使用方案；

（4）结合项目的施工组织设计及自然地理条件，降低材料的库存成本和运输成本；

（5）应用先进的施工技术，运用新材料，使用新开发机械设备等。

在实践中，也要避免仅从技术角度选定方案而忽视对经济效果的分析论证。

技术措施不仅对解决施工成本管理过程中的技术问题是不可缺少的，而且对纠正施工成本管理目标偏差也有相当重要的作用。因此，运用技术纠偏措施的关键，一是要能提出多个不同的技术方案；二是要对不同的技术方案进行技术经济分析。

三、经济措施

经济措施是最易为人们所接受和采用的措施，具体如下。

（1）管理人员应编制资金使用计划，确定、分解施工成本管理目标。

（2）对施工管理目标进行风险分析，并制定防范性对策。

（3）对各种支出，应认真做好资金的使用计划，并在施工中严格控制各项开支。及时准确地记录、收集、整理、核算实际产生的成本。

（4）对各种变更，及时做好增减账，及时落实业主签证，及时结算工程款。

（5）通过偏差分析和未完工工程预测，可发现一些潜在的可能引起未完工程施工成本增加的问题，对这些问题应以主动控制为出发点，及时采取预防措施。

由此可见，经济措施的运用绝不仅仅是财务人员的事情。

四、合同措施

采用合同措施控制施工成本，应贯穿整个合同周期，包括从合同谈判开始到合同终结的全过程。

合同管理是施工企业管理的重要内容，也是降低工程成本、提高经济效益的有效途径。有效的合同管理是管理而不是控制。合同管理做得好，可以避免双方责任产生分歧，是约束双方遵守合同规则的"武器"。施工是设计阶段的延续，施工的合同管理应从设计及经济条件两方面出发进行考量。因此，先期保证合同的合理性可为施工阶段的成本控制打下良好的基础，此应作为合同管理的重点。而加强施工过程中的合同管理，在合同执行期间密切注意我方履行合同的进展效果，也是质量控制的必要措施。

（一）合同的签订

首先是选用合适的合同结构，对各种合同结构模式进行分析、比较，在合同谈判时，要争取选用适合于工程规模、性质和特点的合同结构模式。其次，在合同的条款中应仔细考虑一切影响成本和效益的因素，特别是潜在的风险因素。通过对引起成本变动的风险因素的识别和分析，采取必要的风险对策，如通过合同的方式，增加承担风险的个体数量，降低损失发生的比例，并最终使这些策略反映在合同的具体条款中。

工程质量条款历来是施工合同的一个重要、复杂的条款。在实际工作中由于合同意识和质量意识淡薄、设计施工不当、建材质次价高、施工偷工减料、工程层层转包等种种原因，引发了许多工程质量事故。

应做好分包工程的询价，订立平等互利的分包合同，加强施工验收和分包结算等工作。分包工程价格的高低，必然会对施工项目成本产生一定的影响。因此，施工项目成本控制的重要工作之一是对分包价格的控制。项目经理部应在确定施工方案的初期就要确定需要分包的工程范围。决定分包范围的因素主要是施工项目的专业性和项目规模。因此，建立稳定的分包关系网络，做好分包合同的订立和管理工作非常重要。

（二）合同的管理

施工合同管理应注意以下问题。

（1）弄清合同中的每一项内容。因为合同是工程的核心，合同条款的每一项内容都与工程实施和费用产生有关。

（2）用文字记录代替口头协议，以确保有必要的证据资料。

（3）考虑问题要灵活，管理工作要做在其他工作之前，要积累施工中的一切资料、数据、文件。

（4）工程细节文件的记录应包括下列内容：信件、会议记录、业主的规定、指标、更换方案的书面记录及特定的现场情况等。

（5）有效的合同管理能使妨碍双方关系的事件得到很好的解决。

（6）应该想办法把弥补工程损失的条款写到合同中去，以减少风险。

（7）有效的合同管理是管理而不是控制。

（8）在合同执行期间，合同管理的措施既要密切注视对方合同执行的情况，以寻求合同索赔的机会；同时也要密切关注自己履行合同的情况，以防被对方索赔。

（三）合同优化

从建筑施工企业角度看，合同的优化管理可包括先期细致地收集资料，分析自身情况，确保所签订合同的严密性以及合理性，施工过程中配合质量、工期、成本管理控制合同履行情况。

做好合同变更处理工作。合同变更是指依法对原来合同进行的修改和补充，即在履行合同项目的过程中，由于实施条件或相关因素的变化，而不得不对原合同的某些条款做出修改、订正、删除或补充。工程变更可以导致对合同履行的工期和成本产生直接及间接的影响，承包单位有权获得直接工期延误和影响施工顺序的延误导致成本增加的补偿。因此承包单位必须加强合同变更的管理工作，及时收集证据，在规定的期限内提出索赔要求。

第三节　施工阶段各项费用的控制

一、材料费的控制

材料是工程项目的重要组成部分，建筑工程中材料费用一般占整个工程项目成本的70%左右。材料的数量因素、质量因素、价格因素直接影响到工程的工期、质量和工程的总造价。控制材料消耗、节约材料成本是降低工程成本的关键。因此必须抓好材料成本管理工作，企业管理者对这一点必须有清醒的认识。破除重供应轻管理、重数量轻质量，只顾生产需要不讲经济效益的观念。树立确保供应，强化管理，一手抓市场，一手抓管理，向管理要效益的全方位管理思想，坚定做好材料成本管理工作，提高企业经济效益的决心和信心。项目经理部应从材料的采购、运输、保管、消耗、核销等过程进行全员全过程控制，如图6-3所示。

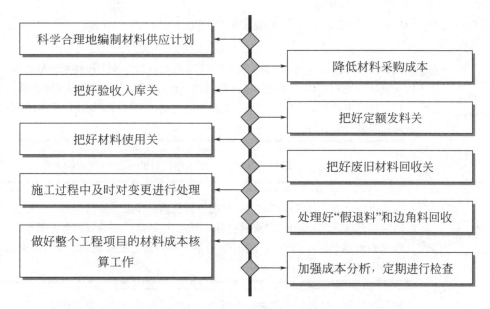

图6-3　材料费的控制措施

（一）科学合理地编制材料供应计划

为了使得建筑工程项目的施工能够顺利进行，在建筑工程项目施工之前，相关部门要根据建筑工程项目的具体情况，编制一个合理的材料供应计划。这对整个工程项目施工阶段的材料费用控制起着非常重要的作用，因此这个材料供应计划的编制必须按照相关的方法来进行。材料供应计划的编制可以按照以如图6-4所示的步骤来进行。

步骤一	技术部门应根据施工的计划对材料的用量和使用情况进行详细的规划，同时制定科学的材料节约指标
步骤二	对于工程中需要用到的特殊材料和工具，技术部门要及时向相关部门进行申请，这样以保证特殊材料和工具能够及时地在工程项目施工时进行供应
步骤三	材料管理部门要及时地对材料的储存量进行清查，从而保证材料的储存量能满足施工的需要

图6-4 材料供应计划的编制步骤

（二）降低材料采购成本

材料的采购成本是整个工程项目施工阶段材料费用的重要组成部分。材料成本主要包括材料的价格和运输管理费等相关方面。对于材料的成本，如果能采用科学合理的措施进行控制，那么可以为工程项目节约不小的开支。科学地控制材料的采购成本，也是工程项目材料费用控制工作的重点。

要控制采购过程中的费用支出，企业应做好如图6-5所示的工作。

措施一	做好材料采购前的基础工作。任何一个工程项目的专业工程技术人员必须反复认真地对工程设计文件进行熟悉和分析，根据工程测定的实际数量，提出材料申请计划。这个计划要做到准确无误，为材料采购工作提供准确可信的第一手资料
措施二	选用业务素质高、道德品质好、有一定工作经验的人员担任采购人员
措施三	深入市场调查，掌握市场动态，把握进料机遇。在市场经济体制下，物价随时都有涨落的可能性。作为物资部门和工程项目的经营管理者必须具备较高的市场分析能力和预测水平，看准市场行情，把握机遇，果断决策。这样才能争取主动，取得效益
措施四	利用好资金，提高资金效益。任何一个工程项目都要以资金做保证。作为施工企业首先要用好资金，提高资金在材料管理中的效益，做到根据工程开工和竣工时间合理组织进货，减少材料的在库时间，加速库存材料的周转次数，提高资金利用率，同时还可以减少保管费
措施五	合理安排运输，充分利用市场，节约费用支出。以取近不取远，当地有的不去外地，本省有的不去外省采购为原则

图6-5 控制采购过程中的费用支出措施

（三）把好验收入库关

通过验收入库可以发现运输途中是否有丢失现象，检查质量是否合格，价格是否合理，并能保证工程库存材料准确无误。材料入库要有经办人和验收人签字的验收单。

（四）把好定额发料关

严格计划发料，不得随领随发或自作主张乱发材料。材料领用要有工程负责人、领料人、发料人签字认可的领用单，并根据材料计划成本表限额发料。对超耗的材料，要查明原因，分清责任后，经主管领导审批后方可增发。

（五）把好材料使用关

在一般情况下，材料被领走后，材料部门减少了库存，财务部门计入了成本，究竟是否真正用到了工程上则很难说清楚。如果材料在使用环节上把关不严，出现损失浪费没人管，内盗外窃没人问，就会造成无法估量的损失。

（六）把好废旧材料回收关

在施工过程中，经常会有一些废旧材料（比如被截断的钢筋、废弃的钢管、螺栓等），对这些材料要做好回收，加强管理，设立废旧物资回收辅助账。

（七）施工过程中及时对变更进行处理

在整个建筑工程项目施工的过程中，整个工程项目的设计可能会出现变化。当整个工程项目的设计出现变化时，这就使得整个工程项目材料的情况出现了变化，必须要及时地对材料的使用计划做出调整，才能保证建筑工程项目施工的顺利进行。因此，相关部门一旦接到设计变更的通知，要及时根据项目的实际情况，重新制定合理的材料使用方案，否则，很可能会出现材料过度积压的现象，这就增加了整个工程项目的成本。

（八）处理好"假退料"和边角料回收

"假退料"可以有效地减少材料的搬运，是工程项目施工过程中经常出现的工序。在处理的过程中，相关部门要严格按照相关规定进行，以使得"假退料"工作正常进行。另外，边角料的回收也是一项非常重要的工作，这样能有效减少材料的用量，从而减少材料的使用成本。对于回收的边角料，要科学合理地进行分类，以便于再次利用。

（九）做好整个工程项目的材料成本核算工作

材料成本的核算工作也是整个工程项目施工阶段材料费用管理的重要内容。在项目施工的过程中，要采用科学合理的材料成本核算方法，从而使得材料成本核算工作顺利进行。加强材料成本核算，可以采取以下措施：首先，材料主管部门要根据施工的进度每个月对材料的使用量和下月的计划使用量进行核算，并制定一个清晰的报表；其次，财务人员和材料管理人员要定期检查材料的节约情况；最后，要定期的对材料成本的控制方法进行研究，以使得材料成本控制方法有效合理，从而更好地控制材料成本。

（十）加强成本分析，定期进行检查

为了使工程成本的材料消耗真实，每季度验工计价结束后，必须定期召开由材料人员、财务人员、工程技术人员、计划人员参加的成本分析会。根据验工计价工程总价款收入和工程形象进度的数量，考核材料支出与工程数量是否匹配，分析当季材料盈亏原因后由财务部门和材料人员到施工现场进行核实库存材料是否与季末材料部门提报的库存盘存数相符，当季材料支出是否准确合理，计算出当季材料节约及超支的奖金或罚款金额。同时工程项目结束后对工程剩余料进行全面盘点回收冲减工程成本。

二、人工费成本控制

人工成本就是建筑施工企业在项目实施过程中以直接支付或间接支付方式用于劳动者的全部费用，主要包括职工工资总额、社会保险费用、职工福利费用、职工教育经费、劳动保护费等费用。人工成本是施工企业总成本的组成部分，在总成本中占有一定的比例。作为劳动密集型的建筑施工企业，人工成本大致占工程项目产值的20%左右，要控制好人工成本，除了做好日常的成本核算和严格控制成本支出外，还应从建筑施工企业施工特点出发，从工程施工过程分析成本成因和主要影响因素，把控制重点放在通过制定目标成本、落实责任、优化劳动力结构、提高人工效率上来以控制成本。

（一）人工成本控制的全过程管理

1. 人工成本预测与成本计划

人工费是指直接从事建筑安装工程施工生产的作业人员开支的各项费用，即为完成各部分项目工程所需支出的生产工人工资或费用，它等于为完成各项分部分项工程所需要消耗的劳动量乘以生产工人日工资单价。

2. 人工成本计划实施与成本核算

人工费成本计划的实施要根据成本计划表来安排，对施工项目的各部分人工费要实施有效控制，不断收集信息，及时发现偏差，分析其原因并采取正确的处理措施，实现成本目标。人工费成本核算是对施工中各部分项目工程人工费实际支出与形成进行核算。项目经理部作为企业的成本中心，要大力加强施工项目成本核算，将成本核算工作贯穿于成本管理的全过程。

3. 人工成本检查

人工费成本检查是根据成本核算资料检查成本计划完成情况，以评价成本完成水平，为项目经理部或企业调整与修正计划提供依据。该项工作通常可以结合上面的步骤来完成。

4. 人工成本分析与考核

进行人工费成本分析是为了对成本计划的执行情况和成本状况进行分析，也是总结经验教训的重要方法和积累信息的重要途径。人工成本应按月进行分析，把实际人工费成本与人工费成本控制目标进行比较，分析节超原因，研究人工费成本变动的原因，并检查成本计划的合理性；通过对施工项目人工费形成过程和影响人工费升降因素进行分析，寻找进一步降低成本的途径。

（二）施工企业人工成本的控制目标

建筑施工企业的利润来自承接的工程项目，工程项目成本控制得好坏与施工企业的整体效益息息相关。工程项目合同价款中的人工费是该项工程的预算人工成本，预算成本是工程项目人工费用控制的上限。因为施工企业的工装水平、施工手段、劳动力素质都不相同，因此完成同一项工程的人工成本差异也就截然不同。实际人工成本往往与预算人工成本不尽一致。因此，在制定项目目标人工成本时，不但要考虑依据施工企业的实际水平得出的预测成本，还要考虑到合同报价单中的预算人工成本。工程项目的目标人工成本应介于企业预测人工成本和预算人工成本之间，超过预算成本，人工费就要超支；低于预算成本，企业就很难招收到合格的施工人员。

项目人工成本管理是一项全员、全过程的管理，这一目标是否能够达到预期效果还受施工过程中各种因素的影响。大多数人认为，人工成本是财务部门和人力资源部门的事，进而导致工程组织人员只负责施工生产和进度，技术人员只负责技术和工程质量，材料管理人员只负责材料的采购、验收和发放工作。这种现象从表面上看起来是分工明确，职责清晰，然而却忽略了成本管理责任。所以，为了保证实现目标人工成本，就一定要对项目目标人工成本进行分解，把分级、分工、分人的成本责任制作为保证。同时，施工项目经理要对企业下达的成本指标负责；班组和个人要对项目经理部的成本目标负责，尽可能做到每一环节都有保证，并与奖惩制度有效结合，使得各部门、各班组和个人都能够关心施工项目的人工成本。

（三）人工成本的控制措施

人工成本的控制措施如图6-6所示。

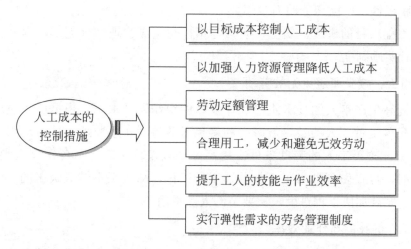

图6-6 人工成本的控制措施

1. 以目标成本控制人工成本

工程在实际选用人员的时候，要有预测人工成本。预测人工成本一般比预算费用低，是工程项目人工费用控制的底限。最有效的人工成本控制方法，就是根据人工费用所占总费用的比例以及项目总收益来定制工资标准。虽然工程项目的目标人工成本费用在预算人工成本和企业预测人工成本之间为宜，但不管预测人工费和预算人工费是多少，都应该参照行业市场上的人工费用情况，只有这样才能制定出最合理的预算人工成本，招到最理想的施工人员。

2. 以加强人力资源管理降低人工成本

人工成本包括用工数量、工资率、工资性奖金等因素，企业在人工成本控制中，应细化劳动力需求计划，防止漏配，选择作业人员时，要严格执行用工计划，杜绝怠工、窝工现象，尽量减少非生产工时、停工工时和缺勤工时，充分提高劳动生产率与工时利用率，严格执行劳动定额，进行实际工作时间和标准工作时间的比较分析及报告，建立奖惩制度。同时在现有劳动力能满足要求的前提下，贯彻节约原则，如若无法满足，就应向企业申请加配劳动力，务必要选用技术熟练的作业人员，对于技术水平不达标的人员要进行职业培训。另外，要加强管理，充分调动工人的积极性，使其能够更好地完成工作。从实际生产技术组织条件出发，合理定员，控制非生产用工，以先进合理的定员、定额为依据来控制职工人数，使所用的人优效，使工资总额稳定。

3. 劳动定额管理

（1）制定先进合理的企业内部劳动定额，严格执行劳动定额，并将安全生产、文明施工及零星用工下达到作业队进行控制。

（2）全面推行全额计件的劳动管理办法和单项工程集体承包的经济管理办法，以不超出施工图预算人工费指标为控制目标，实行工资包干制度。

（3）认真执行按劳分配的原则，使职工个人所得与劳动贡献相一致，充分调动广大职工的劳动积极性，以提高劳动力效率。

（4）把工程项目的进度、安全、质量等指标与定额管理结合起来，提高劳动者的综合能力，实行奖励制度。

4. 合理用工，减少和避免无效劳动

企业应提高生产工人的技术水平和作业队的组织管理水平，根据施工进度、技术要求，合理搭配各工种工人的数量，减少和避免无效劳动。不断地改善劳动组织，创造良好的工作环境，改善工人的劳动条件，提高劳动效率。合理调节各工序人数安排情况，安排劳动力时，尽量做到技术工不做普通工的工作，高级工不做低级工的工作，避免技术上的浪费，既要加快工程进度，又要节约人工费用。

5. 提升工人的技能与作业效率

（1）加强职工的技术培训和多种施工作业技能的培训，不断提高职工的业务技术水

平和熟练操作程度，培养一专多能的技术工人，提高作业工效。

（2）提倡技术革新和推广新技术，提高技术装备水平和工厂化生产水平，提高企业的劳动生产率。

6.实行弹性需求的劳务管理制度

（1）对施工生产各环节上的业务骨干和基本的施工力量，要保持相对稳定。

（2）对短期需要的施工力量，要做好预测、计划管理，通过企业内部的劳务市场及外部协作队伍进行调剂。

（3）严格做到项目部的定员随工程进度要求及时进行调整，进行弹性管理。

（4）要打破行业、工种界限，提倡一专多能，提高劳动力的利用效率。

三、机械使用费控制

施工机械使用费是施工生产过程中，使用各种机械所支付或耗费的费用。机械使用费包括自有机械的使用费和租入机械支付的租赁费，其内容包括折旧费、大修理费、维修费、替换设备工具及附具费、润滑及擦拭材料费、安装拆卸及辅助设施费、管理费、驾驶人员的基本工资及奖金、动力费、燃料费以及施工机械的养路费等。

（一）机械使用费的构成

机械使用费的计算公式如下。

（1）施工机械使用费=$\sum$（施工机械台班消耗量×机械台班单价）。

（2）机械台班单价=台班折旧费+台班大修费+台班经常修理费+台班安拆费及场外运费+台班人工费+台班燃料动力费+台班养路费及车船使用税。

（3）当工程用电为自行发电时，电动机械每千瓦时电的单价可由下述近似公式计算。

$$A = 0.24 \frac{K}{N}$$

式中　A——每千瓦时电的单价，元；

　　　K——发电机组的台班的单价，元；

　　　N——发电机组的总功率，千瓦。

施工机械台班单价应由表6-2所列七项费用组成。

表6-2　施工机械台班单价的组成

序号	构成项目	说明
1	折旧费	是指施工机械在规定的使用年限内，陆续收回其原值及购置资金的时间价值 台班折旧费=［机械预算价格×（1–残值率）］÷耐用总台班数 耐用总台班数=折旧年限×年工作台班
2	大修理费	指施工机械按规定的大修理间隔台班进行必要的大修理，以恢复其正常功能所需的费用 台班大修理费=（一次大修理费×大修次数）÷耐用总台班数

续表

序号	构成项目	说明
3	经常修理费	指施工机械除大修理以外的各级保养和临时故障排除所需的费用
4	安拆费及场外运费	安拆费指施工机械在现场进行安装与拆卸所需的人工、材料、机械和试运转费用以及机械辅助设施的折旧、搭设、拆除等费用；场外运费指施工机械整体或分体自停放地点运至施工现场或由一个施工地点运至另一个施工地点的运输、装卸、辅助材料及架线等费用
5	人工费	指机上司机（司炉）和其他操作人员的工作日人工费及上述人员在施工机械规定的年工作台班以外的人工费
6	燃料动力费	指施工机械在运转作业中所消耗的固体燃料（煤、木柴）、液体燃料（汽油、柴油）及水、电等费用
7	养路费及车船使用税	指施工机械按照国家规定和有关部门规定应缴纳的养路费、车船使用税、保险费及年检费等

某施工机械预算价格为100万元，折旧年限为10年，年平均工作225个台班，残值率为4%，则该机械的折旧费的计算为台班折旧费=［机械预算价格×（1−残值率）］÷耐用总台班数，则列式如下。

$$1000000 \times （1-4\%） \div （10 \times 225）=426.67（元）$$

（二）施工机械使用费的控制

施工机械使用费主要由台班数量和台班单价两个方面决定，因此为有效控制施工机械使用费支出，应主要从这两个方面进行控制。

1. 台班数量

（1）根据施工方案和现场实际情况，选择适合项目施工特点的施工机械，制订设备需求计划，合理安排施工生产，充分利用现有机械设备，加强内部调配，提高机械设备的利用率。

（2）保证施工机械设备的作业时间，安排好生产工序的衔接，尽量避免停工、窝工，尽量减少施工中所消耗的机械台班数量。

（3）核定设备台班定额产量，实行超产奖励办法，加快施工生产进度，提高机械设备单位时间的生产效率和利用率。

（4）加强设备租赁计划管理，减少不必要的设备闲置和浪费，充分利用社会闲置机械资源。

2. 台班单价

（1）加强现场设备的维修、保养工作。降低大修、经常性修理等各项费用的开支，提高机械设备的完好率，最大限度地提高机械设备的利用率，避免因使用不当造成机械设备的停置。

（2）加强机械操作人员的培训工作。不断提高操作技能，提高施工机械台班的生产效率。

（3）加强配件的管理。建立健全配件领发料制度，严格按油料消耗定额控制油料消耗，做到修理有记录，消耗有定额，统计有报表，损耗有分析。通过经常分析总结，提高修理质量，降低配件消耗，减少修理费用的支出。

（4）降低材料成本。做好施工机械配件和工程材料采购计划，降低材料成本。

（5）成立设备管理领导小组，负责设备调度、检查、维修、评估等具体事宜。对主要部件及其保养情况建立档案，分清责任，便于尽早发现问题，找到解决问题的办法。

四、其他直接费的控制

（一）其他直接费的组成与计算

其他直接费是指除了直接费之外，在施工过程中直接产生的其他费用。

1.其他直接费的组成项目

其他直接费的组成项目如表6-3所示。

表6-3　其他直接费的组成项目

序号	组成项目	说明
1	冬、雨季施工增加费	它是指在冬季、雨季施工期间，为了确保工程质量，采取保温、防雨措施所增加的材料费、人工费和设施费用，以及因工效和机械作业效率降低所增加的费用。一般多按定额费率常年计取，包干使用
2	夜间施工增加费	它是指为确保工期和工程质量，需要在夜间连续施工或在白天施工需增加照明设施（如在炉窑、烟囱、地下室等处施工）及发放夜餐补助等产生的费用
3	材料二次搬运费	它是指因施工场地狭小等特殊情况而产生的材料二次倒运支出的费用
4	仪器仪表使用费	它是指通信、电子等设备安装工程所需安装、测试仪器、仪表的摊销及维持费用
5	生产工具用具使用费	它是指施工、生产所需的不属于固定资产的生产工具和检验、试验用具等的摊销费和维修费，以及支付给工人自备工具的补贴费
6	检验试验费	它是指对建筑材料、构件和建筑物进行一般鉴定、检查所花的费用，包括自设试验室进行试验所耗用的材料和化学药品等费用
7	特殊工程培训费	它是指在承担某些特殊工程、新型建筑施工任务时，根据技术规范要求对某些特殊工种的培训费
8	特殊地区施工增加费	它是指铁路、公路、通信、输电、长距离输送管道等工程在原始森林、高原、沙漠等特殊地区施工增加的费用
9	其他	工程定位复测、工程点交、场地清理等费用

2.其他直接费的计算

其他直接费是按相应的计取基础乘以其他直接费费率确定，计算公式如下。

（1）土建工程：其他直接费＝直接费×其他直接费费率。

（2）安装工程：其他直接费＝人工费 × 其他直接费费率。

（二）其他直接费的控制

（1）合理地组织施工组织设计，减少二次搬运费。

（2）试验人员工作要认真负责，细致周到，在取样、送检环节把握住检验试验费的支出。

（3）专人负责施工现场的垃圾及渣土外运工作。

（4）技术部门做好雨季施工方案，避免因天气原因造成不必要的损失等。

五、间接费的控制

施工间接费是指为了工程施工而产生的各项共同性耗费，即施工单位在组织管理施工过程中产生的、不能直接归属到某项工程的各项开支。根据现行财务制度的规定，施工间接费属于制造费，应计入工程成本中去，作为工程成本的组成内容之一。

由于施工间接费是一项共同性耗费，因而产生后不能直接计入某项工程成本中，必须先行归集，然后采用一定的方法分配计入受益的工程成本中去。因此，施工间接费核算的任务是：正确归集与合理分配施工间接费，从而保证工程成本计算的准确性。

（一）施工间接费的组成与分类

1.施工间接费的组成

施工间接费是指施工单位（如工程处、分公司、施工队、项目组等）为施工准备、组织和管理工程施工所产生的各项资金耗费。根据管理上的需要和用途，现行财务制度规定施工间接费由临时设施费和现场管理费所组成。

（1）临时设施费。

临时设施费是指施工单位为进行工程建设所必需的生活和生产用的临时建筑物、构筑物和其他临时设施的搭设、维修、拆除和摊销费。

临时设施包括临时宿舍、文化福利及公用事业房屋等构筑物、仓库、办公室、加工场、食堂、理发室、诊疗所、搅拌台，现场以内的人行便道、手推架车道，便桥、临时简易水塔、水池、围墙；施工现场范围内每幢建筑物或构筑物沿外边起一定距离以内的水管、电线及其他动力管线。

（2）现场管理费。

现场管理费是指施工单位现场组织施工过程所产生的各项开支，内容包括表6-4所示各项。

表 6-4　现场管理费的组成

序号	组成项目	说明
1	管理人员工资	指施工单位的行政、技术、政治、试验、消防、炊事和勤杂等人员的工资，以及按规定标准提取的职工福利费

续表

序号	组成项目	说明
2	固定资产使用费	指施工单位行政管理用的属于固定资产的房屋、建筑物、设备、仪器等计提的折旧费，以及实际产生的修理费用、租赁费等
3	物料消耗	指施工过程中领用的、不能明确确认其工程归属的零星材料，以及修理与维护用的物料等
4	低值易耗品使用费	指施工单位行政管理使用的各种工具、器具、家具和检验、试验、消防、测绘用具等的购置、维修和摊销费
5	办公费	指施工单位行政管理办公用的文具、纸张、账表、印刷、邮电、书报、会议及集体取暖用煤等费
6	水电费	指施工单位行政管理所耗用的水电费
7	差旅交通费	指施工单位职工因公出差的差旅费、住宿补助费、市内交通费和误餐补助费、上下班交通补贴、工地转移费、职工探亲路费，劳动力招募费，职工离退休、退职一次性路费，工伤人员就医路费，以及现场管理使用的交通工具的油料、燃料、养路费和牌照费等
8	保险费	指施工单位支付给保险公司的各种财产、运输、物资及特殊工种安全保险等的保险费用
9	劳动保护费	指施工单位为管理人员提供的防暑饮料、洗涤用肥皂等的购置费，施工中使用的不构成固定资产的技术安全设施的摊销和修理费，以及职工在工地洗澡、饮水所用的燃料费等
10	工程保修费	指在工程竣工交付使用后，在保修期间所产生的各项保修费用
12	其他费用	指除上述各项以外的其他必要的开支，包括定额测定费、预算编制费、清洁卫生费等

表6-4所述各项目的内容，应与地区规定的建筑安装工程现场管理费用定额相一致。

2.施工间接费的分类

由上可见，施工间接费包括了施工单位的所有不属于人工费、材料费、机械使用费及其他直接费的费用开支，内容繁杂。为了便于加强管理和控制，应对其进行必要的分类。在实际工作中，可将其分为如图6-7所示的三大类。

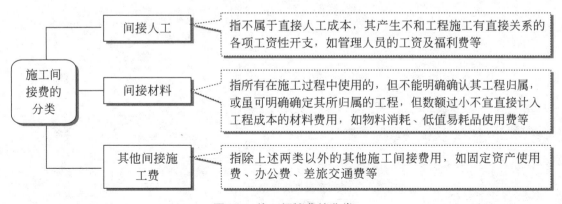

图6-7 施工间接费的分类

将施工间接费划分为间接人工、间接材料和其他间接施工费，有利于各项费用的归集和分配。

（二）施工间接费的控制

施工间接费可实行指标分解落实，包干使用，定期考核，奖罚挂钩。项目部根据各项费用历年支付情况，摸清花费底码，按照切实可行的压缩计划，按各项费用制定年度支付总额，然后按部门细分，分解落实到人头上，实行定额包干并与工资挂钩。

1.严格审批制度

在坚持一支笔审批的同时，要实行层层把关的方法。对正常的在定额内的费用，由一个人审批；对超正常或定额的费用要由主办人员说明情况，集体研究把关，减少一个人说了算的失控现象。

2.大力压缩非生产人员和非生产性费用支出

对办公费、差旅费、小汽车费以及业务招待费要严格审批手续。办公费实行按岗位发放的制度，电话费实行定额包干到人头，对于业务招待费应制定就餐标准及陪餐人数，超标准的由陪餐人员负担等。严格执行开支标准，堵塞漏洞，才能降低成本。

07

第七章
竣工结算阶段成本控制

引言

　　成本控制要贯穿施工项目全过程，在竣工结算阶段也不能松懈，这不仅可以使工程顺利竣工，而且关系到建筑企业的经济效益。只有这样，企业才能有获取最大利润的保证，才能在激烈的市场竞争中立于不败之地。

第一节　竣工结算阶段存在的问题

一、工程结算阶段成本控制的重要性

　　施工企业项目成本控制在整个项目管理体系中处于十分重要的地位。项目成本控制就是在保证工期和质量满足要求的情况下，对工程施工中所消耗的各种资源和费用开支，进行指导、监督、调节和限制，及时纠正可能发生的偏差，把各项费用的实际产生额控制在计划成本的范围之内，以保证成本目标的实现，创造较好的经济效益。竣工结算控制是竣工验收阶段成本控制的重要途径。竣工结算的成果直接体现成本控制的是否得当，因此竣工阶段的结算工作是成本控制的关键。施工单位在实际工作中往往只注重施工过程，一味地追求工程质量，而在竣工阶段未做好相关资料的收集，严重影响了结算成果，造成很大损失。工程价款结算是考核经济效益的重要指标，也是检验项目成本过程控制的标准，工程竣工后应尽快结算，与建设单位办理结算手续，尽早结回工程款，这样有利于偿还债务和资金回笼，减少内部运营成本，从而避免经营风险，获得相应利润，实现良好的经济效益。这是我们做项目成本过程控制的目的。

　　具体看来，在竣工阶段进行有效的成本控制，可以起到如下作用：

　　（1）促使企业节约竣工阶段费用，降低成本支出；

　　（2）可以分析和考核人工、材料及施工机械计划消耗情况，挖掘降低竣工阶段施工成本的潜力；

　　（3）可以为建筑企业提供决策和预测的依据，提高建筑企业经济效益。

二、竣工结算阶段存在的问题

建设项目竣工验收指由发包人、承包人和项目验收委员会，以项目批准的设计任务书和设计文件，以及国家或部门颁发的施工验收规范和质量检验标准为依据，按照一定的程序和手续对工程项目的总体进行检验和认证、综合评价和鉴定的活动。

竣工验收阶段是全面考核工程建设成果，检验工程设计和施工质量的重要环节。竣工验收时，应坚持"百年大计，质量第一"的原则，依据建筑工程检验评定标准及验收规范对工程进行一丝不苟、客观公正、实事求是的检查。符合验收标准的要及时办理验收交付手续，尽早投入使用。

然而，进入竣工验收阶段，并不意味着工程能够迅速验收通过并顺利进行竣工决算。在竣工验收和竣工决算阶段经常出现工程质量认定纠纷和工程款决算纠纷等。竣工验收阶段存在的问题主要如下。

1.竣工日期的认定存在分歧

（1）工程竣工前，当事人对工程质量是否符合合同约定产生争议而导致对竣工日期的争议。

（2）由于主客观原因，发包人没能按照约定的时间组织竣工验收，双方就实际竣工之日产生争议。

（3）建设单位为了能够提前使用工程而取消了竣工验收这道程序，这样就很容易对实际竣工日期产生争议。

2.对建设项目质量验收不合格导致纠纷

工程合同中的价款针对的是合格工程而言的，而在工程实践中，不合格产品也是普遍存在的，对于不合格产品如何计价也就自然成为合同当事人关注的问题。这个问题涉及两方面。

（1）工程质量与合同约定的不符合程度。

（2）针对该工程质量应予支付工程款。合同双方对于质量认定上经常存在分歧，最终引起工程款纠纷。

3.竣工结算时有争议

竣工结算时，对工程量的计算存在差异、定额与取费标准分歧以及材料的规格、品种、价格的争论。

（1）工程量计算差异。

工程造价的多少取决于工程量的多少，因而工程量的计算是预、结算的关键。现行的结算方式，主要有预算总价包干、分部分项单价包干、以竣工图纸按实结算等几种。对于工程量的计算和审核，前者反映在预算中，后两者则在结算中体现。关于工程量的计算规则，在合同中没有明确规定的，双方在计算工程量时就容易发生矛盾。

（2）定额与取费标准的分歧。

定额与取费是编制和审核预、结算的依据及标准，各地区的定额管理站对此均有较详细的规定。由于建筑市场上的设计方案、施工方案、材料设备的不断更新，各类定额也不可能及时调整与补充，因此在套用定额时，往往因定额子目不全而需要更换基价、更换定额或协商价格、调整取费等。相同的项目如采用不同的定额和不同的取费标准，其结算结果是大不相同的，因而在办理结算时就会产生较大的分歧。

（3）材料的规格、品种、价差的争论。

建筑工程预算定额中所允许的开口材料种类很多，在定额中反映的只是取费价，这些材料均要按"价格信息"或"市场价格"进行调整。由于建筑材料市场繁荣，材料的规格、型号、质量、性能、品牌等种类繁多，材料价格也复杂多变，"价格信息"不可能包罗所有开口材料的价格。因此，常常出现合同签字期与结算期的材料价格不同、按设计要求制定的材料定额价与市场的不同以及材料发票的漏洞等问题，给结算工作造成诸多麻烦和纠纷。

第二节　竣工验收阶段的成本控制

甲、乙双方在工程竣工验收阶段发生纠纷是难免的，为了保证应得的利益，做好成本管理和控制，必须正确解决工程验收阶段存在的问题。针对竣工验收阶段存在的问题，要控制施工成本，必须做好以下措施。

一、事前预防

（一）必须确定工程量计算的规则，签订完整的工程合同书

工程造价的多少取决于工程量的多少，因而工程量的计算是预、结算的关键。关于工程量的计算规则，在合同中没有明确规定的，双方在计算工程量时，就容易发生矛盾，施工企业很容易因此遭受经济损失，增大企业成本。因此必须在签订工程合同时，明确工程量的计算规则。

（二）工程结算的"三要素"在合同中要有详细、明确的界定

定额、取费、材料是工程结算的"三要素"。签订完整的工程合同书、加强合同管理意识是工程结算顺利进行的基本保证。目前，我国建筑行业的工程承包合同条例中对工程造价一项只是总金额的填报，缺少具体细则。有些建设单位对工程造价计算的全过程不是很清楚，尤其对造价影响幅度较大的"三要素"在合同签订时考虑不够，这势必给今后的结算工作留下隐患。因此在签合同时，必须对"三要素"作详细、明确的界定，并列入有关条款中；或单独签订"补充协议"，并确定它与合同具有同等的法律效力。

（三）认真编制"预算书"

经审定后的"预算书"是工程结算的重要依据。有的工程结算就是报价加签证，"预

算书"是甲、乙双方对工程在经济上的承诺，也是乙方经济利益的有力保障。认真编订"预算书"是在签订合同之前的重要工作。施工企业在报价时，除要熟读工程图纸外，还应充分熟悉工程的规模、环境、施工技术难度、材料信息等，实事求是地计算出合理、完整的报价。经过甲方严格审核并签字的"预算书"，结算时双方不能再更改。

二、按期竣工验收

（一）确保符合竣工验收条件

在竣工验收前，必须确保建设工程符合竣工验收条件。施工企业应避免因资料不全、不具备竣工验收条件，影响工程按期竣工，给企业带来损失。建设工程竣工验收应当具备以下条件：

（1）完成建设工程设计和合同约定的各项内容，并满足使用要求；

（2）有完整的技术档案和施工管理资料；

（3）有工程使用的主要建筑材料、建筑构配件和设备的进场试验报告；

（4）有勘察、设计、施工、工程监理等单位分别签署的质量合格文件；

（5）有施工单位签署的工程保修书；

（6）在建设行政主管部门及工程质量监督站等有关部门的历次抽查中，责令整改的问题全部整改完毕。

（二）严格按照竣工验收程序进行验收工作

建设项目全部建成后，经过各单项工程的验收符合设计的要求，并具备竣工图表、竣工决算、工程总结报告等必要文件资料，由建设主管部门或建设单位向负责验收的单位提出竣工验收申请报告，按程序验收。

（三）收集各种竣工资料

做好竣工决算工作的前提条件是在施工工程中应及时收集和保管各种资料。在资料齐全的基础上，实事求是地进行工程结算，保证不漏项、不漏算，正确套用预算定额和不同类别的工程费用定额。既要杜绝弄虚作假和高估冒算，又要据理力争。面对业主委托的审计单位提出的不合理意见，要坚持原则，必要时应将每个有争议的分项通过相关定额管理部门裁定，以保护企业的合法权益。

（四）做好竣工结算，把好控制成本关

在工程竣工结算时核定建设工程造价的最终依据，是成本控制的最后一关。竣工结算应遵循有关规则，以审核出合理有效的工程造价，达到控制成本目的。工程竣工结算首先是核对合同条款，只有按合同要求完成全部工程并验收合格才能列入竣工结算；加强隐蔽工程施工记录和验收签证的检查，手续完整，工程量与竣工图一致，方可列入结算；加强审核设计变更的合法性，只有经建设单位和监理工程师审查同意的变更才能列入结算；按图核实工程数量，这是预、结算人员工作量最大的阶段；严格执行合同约定

的结算方法、计价定额、取费标准、主材价格和优惠条款等；监理、设计等有关单位负责人和经办人员应大力支持，参与把关。

三、提出工程施工索赔

在竣工结算中要提出工程施工索赔。关于施工索赔请参见第八章的内容。

第八章
工程施工索赔

引言

　　索赔是合同管理的重要环节，也是计划管理的动力，更是挽回成本损失的重要手段。施工索赔要有证据，证据是索赔报告的重要组成部分，证据不足或没有证据，索赔就不可能成立。施工企业在施工全过程中应及时做好索赔资料的收集、整理、签证工作。

第一节　工程施工索赔的条件与内容

一、工程施工索赔成立的条件

　　工程施工索赔是指当事人在合同实施过程中，根据法律合同规定及惯例，对不应由自己承担责任的情况造成的损失，向合同的另一方当事人提出给予赔偿或补偿要求的行为。其成立的条件如图8-1所示。

条件一	与合同相对照，事件已造成了承包人施工成本的额外支出，或总工期延误
条件二	工期延误事件必须在经批准的进度计划关键线路上，或非关键线路上延误的工期大于总时差
条件三	造成费用增加、工期延误的原因，按照合同约定不属于承包人应承担的责任，包括行为责任或风险责任
条件四	承包人按合同规定的程序提交了索赔意向通知书和索赔报告

图8-1　工程施工索赔成立的条件

二、工程施工索赔的内容

工程施工索赔实施中主要是按索赔的目的分类而进行的工期索赔、费用索赔或工期费用双索赔。

（一）工期索赔

工期索赔是指由于非承包人责任的原因而导致施工进度延误，要求批准顺延合同工期从而可能提前工期得到奖励或免除承担拖期违约赔偿风险的索赔。

下列事件经工程师批准后，可以顺延合同工期：

（1）延误发放图纸；

（2）延误移交施工现场；

（3）承包商依据工程师提供的错误数据导致放线错误；

（4）不可预见的外界条件；

（5）施工中遇到文物和古迹而对施工进度的干扰；

（6）非承包商原因检验导致施工的延误；

（7）发生变更或合同中实际工程量与计划工程量出现实质性变化；

（8）施工中遇到有经验的承包商不能合理预见的异常不利气候条件影响；

（9）由于传染病或政府行为导致工期的延误；

（10）施工中受到业主或其他承包商的干扰；

（11）施工涉及有关公共部门原因引起的延误；

（12）业主提前占用工程导致对后续施工的延误；

（13）非承包商原因使竣工检验不能按计划正常进行；

（14）后续法规调整引起的延误；

（15）发生不可抗力事件的影响；

（16）一周内非承包人原因停水、停电、停气造成停工累计超过8小时；

（17）专用条款中约定或工程师同意工期顺延的其他情况。

（二）费用索赔

费用索赔是指当施工的客观条件改变导致承包人增加开支而要求的经济补偿，以挽回不应由承包人承担的经济损失。费用索赔事件包括以下各方面。

（1）工程变更索赔。一是工程变更增加的费用索赔；二是工程变更超限度索赔，即工程变更超过一定限度时（一般不超过±20%）使承包商遭受损失而进行的索赔，通常这类索赔包括三种：

① 工程量增加索赔，即当按原始价估算的工程量增加量超过原始合同价的一定比例（总价合同为20%、维修合同为50%、单价合同为25%、成本加费用合同为50%）时承包商可以索取超过限额以外的工程的补偿；

② 工程量减少索赔，即当按原始价估算的工程压减量超过原始合同价的一定比例（总价合同为20%、维修合同为50%、单价合同为5%、成本加费用合同为33%）时承包

商有权索取赔偿；

③ 子项工程性质发生变化，即设计修改必然导致子项工程性质发生变化，当工程增加量超过 1/3 或工程减少超过 1/4 时，承包商即有权索赔。

（2）工期延误纯属业主和监理工程师方面的原因造成的。

（3）地质条件变化（含地下水）引起的导致费用损失加大或工期延误。

（4）地下障碍物处理导致工程费用增加。

（5）业主要求加速施工或提前总工期导致投入周转材料、劳动力的增加。

（6）由业主风险和特殊风险（如战争、暴乱等）等不可抗力及不可预见事件引起，从而使承包商遭受严重损失的。

（7）业主拖欠工程款引起承包商资金周转困难，影响工程进度甚至终止合同的。

（8）因合同文字模糊不清甚至错误引起承包商损失的索赔，如隧道开挖石方量计算到开挖"设计轮廓线"和"从开挖设计轮廓线"，前者可以理解为"自然方"计量，后者则理解为开挖后"松方"计量。

（9）改变结构、提高标准引起费用的增加。

（10）因业主或监理工程师原因造成的临时停工或施工中断及不合理指令造成了工效的大幅度降低，从而导致费用增加。

（11）业主不正当地终止工程施工或终止合同。

（12）由于国家和地方的任何法规、法令、政令或其他法律、规章发生了变更导致承包商成本增加以及货币汇率变化引起的。

（三）工期费用双索赔

工期费用双索赔即工期索赔中含有费用索赔，费用索赔中又伴有工期索赔。工期费用双索赔事件有：

（1）合同论述含糊（非承包商原因）；

（2）业主或工程师原因拖期；

（3）不利自然条件（与招标不符）；

（4）因工程师数据差错或交桩错误；

（5）工程师剥露或破坏检查（检查后合格）；

（6）业主的风险及修复；

（7）发现化石、古迹等地下障碍物；

（8）中途暂停施工或终止合同或加速施工（非承包商原因）；

（9）业主未能提供现场和相应施工条件；

（10）工程变更；

（11）特殊风险引起的工程破坏；

（12）业主违约，未及时拨付工程款；

（13）法规变化、货币及汇率变化等。

第二节 工程施工索赔的工作程序

一、开工前的准备工作

工程开工前，对项目人员进行索赔教育和索赔知识培训，研究合同文件和设计资料，进行施工现场调查，发现索赔线索，找出索赔点，制订索赔计划，确定索赔目标。

二、出现索赔机会时的工作

一旦出现索赔机会，施工企业应做好以下工作。

（一）进行事态调查

通过对合同实施的跟踪、分析了解事件经过、前因后果，掌握事件详细情况。

（二）损害事件原因分析

分析索赔事件是由何种原因引起的，责任应由谁来承担，划分责任范围。

（三）分析索赔理由

主要依据合同文件判明索赔事件是否属于合同规定义务或未正确履行合同义务导致，是否在合同规定的赔偿范围之内。只有符合合同规定的索赔要求才有合法性，才能成立。

（四）实际损失分析

即分析索赔事件的影响，主要表现为工期的延长和费用的增加。损失调查的重点是分析、对比实际和计划的施工进度，工程成本和费用方面的资料，在此基础上核算索赔值。

1. 工期索赔的计算

工期索赔的计算有网络图分析和比例计算法两种。

（1）网络图分析法是利用进度计划的网络图，分析其关键线路。如果延误的工作为关键工作，则总延误的时间为批准顺延的工期；如果延误的工作为非关键工作，当该工作由于延误超过时差限制而成为关键工作时，可以批准延误时间与时差的差值；若该工作延误后仍为非关键工作，则不存在工期索赔问题。

（2）比例计算法

① 对于已知部分工程的延期的时间。

$$工期索赔值 = \frac{受干扰部分工程的合同价}{原合同总价} \times 该受干扰部分工期拖延时间$$

② 对于已知额外增加工程量的时间。

$$工期索赔值 = \frac{额外或新增工程量的价格}{原合同总价} \times 原合同总工期$$

提醒您：

比例计算法不适用于变更施工顺序、加速施工、删减工程量等事件的索赔。

2. 索赔费用的计算

（1）人工费：包括增加工作内容的人工费、停工损失费和工作效率降低的损失费等累计，但不能简单地用计日工费计算。具体计算方法如下。

① 完成合同之外的额外工作花费的人工费用：人工工日单价×人工工日消耗量。

② 由于非承包商责任的工效降低所增加的人工费用：采用实际用工×计划工资－计划用工×计划工资。

③ 非承包商责任造成的人员窝工费和工资上涨费：人员窝工费不能按照人工工日单价计算，而应按折减的人工工日单价计算（人工工日单价折减系数为0.6～0.7）或按最低工资标准计算。

（2）施工机械使用费。

① 完成额外工作增加的机械使用费：机械台班单价×机械台班消耗量。

② 非承包商责任机械工效降低增加的机械使用费。

③ 非承包商责任机械窝工费。自有设备：按台班折旧费计算，而不能按台班单价计算。租赁设备：一般按照实际租金和调进调出费的分摊计算。

（3）材料费。

① 由于索赔事项，材料实际用量超过计划用量而增加的材料费。

② 由于客观原因材料价格大幅度上涨。

③ 由于非承包商责任造成工程延误导致的材料价格上涨和超期储存费用。

④ 额外工程：材料费＝材料预算价格×材料消耗量。

材料费中应包括运输费、仓储费以及合理的损耗费用。

（4）保函手续费：工程延期时，保函手续费相应增加，反之，取消部分工程且发包人与承包人达成提前竣工协议时，承包人的保函金额相应折减，则计入合同价内的保函手续费也应扣减。

（5）贷款利息：利息的索赔通常发生于以下情况。

① 拖期付款的利息。

② 由于工程变更和工程延期增加投资的利息。

③ 索赔款的利息。

④ 错误扣款的利息。

利息的具体利率主要有按当时的银行贷款利率、按当时的银行透支利率、按合同双方协议的利率和按中央银行贴现率加三个百分点计算。

（6）保险费：按保险项目和实际发生的损失以及延误工期增加保险的费用计算。

（7）利润：一般来说，由于工程范围变更、文件有缺陷或技术性错误、业主未能提供现场等引起的索赔，承包商可以列入利润，但对于工程延期或暂停的索赔，由于利润通常包括在每项实施工程内容的价格之内，延长工期并未影响某些项目的实施，而导致利润减少，所以，一般很难同意索赔利润。

（8）管理费：包括现场管理费和公司管理费。

① 现场管理费。

a.额外工程：按照规定的计算方法计算，可以以直接费或人工费作为计算基数。

b.工期延长。

$$每天的工地管理费 = \frac{合同中工地管理费}{合同工期}$$

$$工期延长的工地管理费 = 每天的工地管理费 \times 工期延长的天数$$

② 公司管理费。

a.额外工程：以额外工程的直接费与工地管理费两者之和为计算基数，乘以公司管理费的比例。

b.工期延长。

$$每天的公司管理费 = \frac{合同中公司管理费}{合同工期}$$

$$工期延长的公司管理费 = 每天的公司管理费 \times 工期延长的天数$$

3.工期费用双索赔计算

工期费用双索赔计算同上述工期索赔计算和费用索赔计算。

（五）证据资料分析

主要分析证据资料的有效性、合理性、正确性，这是索赔要求有效的前提条件。如果在索赔报告中提不出证明其索赔理由、索赔事件的影响、索赔值的计算等方面的详细资料，索赔则不能成立。

（六）搜集工程施工索赔的证据

当一方向另一方提出索赔时，要有正当的索赔理由，且有索赔事件发生时的有效证据，因此，任何索赔事件的确立，其前提条件是必须有正当的索赔理由，且对正当索赔理由说明必须具有证据，靠有效的证据说话。

1.收集索赔证据的原则

收集索赔证据的原则如图8-2所示。

2.索赔证据的种类

索赔证据的种类如下：

（1）招标文件、工程合同及附件、业主认可的施工组织设计、工程图纸、技术规范等；

| 原则一 | 索赔证据必须具备真实性 |

索赔证据必须是在实际实施合同过程中出现的，必须完全反映实际情况，能经得住对方推敲。由于在合同实施过程中业主和承包商都在进行合同管理，收集有关资料，所以双方应有内容相同的证据。不真实、虚假的证据是违反法律和商业道德的

| 原则二 | 索赔证据必须具有全面性 |

索赔方所提供的证据应能说明事件的全过程。索赔报告中所涉及的问题都有相应的证据，不能零乱和支离破碎。否则对方可退回索赔报告，要求重新补充证据，这样会拖延索赔的解决，对索赔方不利

| 原则三 | 索赔证据必须符合特定条件 |

索赔证据必须是索赔事件发生时的书面文件。一切口头承诺、口头协议均无效。变更合同的协议必须由业主、承包商双方签署，或以会议纪要的形式确定，且为决定性的决议。一切商讨性、意向性的意见或建议均不应算作有效的索赔证据；施工合同履行过程中的重大事件、特殊情况的记录应由业主、监理工程签署认可

| 原则四 | 索赔证据必须具备及时性 |

索赔证据是施工过程中的记录或对施工合同履行过程中有关活动的认可，通常，后补的索赔证据很难被对方认可

图8-2　收集索赔证据的原则

（2）工程各项有关设计交底记录、变更图纸和变更施工指令等；

（3）工程各项经业主或监理工程师签认的签证；

（4）工程各项往来信件、指令、信函、通知和答复等；

（5）工程各项会议纪要；

（6）经工程师认可的施工计划及现场实施情况记录；

（7）施工日报及施工日记和备忘录；

（8）工程送电、送水、道路开通、封闭的日期及数量；

（9）工程停电、停水和干扰事件影响的日期及恢复施工的日期；

（10）工程预付款、进度款拨付的数额和日期记录；

（11）工程图纸、图纸变更、交底记录的送达份数和日期记录；

（12）工程有关施工部位的照片及录像资料等；

（13）工程现场有关温度、风力、雨雪等气候记录；

（14）工程检查和验收报告及各项技术鉴定报告等；

（15）工程材料采购、订货、运输、进场、验收、使用等方面的凭证；

（16）按监理工程师要求的时间间隔定期提出阶段索赔报告；

（17）工程会计核算资料及各类财务凭证；

（18）国家、省、市和地方有关影响工程造价、工期的文件、规定等；

（19）汇率变化表；

（20）其他有关资料。

三、索赔通知与报告

（一）发出索赔通知

1. 索赔定性并提出意向通知

索赔事件发生应在合同规定的时间内，项目部直接责任人应请业主（监理工程师）到现场确认事实，进行索赔定性，由总工程师（或技术负责人）负责提出索赔意向通知（包括索赔的内容和理由），并做好同期记录。

2. 提出索赔报告并上报业主进行金额索赔

索赔意向通知提交后应在合同规定的时间内，由总工程师提供索赔事件发生的原因、证据资料和工程量，总经济师（或计划负责人）计算索赔补偿金额和/或工期顺延天数，形成索赔报告，并督促监理、设计等部门确认，确认后按月验工计价（或业主要求的日期）上报业主进行金额索赔。

3. 索赔报告

索赔报告的组成：索赔报告通常包括四个部分，即首先是言简意赅的概括索赔核心内容的标题；其次是对索赔事件的描述，阐明索赔的事实和理由及其合理合法性；再次是损失计算与要求赔偿金额及工期；最后是附证明材料的附件。

编制索赔报告时，应注意以下几点：

（1）索赔事件要真实、证据确凿，令对方无可推卸和辩驳，对索赔事件叙述要清楚明确，避免使用"可能""也许"等估计、猜测性语言，造成索赔说服力不强；

（2）计算索赔值要合理、准确，要将计算的依据、方法、结果详细说明列出，这样易于对方接受，减少争议和纠纷；

（3）责任分析要清楚，在索赔报告中必须明确对方负全部责任，而不可用含糊的语言，这样会丧失自己在索赔中的有利地位，使索赔失败；

（4）在索赔报告中，要强调事件的不可预见性和突发性，说明承包商对它不可能有准备，也无法预防，并且承包商为了避免和减少该事件的影响及损失已尽了最大的努力，采取了能够采取的措施，从而使索赔理由更加充分，更易于对方接受；

（5）明确阐述由于干扰事件的影响，使承包商的工程施工受到严重干扰，并为此增加了支出，拖延了工期，表明干扰事件与索赔有直接的因果关系；

（6）索赔报告书用语应尽量婉转，避免使用强硬、不客气的语言，否则会给索赔带来不利的影响。

（二）索赔资料归档

每月末要设专人及时整理已批复的索赔资料，单独装盒存放，以备竣工结算提供证据。同时每月随验工计价、统计报表上报公司计划科一份工程变更索赔情况统计表，附工程变更索赔情况统计表。

四、应对业主反索赔

在工程操作中施工企业可力争索赔以赚取更多利益，同时业主也会千方百计地通过反索赔以减少索赔，保护自己的合法利益。因此，有索赔必然也就有反索赔。反索赔通常是业主应对承包商索赔的手段。索赔和反索赔是进攻和防守的关系，在合同实施过程中施工企业必须能攻善守，攻守相济，才能立于不败之地。

在工程建设中，双方都在寻找索赔机会，一旦干扰事件发生，大家（参与各方）都会推卸责任，并企图进行索赔。索赔和反索赔具有同等重要的关系，作为施工企业应采取以下措施预防和应对反索赔。

（一）诚信守约，全面履行合同

诚信是企业的立足之本，施工企业要想取得业主的信任，必须全面信守合同，按合同的工期和质量要求完成项目施工，这是承包商防止业主反索赔的根本所在。为此，施工企业应熟悉和全面掌握工程承包合同条款，了解自己及对方在合同中义务、责任和权利，只有这样才能做到知己知彼，全面信守合同，不给业主进行反索赔的借口。工程承包合同是业主反索赔的重要依据，施工企业只要认真分析了合同的全部条款，找出合同文件中不利的条款，提前采取防范措施，就会将业主反索赔的动机打消在初期。工程实施中将合同文件中未约定明确的材料全部经过业主认可后才施工，仅这一点业主对本公司认真的态度就会给予极大的肯定。

（二）有效控制工程项目进度

时间就是效益，时间就是金钱，如果工程按期或提前完工，工程项目就能正常发挥效益；如果工期滞后，拖延工期，就意味着业主将遭受经济损失。工期节点是大多数业主在项目建设期间的首要目标。业主招标文件对工程拖期处罚都有明确规定。在工程实施过程中，尽管施工企业总是千方百计抢赶工期，但由于工程施工过程中不可预见的因素太多。

为了防止业主提出反索赔，施工企业应找出非自身原因影响工期滞后的各种因素，并及时给业主发函说明情况，澄清事实，最好能得到业主的签字认可，这样就可以推卸掉不是由于自身原因而导致工期拖延的因素，减少双方不必要的麻烦；同时因为施工企业在施工中处于弱势，如果不是施工企业原因导致工期拖延，却没能得到业主签字认可的书面文件，最终若工期拖延了，施工企业很可能自己也讲不清楚，摆脱不了干系，蒙受不必要的损失，让业主有反索赔的机会。

（三）加强工程质量控制

质量不合格、不过关，短期虽能给企业带来效益，但从长远看绝不是可行之道，很有可能造成恶劣的影响、极大的经济损失；所以工程质量是工程施工的最重要指标，是重中之重，施工质量控制是业主合同管理的重要内容。施工过程中如果质量不符合验收标准，监理工程师会拒绝签字验收，施工单位要自行返工并承担相应费用。因此施工企业要想不因质量问题被业主反索赔，须加强施工过程中的质量控制，注重每一个细节，层层把关，一定不偷工减料，保证所有分部、分项工程的施工质量都是合格的，这样才能保证总体的施工质量过关。

（四）加强安全管理，杜绝重大安全事故

工程建设中业主对施工安全一定会重视，施工企业不要认为很多工作可有可无，可做可不做，不能做人情工程、面子工程，因为这种做法业主最终都会找到施工企业进行索赔。施工企业必须牢固树立"安全第一"的思想，采取一切措施做好安全文明施工，确保工程和现场施工人员及周边群众的生命安全。

（五）及时有效的沟通和协调

做好协调沟通是增加索赔成功概率不可缺少的因素，施工企业加强与业主、设计等单位的沟通和协调，是减少业主反索赔的行之有效的手段。

某工程由于设计变更很大，调整图纸后增加工作量约20%，根据合同索赔原则工作量调整超出部分可以计算措施费用，项目部及时收集设计资料，及时要求监理工程师确认，及时上报索赔文件。由于该项索赔项目数额较大，损失不易准确计量且容易产生数量上的争议，所以公司将原设计图纸工程量与新版施工图纸工作内容作了对比表，提供给建设单位、监理单位，最终此项索赔措施费用约45万元。

一个大的工程中各种分部、分项工程成千上万，施工工序复杂，施工过程中接口众多，施工工期长，施工环境非常复杂多变。因此，施工企业不可能百分之百地满足合同要求，这时通过加强与监理、设计、业主沟通和协调变得尤为重要，也是索赔能够顺利完成的保障。

五、索赔其他注意事项

（1）施工企业要以索促管，规范项目管理行为。要加强合同、成本、质量、进度、安全和环境管理，既要保证索赔的成功率，又要防止业主反索赔（为避免对方索赔造成经济损失而实施的合理行为）。

（2）主动创造索赔机会。在施工过程中坚持以监理工程师的书面命令为凭证，即使在特殊情况下必须执行其口头命令，亦应于事后立即要求其进行书面文件确认，或者致函给监理工程师，确认已执行其口头命令；当工程师下达的命令前后矛盾时，可提醒之，但不应拒不执行，应将其相互矛盾的命令妥善保存作为索赔依据。

（3）及时抓住索赔机遇。一旦发生可索赔的事件，立即发出索赔通知，千万不要等到工程竣工验收时再提索赔。

（4）投标报价时应冷静分析，对那些日后可提索赔或可能增加的工程部分，单价应尽可能定高些，以备将来计算索赔时能要高价。

（5）以合同为依据，认真编制索赔报告，做到令人信服，经得起推敲。

（6）充分准备索赔时供监理、业主审核的文件和材料。

（7）努力掌握索赔知识，尽量避免打官司，避免"一锤子买卖"，自力更生索赔既可争取主动，还可省节资金。

（8）注意同业主、监理搞好关系，以诚实、信义取人。

（9）当双方发生争议可通过下列途径寻求解决：

① 协商和解；

② 有关部门调解；

③ 按合同约定的仲裁条款或仲裁协调申请仲裁；

④ 向有管辖权的法院起诉。

【实战范本8-01】▸▸▸

工程施工索赔管理办法

第一章　总则

第一条　为加强工程索赔管理工作，充分调动工程项目管理人员的积极性，维护公司在合同履行过程中的合法权益，根据《中华人民共和国合同法》及相关法律法规，特制定本办法。

第二条　本办法所称工程索赔，是指在合同履行过程中，因业主或其他非承包商自身的原因，使承包商付出了额外的费用或造成了损失，承包商通过合法途径和程序，运用谈判、仲裁和诉讼等手段，要求业主补偿费用损失和延长工期的一项经营管理活动。

第三条　工程索赔应遵循合法、合约、合理、客观、及时的原则。

第四条　本办法适用于本公司在建项目、新开工项目及以后新开工项目的工程索赔活动。

第二章　索赔管理机构及职责

第五条　公司预算合约部为工程索赔管理部门，负责对公司各项目的索赔工作进行协调、指导、监督和考核。

第六条 在项目组织机构成立后，即应成立索赔小组。项目经理任索赔小组组长，项目总工程师和管理副经理分别任副组长，组员由法律专家、预算专家、技术部门、计划合同部门、财务部门、物资部门、机械部门、生产调度部门等的人员组成。

第七条 索赔小组的任务是认真研究招投标文件、合同文件，根据设计文件和工程项目的特点，制订工程索赔工作计划，确定各阶段索赔目标，定期召开专题会议研究索赔事项，及时收集、整理索赔资料，编制索赔文件，对索赔文件进行会审，积极进行索赔谈判。

第八条 项目经理作为索赔小组组长，是索赔工作的直接责任人，负责索赔总体计划的制订和组织实施，对索赔结果负责。

第九条 项目总工程师作为索赔小组副组长，在项目经理的领导下，负责技术资料的收集、整理和签证工作。

第十条 管理副经理作为索赔小组副组长，在项目经理的领导下，负责商务资料收集、整理和编制工作。

第十一条 计划合同部门负责招投标文件，合同文件，补充协议，会议纪要，业主下达的施工计划，相关调价文件，相关定额，与分包商、供应商、出租方等签订的合同文件、结算文件和发票等资料的收集、整理工作，负责编制索赔费用、工期延长等商务文件。

第十二条 技术部门应负责下列资料的收集、整理、计算和签证等工作。

（1）工程施工图及说明、设计变更通知单、工程变更通知单或联系单、竣工文件等设计文件。

（2）业主批准的总体施工组织设计、单项施工组织设计和施工方案。

（3）由于施工环境、地质条件等原因发生工程变更时，及时出具工程变更报告，并请监理工程师和业主代表签证确认。

（4）工程数量的计算和签证。

① 当设计变更通知单涉及工程数量变更，而又没有工程数量时，应及时出具书面文件请设计单位予以书面确认。

② 当承包商工程变更报告涉及工程数量变更时，必须有相应的图纸和工程数量。

③ 由于设计变更或施工变更发生在施工过程中，哪些工程细目按哪些设计变更单或施工变更单进行施工，应请监理工程师和业主代表签证。

④ 凡是通过计算得出的工程数量，都要有相应的计算公式和计算说明书。

⑤ 工程数量应经监理工程师和业主代表签证确认。

（5）需要监理工程师和业主签证的其他技术资料。

第十三条 生产调度部门负责做好调度日志、气象情况等记录。

第十四条 物资管理部门负责做好业主供应材料的统计工作，提供相关材料的采购加工合同、数量、价格等。

第十五条　机械管理部门负责提供机械设备的租赁合同、起租报告和退租报告等。

第十六条　财务管理部门负责提供相关人工费用、材料采购费用和机械租赁费用等的付款凭证、发票等。

第三章　索赔事件

第十七条　索赔事件是指在合同履行过程中，由非承包商责任引起的，而承包商又不能影响的不符合"合同状态"的干扰事件，造成施工工期的延长和费用的增加。索赔机会包括但不限于：工程变更、附加工程、工程延期、施工环境变化、施工地质变化、加速施工、业主违约、合同缺陷、国家法律法规和政策的修改、不可抗力等。

第十八条　索赔机会常常表现为具体的干扰事件，干扰事件是承包商的索赔机会，可以提出索赔的干扰事件如下。

（1）合同缺陷，如合同条款不全、错误，或文件之间矛盾、不一致、有二义性等，双方对合同理解发生争执，招标文件不完备，业主提供的信息有错误。

（2）业主没有按合同约定的要求交付设计资料、设计图纸，使工程工期延误。

（3）业主没有按合同约定的日期交付施工场地、行车道路、接通水电等，使承包商的施工人员和设备不能进场，工程不能及时开工，延误工期。

（4）业主或其工程师指令工程停建、缓建，指定改变原合同规定的施工顺序和施工部署。业主及其工程师超越合同规定的权力不合规地干扰承包商的施工过程和施工方案。

（5）业主拖延合同责任范围内的工作，如拖延图纸批准、拖延隐蔽工程验收、拖延对承包商问题的答复，不及时下达指令、决定，造成工程停工。

（6）非承包商责任，业主要求加快工程进度，指令承包商采取加速施工措施。

（7）业主及其工程师的特殊要求。

（8）业主没有按合同约定的时间和数量支付工程款。

（9）在保修期间，由于业主使用不当或其他非承包商责任造成损坏，业主要求承包商予以修理，业主在验收前或交付使用前，擅自使用已完成或未完工程，造成工程损坏。

（10）由于非承包商原因，工程师指令暂停工程施工。

（11）工程地质情况与合同规定的不一样，出现异常。

（12）工程变更。业主及其工程师指令增加、减少或删除部分工程，指令提高标准。业主删除部分工程，而将它委托给其他承包商来完成。

（13）附加工程。在合同规定的范围内，业主指令增加附加工程项目，要求承包商提供合同责任以外服务项目。

（14）由于设计变更，设计错误，业主及其工程师做出错误的指令，提供错误的数据、资料等造成工程修改、报废、停工和窝工等。

（15）物价大幅度上涨，造成材料价格、人工工资大幅度上涨。

（16）货币贬值，使承包商蒙受较大的汇率损失。

（17）国家法令的修改，如提高海关关税等。

（18）不可抗力因素，如反常的气候条件、洪水、战争及其他，是一个有经验承包商所无法预见的任何自然力作用使工程中断或合同终止。

第四章　索赔证据

第十九条　索赔证据的基本要求

1.真实性

索赔证据必须是在实际工程过程中产生的，完全反映实际情况，能经得住对方推敲。

2.全面性

所提供的证据应能说明事件的全过程。索赔报告中所涉及的干扰事件、索赔理由、索赔值等都应有相应的证据，不能零乱和支离破碎，否则业主将退回索赔报告，要求重新补充证据。

3.法律证明效力

索赔证据必须具有法律证明效力。证据必须是当时的书面文件，一切口头承诺、口头协议均无效；合同变更协议必须由双方签署，或以会谈纪要的形式确定，且为决定性决议；工程中的重大事件、特殊情况的记录应由监理工程师和业主代表签署确认。

4.及时性

证据是工程活动或其他活动发生的记录或产生的文件，必须及时由监理工程师和业主代表签署确认，后补的证据不容易被认可。

第二十条　索赔证据一般包括但不限于以下内容。

（1）招标文件、合同文件及附件，其他的各种签约，各种工程图纸、技术规范等。

（2）承包商的报价文件，包括各种工程预算、其他作为报价依据的资料。

（3）承包商上报经业主及其工程师批准的施工组织设计、施工方案和工程实施计划。

（4）来往信件、指令、通知、答复等。

（5）各种会议纪要。

（6）国家法律法规和政策文件。

（7）设计施工图的签收记录。

（8）设计施工图的错误、遗漏、缺陷。工程技术部门在收到设计施工图后，必须组织工程技术人员对设计施工图进行审核，如发现设计错误、遗漏、缺陷和工程数量计算错误，应立即以书面形式报监理工程师、业主和设计单位，请予以书面确认。

（9）施工方案变更。在项目实施过程中，因业主或第三方原因致使工期拖延，业主要求承包商赶工，或施工方法变更，或施工条件变更，导致对原施工方案进行修改。修改后的施工组织设计方案应以书面形式报监理工程师和业主审批后组织实施。

（10）设计变更。设计变更有如下几种情况。

① 监理工程师或业主对设计施工图提出修改意见而变更设计。

② 承包商在审核设计施工图后发现设计缺陷或错误，而提出修改意见。

③ 因地质条件或环境的变化而变更设计。

④ 监理工程师或业主要求提高质量标准而变更设计。

⑤ 因承包商的责任或应承担的风险，或仅为了有利于承包商而变更设计。

前四种情况可向业主进行索赔，第五种情况不能进行索赔，业主还会向承包商进行反索赔。

设计变更确定后，承包商应根据合同文件，在规定的时限内以书面形式报监理工程师和业主确认工程数量、索赔费用和工期延长。

（11）工程数量的计算、复核、签证资料。完工或竣工工程数量应经监理工程师和业主签字确认。

（12）业主及第三方的影响。因业主及第三方原因导致工作不能正常进行，造成停工、窝工及工期延误，应及时以书面形式请监理工程师和业主签字确认。

（13）工地交接记录。交接记录应经监理工程师和业主签字确认，包括但不限于：施工场地交接记录，供水停水记录，供电停电记录，交通开通和关闭记录，与第三方工作面的交接记录，测量控制点交接记录等。

（14）施工现场的工程文件，包括但不限于：施工记录，施工备忘录，施工日报，监理工程师填写的施工记录和各种签证等，它们应能全面反映工程施工中的各种情况，如劳动力数量及分布情况，设备数量及使用情况，工程进度情况，工程质量特殊情况及处理方法等。

（15）工程照片、录像等资料，但必须有时间标识。

（16）气候情况报告，如遇到恶劣的天气，应做详细记录，并请监理工程师和业主签字确认。

（17）工程中各种检查验收报告和各种技术鉴定报告。

（18）业主供应材料、设备的进场时间、数量、规格和质量检验清单，应请监理工程师和业主签字确认。

（19）市场行情资料，包括但不限于：市场价格、官方的物价指数、工资指数等公布资料。

（20）各种会计核算资料，包括但不限于：工资单、工资报表、工程款账单、各种收付款原始社会凭证等。

第五章　索赔程序

第二十一条　在合同履行过程中，索赔小组成员应详细阅读，认真研究并全面理解合同文件的各项具体规定，熟知合同价所包含的内容，掌握合同条款中规定的或隐含的各种索赔权利，善于及时识别正在形成的索赔机会，并按以下方法和程序进行处理。

（1）发现索赔机会，表明索赔意向。当索赔事件发生时，索赔小组应在合同规定的时间内向监理工程师和业主提交索赔意向书。索赔意向书应简明扼要，明确记载已发生的索赔事实，可以不涉及索赔数额。一般包括索赔事件的名称、发生的时间、情况阐述、合同依据、索赔要求等。

（2）收集索赔证据，论证索赔要求。在递交索赔意向通知书后，索赔小组应注意在合同规定的时间内及时递交详细的施工索赔记录。

（3）编制索赔文件，计算索赔金额。索赔小组应组织索赔经验丰富、业务精、责任心强的人员编写索赔文件，索赔文件主要包括以下内容。

① 索赔事件发生的前因后果及背景。

② 索赔的依据及引用的合同条款。

③ 索赔工期和索赔费用的计算。具体论证索赔事件对施工进度和工程成本的影响，详细计算要求延长的工期天数和补偿的费用总额。

④ 相关的证据资料。证据资料一般作为索赔文件的附件，指第二章中阐述的相关证据资料内容。

（4）评审索赔文件，提交索赔报告。索赔文件编制完成后，索赔小组应召开专题会议，对索赔文件进行评审，必要时可报公司进行评审，索赔文件经评审后报监理工程师和业主。

（5）进行索赔谈判，解决索赔争端。在索赔事件的处理过程中，项目部应组织专人与监理工程师、业主进行索赔谈判工作。当监理工程师或业主做出索赔的最终处理意见后，如果双方不能达成一致意见，项目部应尽量采用友好协商或调解的方式解决，如确需进行仲裁或诉讼的，必须报公司领导批准后方可向对方提出仲裁或诉讼意向。

第二十二条　合同文件已明确约定索赔程序的，或监理工程师或业主有索赔程序要求的，按合同约定或相关程序要求办理索赔。

第二十三条　对于建筑工程一切险和第三方责任险以及由项目部投保的机械设备财产险和特殊工种及高空、水上作业人身安全险等的索赔工作，项目部应依据相关保险合同、理赔程序，及时做好取证、索赔工作。必要时，可请保险专家协助。

第六章　索赔管理

第二十四条　项目经理必须有索赔意识，这样才能重视索赔，敢于索赔，善于索赔。索赔作为一项经营管理活动，项目经理必须认真策划，统筹安排，明确目标，周密部署；各职能部门必须职责明确，分工负责，相互协作；同时，应做好工程索赔业务的培训工作，提高工程索赔管理人员的业务素质。

第二十五条　索赔小组人员的忠诚是取得索赔成功的前提条件，因此索赔小组人员应全面领会和贯彻执行索赔总战略，加强索赔过程中的保密工作，努力争取索赔成功。

第二十六条 在合同履行过程中，应确保项目各阶段控制节点目标，确保工程质量和安全文明施工，按合同约定全面履行合同，这是索赔成功的基础。承包商应与业主、设计单位、监理单位及其他相关单位建立良好的关系，为索赔成功创造条件。

第二十七条 索赔应讲究技巧，把握时机，合理确定索赔目标。项目部应将单项索赔事件在合同履行过程中陆续加以解决，不得使单项索赔事件积累造成索赔失效或加大索赔难度，造成不必要的损失。按照合同文件约定，当设计变更或工程数量增加可在中期计量支付阶段通过正常验工进行计价时，应尽可能通过中期计量支付解决。

第二十八条 在合同履行过程中，索赔小组应认真分析合同约定条件变化的原因，对符合索赔事件的干扰事件，及时进行调查分析，予以核实确认，立项索赔。

第二十九条 建立工程索赔管理档案，及时记录索赔事项。索赔事项的记录可按"工程索赔情况统计表"的格式进行登记管理。索赔文件应由项目部中的计划合同部门存档保管，技术部门必须存档保管一套完整的索赔文件的技术资料。

第三十条 各项目部应根据索赔工作的进展情况，在每个季度末月、工程竣工前一个月将索赔事件处理情况统计上报公司预算合约部。

第七章 反索赔

第三十一条 反索赔是指对业主、总包商、分包商、联营体成员、材料和设备供应商等对我方提出的索赔要求，依据合同文件及相关法律法规和政策，进行有效反驳，以减少和防止损失的发生。

第三十二条 防止对方提出索赔要求。在合同履行过程中，要认真履行合同，防止自己违约。干扰事件一经发生，就应着手研究，收集证据，在做索赔处理的同时，要准备反击对方的索赔。如发生双方都有责任的干扰事件，应采取先发制人的策略，首先提出索赔要求。

第三十三条 提出反索赔报告。通过审查对方的索赔报告，找出对方索赔报告中的漏洞和薄弱环节，以全部或部分否定对方的索赔要求。反驳对方的索赔报告，应找出理由和证据，证明对方的索赔报告不符合事实情况、不符合合同规定、没有根据、计算不准确等，以免除或减轻自己的责任，使自己免受或少受损失。

第八章 奖励与处罚

第三十四条 工程索赔和设计变更调整实现的盈利，根据《项目期薪试行办法》的规定，在项目终结时进行考核和兑现。

第三十五条 为鼓励项目部做好索赔管理工作，提高经济效益，工程索赔取得成功后，提取一定奖励基金，对工程索赔表现突出的有功人员进行一次性奖励。

（1）索赔奖励额＝索赔事项净收益×索赔事项奖励系数。

（2）索赔事项奖励系数按下表方法确定。

索赔事项奖励系数表

序号	索赔事件分类		系数/%
1	施工条件变化	地质条件变化，施工环境变化，设计变更，附加工程，加速施工	0.5～1.5
2	业主责任 监理责任 不可抗力 合同缺陷 第三方责任	（1）业主延期交付，如施工现场、交通道路、水电管线、测绘资料、施工图纸等 （2）业主拖付工程款 （3）业主未获得规定的施工许可条件，工期延长，暂停施工，终止合同 （4）监理工程师不能按时提供图纸、发出指令，提供设计和数据错误等 （5）业主或监理工程师指令为其他承包商提供服务等非承包商合同责任事件 （6）业主或监理工程师的其他责任引起的索赔 （7）发现文物、合同缺陷、不可抗力等 （8）第三方责任引起的索赔	2.0～3.0
3	政策性调整	人工、材料价格的涨落，后继立法变更等	0.3～1.0

注：设计变更引起工程数量的增减变化，业主仍按投标单价进行计量者，不在索赔奖励之列。

第三十六条　工程索赔取得成功后，项目部应将索赔成果及有关证明材料报公司审核确认，并提交索赔奖励申请报告（包括建议奖励人员名单），经公司领导研究批准后，对索赔有功人员进行奖励。索赔奖励由项目部支付，并列入项目经营成本。

【实战范本8-02】▶▶▶

工程变更索赔情况统计表

工程名称：　　　　　　　　年　月　日　　　　　金额单位：元

序号	分项工程名称	单位	上报业主情况			业主批复情况			剩余未报部分			对下已批复索赔情况			备注
			工程量	单价	合价	工程量	单价	合价	工程量	单价	合价	工程量	单价	合价	
一	开累索赔														
二	本年索赔														
三	本月索赔														

续表

序号	分项工程名称	单位	上报业主情况			业主批复情况			剩余未报部分			对下已批复索赔情况			备注
			工程量	单价	合价	工程量	单价	合价	工程量	单价	合价	工程量	单价	合价	
1															
2															
3															

第九章
建设项目成本核算

引言

　　建设项目成本核算是指在建筑工程项目成本的构成过程中，对具体施工过程中的各种人力资源、物质资源及费用的开支进行监督、控制、调节，对发现的问题及时解决，最终目标是将工程项目施工过程中所需要的各种资源和费用控制在预期成本范围内。

第一节　建设项目成本核算概述

一、建设项目成本核算的原则

　　为了发挥建设项目成本管理职能，提高建设项目管理水平，建设项目成本核算必须讲求质量，才能提供对决策有用的成本信息。要提高成本核算质量，除了建立合理、可行的建设项目成本管理系统外，很重要的一条，就是遵循成本核算的原则，如图9-1所示。

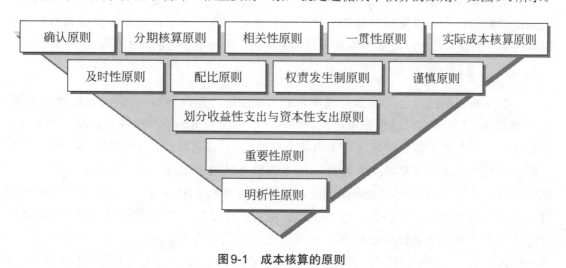

图9-1　成本核算的原则

（一）确认原则

确认原则是指对各项经济业务中产生的成本，都必须按一定的标准和范围加以认定及记录。只要是为了经营目的所产生的或预期要产生的，并要求得以补偿的一切支出，都应作为成本来加以确认。正确的成本确认往往与一定的成本核算对象、范围和时期相联系，并必须按一定的确认标准来进行。这种确认标准具有相对的稳定性，主要侧重定量，但也会随着经济条件和管理要求的发展而变化。在成本核算中，往往要进行再确认，甚至是多次确认。如确认是否属于成本，是否属于特定核算对象的成本（如临时设施先算搭建成本，使用后算摊销费）以及是否属于核算当期成本等。

（二）分期核算原则

施工生产是连续不断的，企业（项目）为了取得一定时期的建设项目成本，就必须将施工生产活动划分若干时期，并分期计算各期项目成本。成本核算的分期应与会计核算的分期相一致，这样便于财务成果的确定。《企业会计准则》第51条指出："成本计算一般应当按月进行"，这就明确了成本分期核算的基本原则。但要指出，成本的分期核算，与项目成本计算期不能混为一谈。无论生产情况如何，成本核算工作，包括费用的归集和分配等都必须按月进行。至于已完建设项目成本的结算，可以是定期的，按月结转，也可以是不定期的，等到工程竣工后一次结转。

（三）相关性原则

相关性原则也称"决策有用原则"。《企业会计准则》第11条指出："会计信息应当符合国家宏观经济管理的要求，满足有关方面了解企业财务状况和经营成果的需要，满足企业加强内部经营管理的需要"。因此，成本核算要为企业（项目）成本管理目的服务，成本核算不只是简单的计算问题，还要与管理融于一体，算为管用。所以，在具体成本核算方法、程序和标准的选择上，在成本核算对象和范围的确定上，应与施工生产经营特点和成本管理要求特性相结合，并与企业（项目）一定时期的成本管理水平相适应。正确地核算出符合项目管理目标的成本数据和指标，真正使项目成本核算成为领导的参谋和助手。无管理目标，成本核算是盲目和无益的，无决策作用的成本信息是没有价值的。

（四）一贯性原则

一贯性原则是指企业（项目）成本核算所采用的方法应前后一致。《企业会计准则》第51条指出："企业也可以根据生产经营特点，生产经营组织类型和成本管理的要求自行确定成本计算方法。但一经确定，不得随意变动"。只有这样，才能使企业各期成本核算资料口径统一，前后连贯，相互可比。成本核算办法的一贯性原则体现在各个方面，如耗用材料的计价方法，折旧的计提方法，施工间接费的分配方法，未完施工的计价方法等。坚持一贯性原则，并不是一成不变，如确有必要变更，要有充分的理由对原成本核算方法进行改变的必要性作出解释，并说明这种改变对成本信息的影响。如果随意变动成本核算方法，并不加以说明，则有对成本、利润指标、盈亏状况弄虚作假的嫌疑。

与可比性原则不同的是：可比性原则要求企业（项目）尽可能使用统一的成本核算、会计处理方法和程序，以便横向比较。而一贯性原则则要求同一成本核算单位在不同时期尽可能采用相同的成本核算、会计处理方法和程序，以便于不同时期的纵向比较。

（五）实际成本核算原则

实际成本核算原则是指企业（项目）核算要采用实际成本计价。《企业会计准则》第52条指出："企业应当按实际发生额核算费用和成本。采用定额成本或者计划成本方法的，应当合理计算成本差异，月终编制会计报表时，调整为实际成本"。即必须根据计算期内实际产量（已完工程量）以及实际消耗和实际价格计算实际成本。

（六）及时性原则

及时性原则是指企业（项目）成本的核算、结转和成本信息的提供应当在要求时期内完成。需要指出的是，成本核算及时性原则，并非越快越好，而是要求成本核算和成本信息的提供，以确保真实为前提，在规定时期内核算完成，在成本信息尚未失去时效情况下适时提供，确保不影响企业（项目）其他环节会计核算工作顺利进行。

（七）配比原则

配比原则是指营业收入与其相对应的成本和费用应当相互配合。为取得本期收入而产生的成本和费用，应与本期实现的收入在同一时期内确认入账，不得脱节，也不得提前或延后。以便正确计算和考核项目经营成果。

（八）权责发生制原则

权责发生制原则是指，凡是当期已经实现的收入和已经产生或应当负担的费用，无论款项是否收付，都应作为当期的收入或费用处理；凡是不属于当期的收入和费用，即使款项已经在当期收付，也不应作为当期的收入和费用。权责发生制原则主要从时间选择上确定成本会计确认的基础，其核心是根据权责关系的实际发生和影响期间来确认企业的支出及收益。根据权责发生制进行收入与成本费用的核算，能够更加准确地反映特定会计期间真实的财务成本状况和经营成果。

（九）谨慎原则

谨慎原则是指在市场经济条件下，在成本、会计核算中应当对企业（项目）可能产生的损失和费用，做出合理预计，以增强抵御风险的能力。为此，《企业会计准则》规定企业可以采用后进先出法、提取坏账准备、加速折旧法等，就体现了谨慎原则的要求。

（十）划分收益性支出与资本性支出原则

划分收益性支出与资本性支出是指成本会计核算应当严格区分收益性支出与资本性支出界限，以正确地计算当期损益。所谓收益性支出是指该项支出产生是为了取得本期收益，即仅仅与本期收益的取得有关，如支付工资、水电费支出等。所谓资本性支出是指不仅为取得本期收益而产生的支出，同时该项支出的产生有助于以后会计期间的支出，如购建固定资产支出。

（十一）重要性原则

重要性原则是指对于成本有重大影响的业务内容，应作为核算的重点，力求精确，而对于那些不太重要的琐碎的经济业务内容，可以相对从简处理，不要事无巨细，均做详细核算。坚持重要性原则能够使成本核算在全面的基础上保证重点，有助于加强对经济活动和经营决策有重大影响及有重要意义的关键性问题的核算，达到事半功倍，简化核算，节约人力、财力、物力，提高工作效率的目的。

（十二）明晰性原则

明晰性原则是指项目成本记录必须直观、清晰、简明、可控、便于理解和利用。使项目经理和项目管理人员了解成本信息的内涵，弄懂成本信息的内容，便于信息利用，有效地控制本项目的成本费用。

二、建设项目成本核算的对象

建设项目成本一般以每一独立编制施工图预算的单位工程为成本核算对象，但也可以按照承包工程项目的规模、工期、结构类型、施工组织和施工现场等情况，结合成本控制的要求，灵活划分成本核算对象。一般来说有以下几种划分的方法。

（1）一个单位工程由几个施工单位共同施工时，各施工单位都应以同一单位工程为成本核算对象，各自核算自行完成的部分。

（2）规模大、工期长的单位工程，可以将工程划分为若干部位，以分部位的工程作为成本核算对象。

（3）同一建设项目，由同一施工单位施工，并在同一施工地点，属于同一建设项目的各个单位工程合并作为一个成本核算对象。

（4）改建、扩建的零星工程，可根据实际情况和管理需要，以一个单项工程为成本核算对象，或将同一施工地点的若干个工程量较少的单项工程合并作为一个成本核算对象。

三、建设项目成本核算的基本任务

（1）执行国家有关成本的开支范围、费用开支标准、工程预算定额和企业施工预算、成本计划的有关规定，控制费用，促使项目合理、节约地使用人力、物力和财力，这是建设项目成本核算的先决前提和首要任务。

（2）正确及时地核算施工过程中产生的各项费用，计算建设项目的实际成本，这是建设项目成本核算的主体和中心任务。

（3）反映和监督建设项目成本计划的完成情况，为项目成本预测，为参与项目施工生产、技术和经营决策提供可靠的成本报告和有关资料，促使项目改善经营管理，降低成本，提高经济效益，这是建设项目成本核算的根本目的。

四、建设项目成本核算的要求

为了圆满地达到建设项目成本管理和核算目的，正确及时地核算建设项目成本，提供对决策有用的成本信息，提高建设项目成本管理水平，在建设项目成本核算中要遵守以下基本要求。

（一）划清成本、费用支出和非成本、费用支出界限

这是指划清不同性质的支出，即划清资本性支出和收益性支出与其他支出，营业支出与营业外支出的界限。这个界限，也就是成本开支范围的界限。企业为取得本期收益而在本期内产生的各项支出，根据配比原则，应全部作为本期的成本或费用。只有这样才能保证在一定时期内不会虚增或少记成本或费用。至于企业的营业外支出，是与企业施工生产经营无关的支出，所以不能构成工程成本。《企业会计准则》第54条指出："营业外收支净额是指与企业生产经营没有直接关系的各种营业外收入减去营业外支出后的余额"。所以如误将营业外收支作为营业收支处理，就会虚增或少记企业营业（工程）成本或费用。

由此可见，划清不同性质的支出是正确计算建设项目成本的前提条件。

（二）正确划分各种成本、费用的界限

这是指对允许列入成本、费用开支范围的费用支出，在核算上应划清的几个界限。

1.划清建设项目工程成本和期间费用的界限

建设项目成本相当于工业产品的制造成本或营业成本。财务制度规定：为工程施工产生的各项直接支出，包括人工费、材料费、机械使用费、其他直接费，直接计入工程成本。为工程施工而产生的各项施工间接费（间接成本）分配计入工程成本。同时又规定：企业行政管理部门为组织和管理施工生产经营活动而产生的管理费用和财务费用应当作为期间费用，直接计入当期损益。可见期间费用与施工生产经营没有直接联系，费用的产生基本不受业务量增减所影响。在"制造成本法"下，它不是建设项目成本的一部分。所以正确划清两者的界限，是确保项目成本核算正确的重要条件。

2.划清本期工程成本与下期工程成本的界限

根据分期成本核算的原则，成本核算要划分本期工程成本和下期工程成本。前者是指应由本期工程负担的生产耗费，无论其收付产生是否在本期，应全部计入本期的工程成本之中；后者是指不应由本期工程负担的生产耗费，无论其是否在本期内收付（发生），均不能计入本期工程成本。划清两者的界限，对于正确计算本期工程成本是十分重要的。实际上就是权责发生制原则的具体化，因此要正确核算各期的待摊费用和预提费用。

3.划清不同成本核算对象之间的成本界限

这是指要求各个成本核算对象的成本，不得"张冠李戴"，互相混淆，否则就会失去成本核算和管理的意义，造成成本不实，歪曲成本信息，引起决策上的重大失误。

4.划清未完工程成本与已完工程成本的界限

建设项目成本的真实程度取决于未完施工和已完工程成本界限的正确划分，以及未完施工和已完施工成本计算方法的正确度，按月结算方式下的期末未完施工，要求项目在期末应对未完施工进行盘点，按照预算定额规定的工序，折合成已完分部分项工程。再按照未完施工成本计算公式计算未完分部、分项工程成本。

竣工后一次结算方式下的期末未完施工成本，就是该成本核算对象成本明细账所反映的自开工起至期末止产生的工程累计成本。

本期已完工程实际成本根据期初未完施工成本、本期实际产生的生产费用和期末未完施工成本进行计算。采取竣工后一次结算的工程，其已完工程的实际成本就是该工程自开工起至期末止所发生的工程累计成本。

上述几个成本费用界限的划分过程，实际上也是成本计算过程。只有划分清楚成本的界限，建设项目成本核算才能正确。这些费用划分得是否正确，是检查评价项目成本核算是否遵循基本核算原则的重要标志。但应该指出，不能将成本费用界限划分的做法过于绝对化，因为有些费用的分配方法具有一定的假定性。成本费用界限划分只能做到相对正确，片面地花费大量人力物力来追求成本划分的绝对精确是不符合成本效益原则的。

五、建设项目成本计算期

建设产品所固有的多样性和单件性的特点，决定了它属于批件生产类型，应采用分批（订单）进行成本核算，将生产费用按成本核算对象和成本项目进行归集与分配，按照工程价款结算时间与成本结算时间相一致的原则，对已向建设单位（发包单位）办理工程价款结算的已完工程，同时结算实际成本，形成表9-1所示的关系。

表 9-1　建设项目成本计算期说明

序号	项目	说明
1	成本计算方法	分批（订单法）
2	生产类型	单件、小批
3	成本核算对象	工程合同中的某个（或某批）单位工程
4	成本计算期	（1）原则：以季为计算期，有条件的以月为计算期 （2）要求 ① 定期计算：采用按月结算工程价款的工程，以月为计算期 ② 不定期计算：采用按期结算工程价款的工程，以办理结算的当月为计算期
5	生产费用在已完工程和未完工程之间的分配	（1）按月结算工程价款方式 ① 未完工程价值较小的，一般可不分配 ② 未完工程价值较大的，应予分配 （2）按合同规定结算期结算工程价款方式 ① 分段结算工程：一般需在两者之间进行分配 ② 竣工后一次结算工程结算前为未完工程费用，结算后为已完工程费用

第二节　建设项目成本核算的基础工作

一、建立完善的成本核算体系

（1）项目部应建立完善的成本核算体系。各级、各部门应各负其责，密切配合，相互制约，明确成本核算岗位职责，使成本核算工作顺利开展，真实反映经营成果。

（2）健全项目成本核算原始记录。为及时准确进行成本核算，真实反映会计信息，财务部门应及时收集成本核算的原始资料，各部门、作业队应按规定日期向财务部门提供有关成本核算资料，积极配合财务部门做好成本核算，不得因为任何原因拖延提供资料，影响成本费用归集的及时性。

（3）健全计量验收盘点制度。技术、安全部门应建立工程量验收计量制度，准确计算工程量；计划部门应建立对下验工计价管理制度，以验算价和承包价准确计量，达到控制成本的目的；物资部门应按内控制度要求，建立材料的收、发、领、退、消耗和盘点制度，达到控制材料费的目的。

（4）工程部门月末应向财务部门提供内部及外部工程验工计价单；物资部门月末应向财务部门提供购入、消耗以及结存情况统计表；资产管理部门月末应提供机械设备的租赁、修理等核算资料；劳资部门月末应提供工资表及劳务费结算单。

【实战范本9-01】▶▶

项目成本核算办法

1.总则

1.1为了加强项目成本的管理，降低耗费，提高经济效益，结合本企业实际情况，特制定本办法。

1.2本办法要求采用"制造成本法"核算项目工程成本，特别强调"权责发生制"和收入与成本配比的原则，实行月度成本核算。会计月度为26日至下月25日，会计年度为公元1月1日起至12月31日。

2.成本管理责任制

2.1工程项目经理部的职责。

2.1.1工程项目经理部是企业内部以成本为中心的核算单位，以责任形式完成公司下达的利润上缴和成本降低指标，负责对工程项目成本进行全面、全过程管理和核算。

2.1.2工程项目经理部经理受公司委托，根据工程承包合同中发生的合同范围以外的签证资料及时向建设单位（发包人）洽商工程索赔等事宜。

2.1.3 对工程项目，必须有预算、核算人员会同公司或公司有关部门，共同拟定成本预测资料，作为项目目标责任制的依据。

2.1.4 准确及时地编制已完工程统计报告、记录编制工程签证资料，以取得建设单位（发包人）的确认，保证工程进度款及时足额收取，并将收取的款项全部存入公司指定账号（外埠工程视具体情况而定）。

2.1.5 项目经理部财务人员的配备，一般情况下设 1～2 人。配备时须经财务部进行资格考核，主管领导批准，本人持会计证方可上岗。

2.1.6 定期召开月度成本分析会，实现成本的过程控制，并将项目经理对成本情况的掌握程度作为项目经理的一项重要考核指标。

2.1.7 项目成本核算内容，统一与现实执行的《××省建筑工程预算定额》及《××省工程综合费用定额》一致。

2.1.8 施工项目工程成本降低指标及目标责任制，由公司总经理责成有关部门下达和签订，且报主管经营的领导或部门认可、备查。

2.2 财务会计（成本核算员）的职责。

2.2.1 严格执行各项有关财务方面的法规及本办法的规定。

2.2.2 负责现场管理费（制造费用）及现场临时设施费的计划控制和核算，对工、料、机械、其他直接费、临时设施费、现场管理费（制造费用）等费用进行综合归集、汇总，并编制项目总成本计划，按月、季考核分析成本计划的执行情况，实行阶段成本控制。

2.2.3 建立健全各项账簿和台账，如实记录项目经营过程中的每项业务。根据各业务人员提供的资料，全面核算工程项目的预算成本和实际成本，编制各种会计报表。设置登记工程成本台账及资金台账，妥善保管各种会计档案和经济核算资料。

2.2.4 开展项目成本分析活动，对成本的升降原因进行及时分析，并提出文字报告。当好项目经理的参谋。

2.3 项目经理部的各业务部门及职能人员，应根据各自业务范围，承担相应的成本管理责任。部门之间要协调统一，密切配合，切实做好成本的预测、计划、控制、核算、分析、考核、决算和报表等各项管理工作，并承担各自的责任。

3. 项目成本核算的内容

3.1 成本核算对象，是指企业根据施工组织的特点，承包工程的实际情况和加强成本管理的要求，确定建筑安装工程成本核算对象。

3.1.1 建筑安装工程一般应以每一个独立编制施工图预算的单位工程为成本核算对象。

3.1.2 一个单位工程项目由多个独立核算单位共同施工时，各单位都应以同一个单位工程为成本核算对象，各自核算自行完成的部分。

3.1.3 规模大、工期长的单位工程，可以将工程分为若干部位，以分部工程作为成本核算对象。

3.1.4 同一建设项目，在同一施工地点，是同一结构、类型，由同一个单位施工，开竣工时间相接近的若干个单位工程，可以合并作为一个成本核算对象。

由工程部、经营开发部等有关部门共同确定成本核算对象，包括名称和范围，一经商定，不得随意改变，以确保核算的统一性。

3.2 工程项目成本由直接成本、间接费、利润和税金四部分组成。

直接工程费成本，是指从事施工过程中所直接耗费的构成工程实体或有助于工程形成的各项支出。直接工程费成本由直接费和措施费构成，其内容如下。

3.2.1 人工费：指企业从事建筑安装工程施工人员的劳动报酬。

（1）施工作业队的劳务费（不含材料工、机械工、临设用工、辅助生产用工等劳务费及管理费）。

（2）生产工人的基本工资、岗位工资、工资性津贴、工人辅助工资、职工福利费、劳动保护费、书报费、加班工资及提取的职工福利费。

（3）采取计件工资制生产工人的工资（根据工程任务单）及各种津贴、补贴、劳动保护费和职工福利费（职工福利费严格控制在工资总额的14%以内，不得突破）。

工资总额包括：①计时工资；②计件工资；③计件标准工资；④计件超额工资；⑤资金；⑥津贴和补贴；⑦加班加点工资；⑧其他工资性费用。

3.2.2 材料费：指施工过程中耗用的构成工程实体的主要材料、结构件、辅助材料、零件、半成品、设备（规定标准以下）的费用和有助于形成工程实体的其他材料以及周转工具的销售和租赁费等（包括现场材料用工的人工费、工程用水的水费、材料管理保管费的摊销）。

3.2.3 施工机械费：包括在施工过程中使用自有施工机械所产生的机械使用费和使用外单位施工机械的租赁费以及按规定支付的施工机械安装费、拆卸费、进出场费和电费。

3.2.4 其他直接费。

（1）措施费：指定额直接费以外施工过程中产生的其他费用，内容包括冬、雨季施工增加费；夜间施工增加费；材料二次搬运费；仪器仪表使用费，是指通信、电子等设备安装工程所需安装、测试仪器仪表摊销及维修费用；生产工具使用费，是指施工生产所需不属于固定资产的生产工具及检验用具等的购置、摊销和维修费，以及支付给工人自备工具补贴费；检验试验费，是指对建筑材料构件和建筑安装物进行一般鉴定、检查所产生的费用；特殊工种培训费；工程定位复测、工程点交、场地清理等费用；特殊地区施工增加费，是指铁路、公路、通信、输电、长距离输送管道等工程在原始森林、高原、沙漠等特殊地区施工增加的费用；安全防护、文明施工费等。

（2）临时设施费：指施工企业为进行建筑安装工程施工所需的达到现行使用标准的生活和生产用的临时建筑物、构筑物及其他临时设施费用等（在成本核算时并在其他直接费中进行核算）。

3.2.5现场管理费（制造费用——间接费）：指施工现场管理人员和管理工程所产生的全部支出，包括现场管理人员、服务人员、警卫消防人员的支出。

（1）施工管理人员的工资。

（2）施工管理人员的奖金。

（3）施工管理人员的福利费。

（4）折旧费。

（5）修理费。

（6）物料消耗。

（7）低值易耗品摊销。

（8）取暖费。

（9）办公用水电费。

（10）办公费。

（11）财产保险费。

（12）差旅费。

（13）劳动保护费。

（14）工程维修费。

（15）排污费。

（16）公司管理费。

（17）外单位管理费。

（18）其他费用。

以上内容构成了工程成本。但是必须明确指出，实际成本的各项目包含内容必须与预算成本有关项目相一致，以利在实际成本控制时分析各成本项目的节超情况。

3.3准确界定成本列支范围。

为保证项目成本核算的准确性、统一性、可比性，需正确区分成本开支与期间费用支出的界限。

4.实际成本的计算规则

4.1人工费实际成本的核算规则。

4.1.1根据劳务用工合同（或协议），项目经理部签认的工程劳务结算书进行结算和转账。按照标明的工程对象，借记"工程施工——人工费"；贷记"现金"或"银行存款"（内部银行存款）"应付账款""预付账款"等。

4.1.2按工资汇总表的工资总额，工资总额的14%以内福利费开支及劳动保护费等，直接记入工程对象（会计分录从简）。

4.1.3在成本考核期内尚未办理结算手续的劳务费，按项目预算员提供结算资料，经项目经理确认签字后可预提计入人工费成本。需要说明的是，"预提费用"最多不能超过两个结算期，年终结算时"预提费用"科目一般情况下不得留余额。

4.2材料费的实际成本核算规则。

4.2.1实际成本中的材料领用，要推行限额领料制。

4.2.2实际成本中耗用材料的数量，必须以计算期内实际耗用量为准，不得以领代用。已领未用的材料，应及时办理退料手续，确实需留下期继续使用的，要办理假退料手续。

4.2.3实际成本中耗用材料的价格，必须按实际价格计算。材料核算采用计划价格的，实际成本中耗用材料应负担计划价格与实际价格的差异，必须按期进行分配，不得任意少摊或多摊。根据建筑行业的价格构成特点，要求：采取加权平均价格进行材料核算。

4.2.4材料用工（材料加工）及材料采购保管费，以直接费实际成本为基数分配到受益对象。

4.2.5对于各种周转材料、组合钢模、大钢模实行内部租赁办法，按合理的租赁价格，以当期实际使用所产生的租赁费计入单位工程材料成本。

4.2.6施工用水，分清受益对象，分配到材料成本。

4.2.7低值易耗品，按下列方法列入成本。

（1）一次摊销法：价值较低的可以在领用时一次计入成本。玻璃器皿等易碎物品无论其价值高低，在领用时一次计入成本。

（2）分期摊销法：价值较高，可以根据耐用期限分期摊入成本或费用。

（3）五五摊销法：即领用时摊销50%，报废时摊销50%。

4.2.8材料实际耗用量的计算方法。

结算期末，由项目经理部材料员对现场的库存材料进行实地盘点并计算出实际盘存量。以此计算当期耗用量。其计算公式为

$$结算期耗用量=上月末库存+本期购进量-本期末库存量$$

其价格按加权平均法执行。

4.3施工机械使用费的核算规则。

4.3.1中小型机具，采用项目经理部向公司外部租赁的办法，项目经理部支付作业台班费并按受益对象记入施工机械使用费。

4.3.2项目经理部支付的大型机械台班费（如果含工、料、燃料、动力、安拆、外运等费用，则机械租赁提供相应的服务项目），按受益对象分配到机械使用费中。

4.3.3各单位工程项目产生的大型机械进出场费以及大型机械的安装拆除费等均应与预算成本对口分配计入项目成本。对一次产生较大的大型机械安装、拆卸、辅助设施的进出场费，首先应通过"待摊费用"科目归集，然后按月根据预算成本口径进行分摊计入受益对象成本。

4.3.4 项目在施工过程中产生的工程用电费（或甲方代付代扣部分），可按照受益对象计入施工机械使用费。

4.3.5 自有机械的折旧、修理费用以及机械配件等费用按照受益对象计入施工机械使用费。

4.4 其他直接费（措施费）的核算规则。

4.4.1 经理部会计人员根据实际产生的结算单，发票和财务核算资料归集"其他直接费"成本。对于施工过程中产生的各种属于其他直接费包括的内容的费用直接计入成本。

4.4.2 凡能分清受益对象的其他直接费，都可直接计入成本项目；如果工程项目是建筑群，也可采用分配方法摊入成本。

4.4.3 冬、雨季施工增加费，商品混凝土中的增加费在实际成本核算时，难以从工、料、机等成本额中分出，则可不在其他直接费中核算（注：在确定预算成本时，可以在工料分析时解决该项问题）。

4.4.4 临时设施费的核算规则。

（1）企业购置临时设施产生的各项支出，借记"临时设施费"科目，贷记"银行存款"等有关科目。需通过建筑安装活动才能完成的临时设施，其支出可先通过"专项工程支出"科目核算，产生费用支出时，借记"专项工程支出"科目，贷记"银行存款"等科目；完成交付使用时，借记"临时设施费"科目，贷记"专项工程支出"科目。然后根据工期受益期和收益对象，按月摊入工程成本。借记"工程施工——其他直接费"；贷记"临时设施摊销"。

（2）临时设施各种零星修理，数额小于5000元的临时设施，并不需通过"专项工程支出"，直接以直接费实际成本为基数分配计入成本。

（3）工程产生的临时设施用工工资、现场照明等费用均可分配进入临时设施费成本。

4.5 现场管理费（制造费用）的核算规则。

4.5.1 实际支付项目管理人员、服务人员、警卫人员工资、奖金、各种津贴，按工资总额口径提取的工作人员职工福利费计入现场管理费。

4.5.2 按实际产生的财务核算资料核算行政管理费用，试验部门使用的属于固定资产的设备及仪器折旧、修理费及租赁费、现场管理用工具用具使用费；现场管理人员的劳动保护费；职工差旅费、办公费；保险费（财产保险及安全保险）、工程保修费、工程排污费等计入现场管理费（制造费用）。

4.5.3 按劳务合同、分包合同支付的外单位管理费计入现场管理费（制造费用）。

4.5.4 按责任承包合同所规定应上交企业的管理费用计入现场管理费（制造费用）。

4.5.5 月末将"现场管理费（制造费用）"科目余额以直接费实际成本为基数分配

记入各受益对象。

4.6专业工程分包费用的核算规则。

凡属于分包工程项目均按此规则进行核算。

4.6.1未在税务机关办理税务登录的分包施工单位，结算必须在结算期末提供已完工程价款结算单，要求分包施工单位提供相应成本票据，按工程成本项目进行结算，其内容包括人工费、材料费、施工机械使用费、其他直接费和间接费用、临时设施费等，要求列明细结算，经项目经理部及有关部门和领导审批后，送交财务部门。会计人员扣减按分包合同规定的扣减项后，分别计入各受益对象。

4.6.2已经在税务机关办理税务登录专业施工单位，工程结算必须在结算期末提供已完工程价款结算单，经项目经理部及有关部门和领导审批后，送交财务部门，会计人员扣减按分包合同规定的扣减项后，分别计入各受益对象。

要求分包单位提供施工工程项目所在地税务机关代开的建筑业专用发票及完税证复印件，并加盖发票专用章。

4.7项目成本核算必须划清下列界限。

4.7.1本期成本与下期成本的界限：不得将本期成本列入下期成本，也不得将下期成本列入本期成本，严格执行"权责发生制"的核算原则。

4.7.2成本核算对象和项目之间的界限：各个成本核算对象的成本不得互相混淆。人工费、材料费、施工机械使用费、其他直接费，凡能够确定成本核算对象的，都应直接按对象列入成本；不能直接列入的费用以及管理费用，应按规定的分配方法进行分摊。

4.7.3已完工程（或产成品）成本与未完工程（或在产品）成本的界限：不得将未完工程（或在产品）成本计入已完工程（或产成品）成本，也不得将已完工程（在产品）成本计入未完工程（在产品）成本。

成本项目界线必须划分清楚，不得串项。

5.项目成本核算具体操作

5.1项目经理部以确认的单位工程作为成本核算对象，设置单位工程成本台账，并实行月结算成本。

5.2项目成本核算的方法和步骤。

5.2.1确定和划分预算成本。

（1）结算期末项目经理部的统计人员及预算人员通过实测实量计算已完分部、分项工程量并汇总，按工程规定的取费标准和分率，以工料分析的形式，计算出当月实际完成工程量，填制建安企业生产任务完成统计月报表，该项目经理审定签字后，送交项目成本会计人员作当期预算成本收入的依据。

（2）预算人员在接到经建设单位（发包方）及权威机构确认的"建安企业生产任

务完成月报表"后送交财务人员（或公司财务科），以此编制"工程价款结算单"报送建设单位签章后收回结算期工程进度款。

（3）工程竣工后，按照合同和施工过程中经建设单位（发包人）确认的各种技术资料的经济资料及时调整总造价和预算成本。

5.2.2 实际成本核算具体操作。

5.2.2.1 人工费成本核算的具体操作。

（1）项目经理部根据审核无误的人工费结算单（劳务作业队），按照标明的工程对象，直接计入人工费成本。

（2）对包工不包料的分包工程应随完随结，项目经理部和公司在完成对分包单位工程结算工作后，将结算单进行审查汇签，交财务部门予以付款。财务部门据结算单实际产生费用，将属于人工费列支的部分按受益对象进行归集，记入当期工程成本。

（3）结算期没有及时结算的，按本办法4.1.3进行办理。

（4）对在结算期内发生的不属于工程承包范围的用工，预算人员及有关人员必须及时、准确地办理原始签证和结算，作为财务人员的核算依据。

5.2.2.2 材料核算的具体操作。

（1）向内部物资部门调用的材料，由项目经理部材料人员验收入库，并将有关手续提交材料部门会计人员作价提，交财务部门及时办理内部款项结算。

（2）结算期末，材料人员对现场材料进行认真盘点，并对当期签发的材料耗用限额领料单和出库单对照结算、汇总，编制结算期材料消耗汇总表，报材料部门会计计价后，报送财务部门会计人员。

（3）财务部门核算人员依据上述资料，将已耗材料进行分配，按工程项目核算对象计入成本。

（4）周转材料租赁费，由项目经理部材料人员审核签章后交会计人员办理结算，并按受益对象直接进入当期成本。

（5）按有关规定办理材料成本差异的分配。

（6）按有关规定分配材料用工和材料采购保管费的分配。

5.2.2.3 施工机械使用费的具体操作。

（1）期末，项目经理部会计人员收到转入的大型机械设备租赁费结算单和中小型机械租赁费结算单，进行审核，无误后，根据单位工程使用数直接计入成本。

（2）项目经理部使用未实行租赁或承包使用的机械，由核算人员将工资福利费、折旧、摊销费及修理费、燃料、动力费、机具、出租费归集到"辅助生产"科目，再进行分配计入成本。

（3）现场使用的工程用电支出费用，按受益对象直接计入成本。

（4）项目经理部产生的大型机械进出场费、安拆费均应与承包工程预算成本对口，相应进入成本。

5.2.2.4其他直接费的具体操作。

当期产生的属于本办法3.2.4其他直接费（措施费）的核算规则。

5.2.2.5临时设施费的具体操作。

按本办法3.2.5现场管理费（制造费用——间接费）的规则进行操作。

5.2.2.6现场管理费（制造费用）核算的具体操作。

项目经理部为组织和管理工程施工产生的全部支出均通过"现场管理费（制造费用）"科目核算，然后在期末以直接费实际成本为基数分配到各受益对象成本中。

6.成本分析

6.1项目成本分析，是项目经理部项目成本管理的一项重要内容，它有助于项目成本升降的及时掌握和控制，及时找出经营过程中的漏洞和不足，根据分析情况提出成本控制改进措施，从而达到提高经济效益的目的。

6.2项目成本分析要按照项目成本责任制的分工，由项目经理组织各专业人员具体分析。

6.3项目成本分析的依据是：施工定额、工程合同、分包合同、消耗定额、经营承包责任制、成本计划等。利用上述依据与每一个会计期间实际成本支出比较分析，披露成本指标完成程度、原因和措施。

6.4项目成本分析的重点是人工费、材料费、机械费。

6.5具体分析方法采用比较法。具体的可采用绝对数分析和相对数分析。

6.6要求定期分析和经常分析相结合；综合分析与专题分析相结合；重点分析与一般分析相结合，按月分析最为适宜。

7.竣工工程成本决算

7.1竣工工程成本编制准备。

7.1.1项目工程竣工后，必须对竣工成本进行决算，为了正确核算工程成本，项目经理部还要配合经营开发部门的预决算人员检查工程造价是否完整，在正确计算竣工工程成本时，要检查建设单位（发包人）供水、供电、供料和加工等费用是否全部计入在账，现场剩余材料是否及时办理退料和转移手续，工程成本记录是否完整正确，有无将属于专项工程支出挤入成本的情况。

7.1.2有时全部工程已基本完成具备使用条件，只因个别工程缺乏材料，设备或其他原因造成短期内不能解决收尾工程的进行，这时可以在工程收尾以前就作为"竣工"处理，对于个别的特殊原因不能及时收尾的工程，也可以作为竣工处理，但是应同时具备：

（1）经建设单位同意并办理竣工决算；

（2）施工单位已提出收尾工程清单，并有计算依据；

（3）收尾工程费用不超过预算成本；

（4）经行业监理机构（或建设单位）批准同意，方可将其费用预提计入成本。

7.2 竣工成本编制程序。

7.2.1 工程项目工程竣工后，由预算部门编制竣工决算书，报送建设单位和权威机构审核确认最终造价，必须把所有可能签认的项目考虑周全以免造成丢项少收，尤其是签证工程或其他有争议的事项。

7.2.2 财务部门收到确认的工程决算书后，随即考察该项目的资金回收情况，如有拖欠则及时收款，争取不留尾款，以免建设单位机构变动导致清欠困难，如发现资金有问题，财务部门及时向领导或有关部门通报，采取必要措施。

7.2.3 根据竣工决算书，调整、分解、分析工程结算收入。

7.2.4 将工程余料盘点后，办理退料手续，冲减实际成本。

7.2.5 拆除临时设施，将拆除后的余料价值扣除清理拆除费用之后临时设施净值调整工程项目成本。

7.2.6 财务部门检查项目成本实际支出是否全面、完整。

7.2.7 编制"竣工工程成本表"，并考核工程成本总效益，报公司、集团公司主管部门作为项目承包合同兑现考核依据。

7.3 整理档案。开工前合同、内部合同、施工协议、组织设计、竣工决算、会计档案要妥善保管。

8.项目成本核算的结算传递程序与要求

8.1 为了理顺项目成本核算，根据集团公司的实际情况，特制定项目成本核算与结算传送程序与要求。

8.2 工程的结算传递程序与要求。

8.2.1 每月25日为工程盘点日，公司经营部结合项目统计人员进行项目工程形象和实物量盘点。26日将盘点结果报送项目经理签字后，交工程部门、项目材料员、项目预算员各一份。28日项目预算员按实际盘点工程量提供项目预算收入、工料分析，交项目成本会计人员、劳资员、材料员各一份。

8.2.2 材料员负责审核周转工具租赁费、构件，并于每月25日进行工程用料盘点及库存材料盘点，同时办理领退料手续，于26日前将领退料转交材料会计进行账务处理，28日前转交成本会计人员进行账务处理，同时材料会计根据实际进料的调整计算出本期应收回的材料差价，用文字形式通知成本会计（会计人员）调整预算成本，通知工程结算员作为向甲方收取款项的依据，材料人员负责向甲方索取材料差价的签证（注：机械、周转工具结转租赁费27日前转账完毕）。

8.2.3 材料设备部与项目经理部管理设备的人员在27日前将各项目经理部所用的各种机具的租赁费计算出转交财务部门进行账务处理（注：现场机具管理人员应审核

租赁计价单并签证）。

8.3项目经理部技术人员应及时办理技术性变更的签证并转交预算人员及时调整预算收入。

8.4劳务作业队每月26日前完成任务单的结算，由项目预算人员以劳动合同和任务单为依据计算结算单，27日前将项目经理签字确认的结算单交会计人员，记入当期项目成本。

8.5外协施工队伍不管清包或大包均应按实际完成的工程量由预算人员进行结算，办理会签后，在30日前转交财务人员记入项目成本有关科目。

二、项目成本核算须有账有据

成本核算中要运用大量数据资料，这些数据资料的来源必须真实可靠、准确、完整、及时，一定要以审核无误、手续齐备的原始凭证为依据。同时，还要根据内部管理和编制报表的需要，按照成本核算对象、成本项目、费用项目进行分类、归集，因此要设置必要的生产费用账册、正式成本账进行登记，并增设必要的成本辅助台账。

（一）建设项目成本会计的账表

项目经理部应根据会计制度的要求，设立核算必需的账户，进行规范的核算。编制项目资产负债表、损益表及项目有关的成本表、费用表。正式"成本会计"账表定为"三账四表"：工程施工账（项目成本明细账、单位工程成本明细账），施工间接费账，其他直接费账，项目工程成本表，在建工程成本明细表，竣工工程成本明细表，施工间接费表。

以下根据所附报表格式说明各类报表的钩稽关系，项目经理部填列报表时同理操作（表9-2～表9-7）。

表9-2 ××市施工企业20××年月度会计报表（主要税金应交明细表）

会施地月01表附表

编报单位：××建筑工程公司　　　　　20××年×月　　　　　金额单位：元

机行次	项目	行次	本月数	本年累计数
1	一、增值税			
2	1.期初未交数（多交或未抵扣数用负号填列）	1		
3	2.销项税额	2		
4	出口退税	3		
5	进项税额转出	4		
6		5		

续表

机行次	项目	行次	本月数	本年累计数
7	3.进项税额	6		
8	已交税金	7		
9		8		
10	4.期末未交数	9		
11	二、消费税			
12	1.期初未交数（多交或未抵扣数用负号填列）	10		
13	2.应交数	11		
14	3.已交数	12		
15	4.期末未交数	13		
16	三、营业税			
17	1.期初未交数（多交数用负号填列）	14		
18	2.应交数	15		
19	3.已交数	16		
20	4.期末未交数（多交数用负号填列）	17		
21	四、城乡建设维护税			
22	1.期初未交数（多交数用负号填列）	18		
23	2.应交数	19		
24	3.已交数	20		
25	4.期末未交数（多交数用负号填列）	21		
26	五、土地增值税			
27	1.期初未交数（多交数用负号填列）	22		
28	2.应交数	23		
29	3.已交数	24		
30	4.期末未交数（多交数用负号填列）	25		
31	六、企业所得税			
32	1.期初未交数（多交数用负号填列）	26		
33	2.应交数	27		
34	3.已交数	28		
35	4.期末未交数（多交数用负号填列）	29		

行政领导人：　　　　　　　　　　　　　总会计师：

表 9-3 ××市施工企业 20××年月度会计报表

损益表

会施地月 02 表
金额单位：元

编报单位：××建筑工程公司　　　　　　20××年×月

机行次	项目	行次	本月数	本年累计数
1	一、工程结算收入	1		
2	减：工程结算成本	2		
3	工程结算税金及附加	3		
4	二、工程结算利润	4		
5	加：其他业务利润	5		
6	减：管理费用	6		
7	财务费用	7		
8	三、营业利润	8		
9	加：投资收益	9		
10	补贴收入	10		
11	营业外收入	11		
12	用含量工资节余弥补利润	12		
13				
14				
15	减：营业外支出	13		
16	结转的含量工资节余	14		
17	四、利润总额（亏损以"－"号表示）	15		

会计主管人员：　　　　　　　　　　　　　　　制表人：

表 9-4 工程成本表

会施地月 03-1 表
金额单位：元

编报单位：××建筑工程公司　　　　　　20××年×月

项目	行次	本期数				累计数			
		预算成本	实际成本	降低额	降低率	预算成本	实际成本	降低额	降低率
		1	2	3	4	5	6	7	8
人工费	1								
外清包人工费	2								
材料费	3								

续表

项目	行次	本期数				累计数			
		预算成本	实际成本	降低额	降低率	预算成本	实际成本	降低额	降低率
		1	2	3	4	5	6	7	8
结构件	4								
周转材料费	5								
机械使用费	6								
其他直接费	7								
间接成本	8								
工程成本合计	9								
分建成本	10								
工程结算成本合计	11								
工程结算其他收入	12								
工程结算成本总计	13								

企业负责人：　　　　　　　　　财务负责人：　　　　　　　　　编制人：

表 9-5　在建工程成本明细表

编报单位：××建筑工程公司　　　　　　20××年×月

单位名称	本月数							
	预算成本	人工费	外包费用	材料费	周转材料费	结构件	机构费	其他直接费
第一工程管理部								
第二工程管理部								
第三工程管理部								
第五工程管理费								
第六工程管理部								
安装分公司								
第一分公司								
第二分公司								
第三分公司								
机关								
合计								

续表

单位名称	本月数							
	施工间接费	分包成本	实际成本合计	降低额	降低率	工程其他收入	预算成本	实际成本
第一工程管理部								
第二工程管理部								
第三工程管理部								
第五工程管理费								
第六工程管理部								
安装分公司								
第一分公司								
第二分公司								
第三分公司								
机关								
合计								

单位名称	本年度累计			跨年度累计				
	降低额	降低率	工程其他收入	预算成本	实际成本	降低额	降低率	工程其他收入
第一工程管理部								
第二工程管理部								
第三工程管理部								
第五工程管理费								
第六工程管理部								
安装分公司								
第一分公司								
第二分公司								
第三分公司								
机关								
合计								

单位负责人：　　　　　　　　　　　　　　　　编报日期：20××年×月×日

表 9-6 竣工工程成本明细表

编报单位：××建筑工程公司　　　　　　　　20××年×月

单位名称	人工费			材料费		周转材料费	结构件	
	预算	实际	外包费用	预算	实际	预算实际	预算	实际
第一工程管理部								
第二工程管理部								
第三工程管理部								
第五工程管理费								
第六工程管理部								
安装分公司								
第一分公司								
第二分公司								
第三分公司								
机关								
合计								

单位名称	机械费		其他直接费		施工间接费		分建成本		合计
	预算	实际	预算	实际	预算	实际	预算	实际	预算成本
第一工程管理部									
第二工程管理部									
第三工程管理部									
第五工程管理费									
第六工程管理部									
安装分公司									
第一分公司									
第二分公司									
第三分公司									
机关									
合计									

续表

单位名称	合计					合计数中属于本年度的			
	实际成本	降低额	降低率	工程其他收入	预算成本	实际成本	降低额	降低率	工程其他收入
第一工程管理部									
第二工程管理部									
第三工程管理部									
第五工程管理费									
第六工程管理部									
安装分公司									
第一分公司									
第二分公司									
第三分公司									
机关									
合计									

单位负责人： 　　　　　成本员： 　　　　　编报日期：20××年×月×日

表9-7 费用表

编报单位：××建筑工程公司 　　　　　20××年×月 　　　　　单位：元

行次	项目	管理费用	财务费用	施工间接费	小计	备注
1	工作人员薪金					
2	职工福利费					
3	工会经费					
4	职工教育经费					
5	差旅交通费					
6	办公费					
7	固定资产使用费					
8	低值易耗品摊销					
9	劳动保护费					
10	技术开发费					
11	业务活动经费					
12	各种税金					

续表

行次	项目	管理费用	财务费用	施工间接费	小计	备注
13	上级管理费					
14	劳保统筹费					
15	离退休人员医疗费					
16	其他劳保费用					
17	利息支出					
17-1	其中：利息收入					
18	银行手续费					
19	其他财务费用					
20	内部利息					
21	资金占用费					
22	房改支出					
23	坏账损失					
24	保险费					
25						
26						
27	其他					
28	合计					

行政领导人：　　　　　　　财会主管人员：　　　　　　　　　　　　编表人：

（二）建设项目成本核算的"管理会计"台账

建筑工程企业应该建立建设项目成本核算的"管理会计"台账，相关表格如表9-8 ～表9-21所示。

表 9-8　建设项目成本核算的"管理会计"台账

序号	台账名称	责任人	原始资料来源	设置要求
1	产值构成台账	统计员	"已完工程验工月板"	反映施工产值的费用项目组成
2	预算成本构成台账	统计员 预算员	"已完工程验工月板"及"竣工结算账单"	反映预算成本按成本项目的拆算情况
3	增减账台账	预算员	增减账资料	反映单位工程在施工过程中因工程变更而发生的工程造价的变更情况，以及按实算按实调整的事项和金额
4	人工耗用台账	经济员	劳动合同结算单	反映内包工和外包工的用工情况

续表

序号	台账名称	责任人	原始资料来源	设置要求
5	材料耗用台账	料具员	入库单，限额领料单	反映月度分部分项收、发、存数量金额
6	结构件耗用台账	构件员	结构耗材费用月报	反映单位工程主要结构件的耗用情况
7	周转材料使用台账	料具员	周转材料租用结算单	反映单位工程周转材料的租用和赔偿情况
8	机械使用台账	经济员	机械租赁月报	反映单位工程的机械租赁情况
9	临时设施（专项工程）台账	料具员（经济员）	搭拆临时设施耗工、耗料等资料	反映临时设施的搭拆情况
10	技术措施执行情况台账	工程师 预算员 成本员	措施项目、工程量和措施内容，节约效果	反映单位工程技术组织措施的执行和节约效果，检查和分析技术组织措施的执行情况
11	质量成本台账	施工员 技术员 经济员	用于技措项目的报耗实物量费用原始单据	反映保证和提高工程项目质量而支出的有关费用
12	甲供料台账	核算员 料具员	建设单位（总承包单位）提供的各种材料构件验收、领用单据（包括"三料"交料情况）	反映供料实际数据、规格、损坏情况
13	分包合同台账	成本员	有关合同副本应交项目成本员备案，以便登记和结算	反映项目经理部与有关分包商签订的主要经济合同的签约、履行、结算等情况

表 9-9 产值构成台账

单位工程名称：　　　　　　　年　　月份

日期		工作量/万元	预算成本						2.5%大临费	工程成本表预算成本合计	计划利润4%已减让利	装备费3%全部	劳保基金1.92%全部	二税一费	二站费用	双包费用	机械分包
年	月		高进高出	系数材差	直、间接费	利息	计账数合计									

制表人：

表 9-10　预算成本构成台账

单位工程名称：		结构		面积	平方米		预算造价		竣工决算造价		
项目		人工费	材料费	周转材料费	结构件	机械使用费	其他直接费	施工间接费	分建成本	合计	备注
原合同数											
增减数											
竣工决算数											
逐月发生生数											
年	月										

表 9-11　单位工程增减账台账

单位工程名称：

编号	日期		内容	金额	其中：直接费部分							签证状况		
	年	月			合计	人工费	材料费	结构件	周转材料费	机械费	其他直接费	已送审	已签证	已报工作录

表 9-12　人工耗用台账

单位工程名称：

日期		内包工		外包工		其他		合计		备注
年	月	工日数	金额	工日数	金额	工日数	金额	工日数	金额	

表 9-13　主要材料耗用台账

单位工程名称：

日期		材料名称	水泥	水泥	水泥	沙子	石子	统一砖	20孔砖	水灰	纸筋灰	商品混凝土	沥青	玻璃	油毛毡	瓷砖	地砖	陶瓷锦砖
年	月	规格																
		单位	吨	吨	吨	吨	吨	万块	万块	吨	吨	立方米	吨	立方米	卷	块	块	平方米
		合同预算数																
		增加账																
		实际耗用数																

表 9-14　结构件耗用台账

单位工程名称：

日期		构件名称	钢窗	钢门	钢板	木门	木窗	其他本制品	多孔板	椭形板	阳台板	扶梯梁	扶梯板	过梁	小构件	成形钢筋	金属制品	铁制品
年	月	规格																
		单位	平方米	平方米	平方米	平方米	平方米	元	平方米	平方米	平方米	平方米	平方米	平方米	平方米	吨	吨	吨
		计划单价																
		预算用量																
		增减账																
		实际耗用量																

表 9-15　周转材料使用台账

单位工程名称：

年		名称	组合钢模		钢管脚手		脚手扣件		回形销		山字夹		毛竹		海底笆		钢木脚手板		木模		组合钢模赔损		金额合计
月	日	单位	平方米		套		只		只		只		支		块		块		平方米		平方米		
		单价																					
		摘要	数量	金额	数量	金额	数量	金额	数量	金额	数量	金额	数量	金额	数量	金额	数量	金额	数量	金额	数量	金额	
		施工预算用量																					

表 9-16　机械使用台账

单位工程名称：

机械名称																	金额合计
型号规格																	
年	月	台班	单价	金额	台班	单价	金额	台班	单价	金额	台班	单价	金额	台班	单价	金额	

表 9-17　临时设施（专项工程）台账

单位工程名称：

日期		人工		水泥	钢材	木材	沙子	石子	砖	门窗	屋架	石棉瓦	水、电、料	其他	活动房	机械费	金额合计
年	月	工日	金额	吨	吨	立方米	吨	吨	万元	平方米	榀	张	元	元	元	元	
逐月消耗																	

续表

日期		作业棚	机具棚	材料库	办公室	休息室	厕所	宿舍	食堂	浴室	化灰池	储水池	道路	围墙	水、电、料	金额合计
年	月	平方米	平方米	平方米	平方米	平方米	平方米	平方米	平方米	平方米	平方米	平方米				
化制建成		元	元	元	元	元	元	元	元	元	元	元	元	元	元	

表 9-18 技术措施执行台账

单位工程名称：

年		分部分项	单位	工程量	掺用原状粉煤灰代沙子	掺用石悄代沙子	掺用磨细粉煤灰节约水泥	掺用木质素节约水泥	使用碎砖三合土代道砟	使用散装水泥	金额合计
月	日	工程项目									
		钢筋混凝土带基C20	立方米								
		基础墙MU10	立方米								
		本月合计									
		自开工起累计									

注：节约金额的计算，钢筋混凝土带基120立方米，掺用50%砂屑代沙子，120×0.632×50%（30–24）；MU10砂浆基础墙154立方米，掺用50%原状粉煤灰代沙子，154×1.515×50%×（30–8）。

表 9-19 质量成本台账

单位工程名称：

质量成本科目	日期						
预防成本	质量工作费						
	质量培训费						
	质量奖励费						
	在建产品保护费						
	工资及福利基金						
	小计						

续表

质量成本科目 \ 日期								
鉴定成本	材料检验费							
	构件检验费							
	计量工具检验费							
	工资及福利基金							
	小计							
内部故障成本	操作返修损失							
	施工方案失误损失							
	停工损失							
	事故分析处理费							
	质量罚款							
	质量过剩支出							
	外单位损坏返修损坏							
	小计							
外部故障成本	保护期修补							
	回访管理费							
	诉讼费							
	索赔费用							
	经营损失							
	小计							
外部保证成本	评审费用							
	评审管理费							
	质量成本总计							
	（质量成本/实际成本）× 100%							

表 9-20　甲供料台账

单位工程名称：

年		凭证		摘要	供料情况				结算方式			经办人	备注
月	日	种类	编号		名称	规格	单位	数量	结算方式	单价	金额		

表 9-21　分包合同台账

单位工程名称：

序号	合同名称	合同编号	签约日期	签约人	对方单位及联系人	合同标的	履行标的	结算日期	违约情况	索赔记录

第三节　建设项目成本核算的要点

成本的核算过程，实际上也是各项成本项目的归集和分配过程。成本的归集是指通过一定的会计制度以有序的方式进行成本数据的收集和汇总，而成本的分配是指将归集的间接成本分配给成本对象的过程，也称间接成本的分摊或分派。

一、建造合同核算

（一）合同总收入的核算

合同总收入是指业主能够认可的、金额能够可靠计量的、通过履行该项建造合同所能取得的各项收入，包括：合同初始收入、合同变更收入、索赔收入、奖励收入等。

1.合同初始收入的确认

（1）合同初始收入确认条件和依据。

与业主签订了正式的建造合同，明确了双方权利义务，即可对该建造合同的合同初始收入进行确定，签订的正式合同作为确认合同初始收入的依据。

（2）合同初始收入确认标准。

一般以合同总金额作为合同初始收入，但合同总金额中包含的由业主控制的项目，是否产生及产生的额度具有很大的不确定性，在确认合同初始收入时予以扣除，待合同执行过程中实际形成符合收入确定条件时计入合同总收入，如备用金、暂定金、计日工等。

2.合同变更收入的确认

（1）确认合同变更增加的收入，应同时满足两个条件：一是业主能够认可因变更而增加的收入，二是该收入能够可靠计量。

（2）确认合同变更收入一般应取得如下证据：

① 业主签发的变更项目"工程价款结算单""变更索赔项目审批表"等结算单据；

② 与业主签订的相关补充合同、协议或会议纪要；

③ 双方共同认可的第三方机构的仲裁协议、调解书以及谅解备忘录等。

（3）确认合同变更收入的标准如图9-2所示。

标准一	业主办理工程变更项目"工程价款结算单"或"变更索赔项目审批表"的，以结算单、审批表载明的金额作为变更收入
标准二	结算申请文件已报给业主，尚未办理正式结算手续，但已与业主经过谈判并签订相关的补充协议或会议纪要，可以补充协议或会议纪要对变更事项和变更总价确认的情况作为变更收入
标准三	有充分证据证明该变更事项由业主承担，但暂未取得业主的确认，从程序上已取得项目监理（咨询）工程师认可，并已核定结算数待业主审批时，以监理（咨询）工程师确认的变更工程量以及有关协议和会议纪要对变更单价的情况进行判断，按照判断的最低可能额度作为变更收入
标准四	以合同双方共同认可第三方机构的仲裁、调解结果作为变更收入
标准五	对上述形式以外的特殊情况，按照谨慎、客观原则判断的额度作为变更收入

图9-2　确认合同变更收入的标准

3.合同索赔收入的确认

（1）确认合同索赔增加的收入，应同时满足两个条件：第一，根据谈判情况，预计对方能够同意该项索赔；第二，对方同意接受的金额能够可靠计量。

（2）确认合同索赔收入一般应取得如图9-3所示的证据。

证据一	业主签发的索赔项目"工程价款结算单""变更索赔项目审批表"等结算单据
证据二	业主或决定做出补偿的第三方签发的补偿协议或相关文件
证据三	法院判决书、仲裁机构仲裁决议、调解书以及谅解备忘录
证据四	业主虽未做出正式的索赔批复或决议，但已做出明确的补偿意向且在已足额支付正常的工程结算价款基础上另行额外支付相应额度的资金

图9-3　确认合同索赔收入的证据

（3）确认合同索赔收入的标准如图9-4所示。

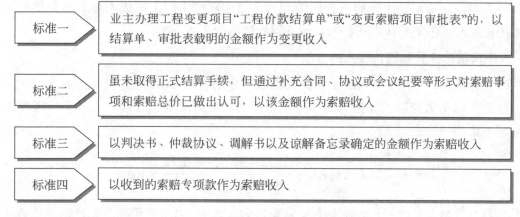

图9-4　确认合同索赔收入的标准

4.合同奖励收入的确认

合同奖励收入的确认条件、依据和标准如图9-5所示。

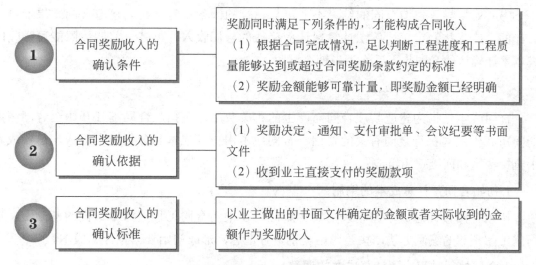

图9-5　合同奖励收入的确认条件、依据和标准

5.建造合同结果不能可靠估计情况下的合同收入

建造合同结果不能可靠估计，以能可靠收回的成本确认合同收入，不确认合同毛利。

可收回成本的额度应根据以下条件综合分析，谨慎判断：

（1）与业主达成初步一致意见的结算单价；

（2）与业主合作的类似项目结算单价；

（3）与同类业主类似项目结算单价；

（4）业主认可实际完成的工程量；

（5）实际收到的工程价款（不含工程预付款）。

如果有证据表明业主无履行合同的能力，已实际产生的工程成本得不到补偿的，即成本不能收回，不能确认合同收入，应立即确认为费用。

6. 不同情形下分期确认收入的方法

（1）建造合同结果能够可靠估计的合同收入分期确认方法。

建造合同结果能够可靠估计的，应当采用完工比例法确认合同收入。完工进度根据实际成本比例法确定。

$$合同完工比例 = \frac{累计实际发生的合同成本}{合同预计总成本} \times 100\%$$

当期确认的合同收入＝合同总收入×合同完工比例－以前会计期间累计已确认的收入

（2）建造合同结果不能可靠估计的合同收入分期确认方法。

如果建造合同的结果不能可靠估计，则不能采用完工比例法确认合同收入，按照谨慎性原则，将所有能可靠收回的累计合同成本作为累计合同收入，减去前期已经累计确认的合同收入作为当期确认的合同收入。

（3）如果导致建造合同的结果不能可靠估计的因素不复存在，建造合同结果能可靠估计的，应当按照完工比例法计算累计应确认的合同收入，再减去前期按照能可靠收回成本累计确认的合同收入后作为当期合同收入。

（二）合同成本的核算

合同成本是指为建造某项合同而产生的相关费用，包括从合同签订开始至合同结束期间所产生的与执行合同有关的费用。合同成本由自营成本和分包成本组成，自营成本由直接费用和间接费用组成。

1. 初始合同预计总成本的编制

初始合同预计总成本编制采用实物量法。在采用合同工程量清单数据的基础上，根据施工图预算的编制方法，按照费用类别进行汇总，形成初始合同预计总成本。

2. 合同执行过程中预计总成本的调整

合同执行过程中的预计总成本＝累计实际产生的成本＋剩余工程预计产生的成本

累计实际产生的成本根据"工程施工——合同成本"账户累计产生额确定。剩余工程预计产生的成本，是指通过测算预计在合同执行过程某时点剩余工程还需产生的成本。

3. 合同费用的分期确认

（1）建造合同结果能够可靠估计情况下确认方法。

建造合同结果能够可靠估计的，应当根据完工比例法确认当期的合同费用。

当期确认的合同费用＝合同预计总成本×合同完工比例－以前会计期间累计已确认的合同费用

（2）建造合同结果不能可靠估计情况下确认方法。

如果建造合同的结果不能够可靠估计，则不能采用完工比例法确认和计量合同费用，按照谨慎性原则，将累计产生的成本全部确认合同费用，当期产生成本作为当期确认的合同费用。

（三）建造合同的会计核算

1.建造合同结果能可靠估计情况下的会计核算

建造合同结果能可靠估计情况下的会计核算如表9-22所示。

表 9-22　建造合同结果能可靠估计情况下的会计核算

序号	业务	核算的会计分录
1	产生直接费用时	借：工程施工——合同成本——直接费用（××项目） 　　贷：银行存款、应付账款、应付职工薪酬、原材料、累计折旧等
2	产生间接费用时	借：工程施工——间接费用 　　贷：银行存款等
3	期末将间接费用分配计入各合同成本	借：工程施工——合同成本——间接费用（××项目） 　　贷：工程施工——间接费用
4	根据完工比例确认收入、成本	借：工程施工——合同毛利 　　主营业务成本 　　贷：主营业务收入
5	工程价款的结算	借：应收账款（本科目应按××集团内外业主核算） 　　贷：工程结算
6	工程竣工决算的账务处理	（1）根据竣工决算资料确认收入 借：工程施工——合同毛利 　　主营业务成本（即当期工程施工费借方产生额） 　　贷：主营业务收入（决算总价——已确认的收入） （2）将"工程施工"科目余额与"工程结算"科目余额对冲 借：工程结算 　　贷：工程施工——合同成本 　　　　工程施工——合同毛利
7	如果合同预计总成本超过合同预计总收入，应将预计损失立即确认为当期费用	（1）借：主营业务成本 　　　贷：主营业务收入 　　　　　工程施工——合同毛利 （2）借：资产减值损失 　　　贷：存货跌价准备 （3）工程决算时，账务处理 借：主营业务成本（当期的工程施工借方产生额–存货跌价准备） 　　存货跌价准备 　　贷：主营业务收入 　　　　工程施工——合同毛利 注：主要适用于在施工过程中已产生的成本+预计为完成合同尚需产生的成本大于预计总收入的情况

2.建造合同结果不能可靠估计情况下的会计核算

如果建造合同的结果不能可靠地估计，企业不能采用完工比例法确认合同收入和费用，而应区别以下两种情况进行会计处理。

（1）合同成本能够收回的，合同收入根据能够收回的实际合同成本加以确认，合同成本在其产生的当期确认为费用。

（2）合同成本不能收回的，应在产生时立即确认为费用，不确认收入。

二、人工费的核算

（一）人工费的核算内容

人工费是指直接从事建筑安装工程施工工人的各项薪酬支出。主要包括：职工工资、奖金、津贴和补贴，生产工人辅助工资，职工福利费，劳动保护费，各项社会保险费用，工会经费、职工教育经费，非货币性福利，劳务费等。

应由机械使用费、井巷工程辅助费、间接费、辅助生产等核算的人工费不包括在本项目内。

（二）人工费的核算

1.工资表及各项奖金表

日常的工资性支出要根据工资表及时计入当月成本；年末的经营承包兑现奖及其他需要根据当年经营情况发放的工资、奖金，如果因客观情况难以及时核算出实际数字的，则应根据真实可靠的资料合理预计后计入当年成本。

借：工程施工——合同成本——人工费——工资（××项目）

　　贷：应付职工薪酬——职工工资

2.与工资相关的各项薪酬计提表

根据当月工资总额计提各项工资附加或社保部门核定的各项社保费用计入当月成本。如果社保部门未能及时核定出当月数据，则要根据上月核定数或其他科学合理的预计数计入当月成本。

借：工程施工——合同成本——人工费——社会保险费、工会经费等（××项目）

　　贷：应付职工薪酬——社会保险费、工会经费等（××项目）

3.劳务分包及单项工程分包发票

签订合法、合规的分包合同，并在审批时与预算进行对比，超预算部分不予审批，预算范围内的要及时和分包队伍结算劳务费或单项工程，避免因成本不实导致财务确认收入和甲方结算数不一致。对于分包的单项工程，要采用一定的方法将其中的人工成本分离出来计入人工费。

借：工程施工——合同成本——人工费——劳务费（××项目）

　　贷：应付账款

4. 产生职工福利费

借：工程施工——合同成本——人工费——职工福利费（××项目）

　　贷：应付职工薪酬——职工福利费

5. 产生劳动保护费

借：工程施工——合同成本——人工费——劳动保护费（××项目）

　　贷：相关科目

三、材料费核算

（一）材料费核算的内容

材料费包括施工过程中耗用的构成工程实体的原材料、辅助材料、构配件、其他材料的实际成本和周转材料的摊销及租赁费用。

在进行材料费核算时，必须严格划分施工生产耗用与非生产耗用的界限，只有直接用于工程的材料才能计入工程成本的"材料费"中。

（二）原材料的核算

1. 原材料入库

采购人员到财务报账时，应持购货发票、运费发票、保险费发票、装卸费结算单、入库单财务报销联、采购合同、比价采购审批单和对应的材料采购计划等，并经相关领导审核签字。入库单财务稽核联同时送达财务，由材料稽核人员单独保管，用于月末与入库单仓库记账联进行核对。

借：原材料

　　贷：银行存款、应付账款——供应商等

对于运费与装卸费，如果不能分清负担对象，可按所购存货的数量或采购价格比例进行分配，计入采购成本。

2. 原材料的暂估入库与冲销

月末，应由材料稽核人员对入库单财务稽核联与仓库记账联进行核对，仓库记账联多于财务稽核联的，属于料到票未到，要进行暂估入账。财务作账时，应根据财务签收完毕多出来的入库单仓库记账联登记的名称、数量、暂估单价、暂估金额、采购人编制"暂估入库材料明细表"一式两联，第一联作为暂估入账的依据，第二联作为次月冲销暂估材料的依据。同时计入暂估的入库单仓库记账联在会计手中保存，用于和次月签收材料时签来的红字入库单仓库记账联进行核对，当月核对上的入库单仓库记账联蓝字联与红字联可以一同附在冲暂估的凭证后或者单独保管，没有核对上的蓝字入库单仓库记账联财务继续暂估。

借：原材料——××类——××材料

　　贷：应付账款——原材料暂估入库

次月初，财务要用红字原数冲回上月的原材料暂估，作账依据为"暂估入库材料明细表"第二联及名称、数量、单价、金额一致的红字、蓝字入库单仓库记账联。

暂估材料发票到达时，材料部门按暂估信息开具红字入库单，从材料管理角度冲销原来的材料入库，再按发票价格重新开具入库单，按正常程序办理入库。同时，开具红字出库单，冲销原来入账的材料出库和成本，再按发票价格开具蓝字出库单，重新做材料出库与成本的账务处理。

3. 原材料出库

项目部领用材料时，应依据审批后的材料采购计划，由项目部材料管理人员填写申请，项目部经理签字后报公司采供部，采供部根据经公司领导审核的领料申请填制移拨单，仓库保管员根据移拨单发货。

期末，财务人员根据出库单（移拨单）或材料消耗汇总表分配计算各项目部的成本。材料出库采用先进先出法确定发出材料的实际成本。

从公司仓库领用时，公司机关的处理如下。

借：内部往来

　　贷：原材料

项目部的处理如下。

借：原材料

　　贷：内部往来

从项目部仓库领用的处理如下。

借：工程施工——合同成本——材料费（××项目）

　　贷：原材料

4. 施工现场材料的盘点

施工现场材料的盘点对于准确确定当期的材料成本至关重要。因此，期末应对施工现场材料进行盘点，已领未用的材料，要办理假退料，以便真实反映材料成本。

账务处理时，以红字出库单作为入账依据。

借：原材料

　　贷：工程施工——合同成本——材料费（××项目）

下月初再用红字冲回。

5. 工程结束后剩余材料的退库或处理

工程结束后未使用的材料，项目部要组织人员进行盘点。盘点时要求材料管理人员、仓库保管人员、财务人员参加，并编制盘点表，由参加盘点的人员签字确认。

对于未使用的材料，方便搬运并且经济合理的，要退回仓库，并冲减工程成本；对于无法搬运或搬运不方便、经济上不合理的材料，可以就地处理，处理收入冲减工程成本。边角料、废料的处理收入冲减工程成本。

会计核算：对于退料入库的材料，以入库单作为作账依据；对于就地处理的材料，以收据等作为账务处理的依据。

借：原材料或现金、银行存款

　　贷：工程施工——合同成本——材料费（××项目）

（三）周转材料的核算

1.周转材料入库

采购人员到财务报账时，应持购货发票、运费发票、保险费发票、装卸费结算单、入库单财务报销联等，并经相关领导审核签字。入库单财务稽核联同时到达财务，用于月末与入库单的仓库记账联进行核对。

借：周转材料——在库

　　贷：应付账款——供应商、银行存款等

对于运费与装卸费，如果不能分清负担对象，可按所购存货的数量或采购价格比例进行分配，计入采购成本。

2.周转材料的暂估入库

月末，根据入库单的财务稽核联与仓库记账联的核对，仓库记账联多于财务稽核联的，属于料到票未到的材料，财务要进行暂估。作账时，应根据入库单财务稽核联与仓库记账联的核对结果，编制"暂估入库周转材料明细表"作为入账单据。

借：周转材料——在库

　　贷：应付账款——周转材料暂估入库

待发票到达的当月，先冲回暂估，再按正常程序办理周转材料入库手续，并调整原来暂估的入账价值，但不调整原来已计提的摊销。

3.周转材料出库

以出库单作为入账依据。

借：周转材料——在用

　　贷：周转材料——在库

4.周转材料摊销

周转材料摊销的会计核算要求如表9-23所示。

表 9-23　周转材料摊销的会计核算要求

序号	业务	核算的会计分录
1	设有租赁站的核算	（1）内部租赁 期末，公司机关根据周转材料摊销表，核算周转材料的摊销 借：辅助生产 　　贷：周转材料——摊销 安全用周转材料，一次性按原值全额摊销冲减安全费用 借：专项储备——安全费用 　　贷：周转材料——摊销

序号	业务	核算的会计分录
1	设有租赁站的核算	结算租赁费时，根据租赁站出具的租赁费结算单、租赁协议及其他证明资料 借：内部往来 　贷：辅助生产 项目部根据收到的租赁费结算单等 借：工程施工——合同成本——材料费（××项目） 　贷：内部往来 （2）从社会租赁的周转材料，根据租赁合同或协议，编制周转材料租赁费计算表 借：内部往来 　贷：应付账款 项目部根据收到的租赁费结算单等 借：工程施工——合同成本——材料费（××项目） 　贷：内部往来
2	未设租赁站的核算	期末，公司机关根据周转材料摊销表，核算周转材料的摊销 借：内部往来 　贷：周转材料——摊销 项目部根据收到的租赁费结算单等 借：工程施工——合同成本——材料费（××项目） 　贷：内部往来
3	项目部自有的周转材料	期末，按统一规定的方法，由项目部将周转材料摊销直接计入工程成本。根据周转材料摊销表 借：工程施工——合同成本——材料费（××项目） 　贷：周转材料——摊销 项目部直接从社会租用的周转材料，根据租赁合同或协议，编制租赁费结算单 借：工程施工——合同成本——材料费（××项目） 　贷：应付账款

四、机械使用费核算

（一）机械使用费的核算内容

主要包括施工生产过程中使用自有施工机械所产生的机械使用费、租用外单位施工机械支付的租赁费和施工机械的安装、拆卸和进出场费。

矿建井巷施工中提升系统、给排水系统、通风安全系统、运输系统、供电照明系统的设备租赁费、折旧费、修理费以及安装、拆卸和进出场费不在此项目核算，计入井巷辅助费。

（二）机械使用费的核算

1.设有租赁站的核算

（1）公司自有的设备，每期由租赁站计提折旧，租赁站向项目部收取租赁费。

计提折旧时，根据编制的折旧计提表处理。

借：辅助生产

　　贷：累计折旧

结算租赁费时，根据租赁费计算表入账。

公司机关财务的账务处理如下。

借：内部往来

　　贷：辅助生产

项目部的账务处理如下。

借：工程施工——合同成本——机械使用费（××项目）

　　贷：内部往来

（2）外租设备。

结算租赁费时，以发票、租赁费结算单等作为入账依据。

公司机关的账务处理如下。

借：内部往来

　　贷：应付账款

项目部的账务处理如下。

借：工程施工——合同成本——机械使用费（××项目）

　　贷：内部往来

2.未设租赁站的核算

计提折旧时，二级单位机关以折旧计算表和收据作为入账依据。

借：内部往来

　　贷：累计折旧

项目部根据公司出具的折旧计算表及收据处理如下。

借：工程施工——合同成本——机械使用费（××项目）

　　贷：内部往来

（三）期末机械使用费的暂估

期末，因各种原因，无法及时取得设备租赁费结算单时，需要对机械使用费进行暂估，暂估时应以合同、协议等为依据确定暂估金额，次月初予以冲回。

借：工程施工——合同成本——机械使用费（××项目）

　　贷：应付账款

（四）施工机械的耗材核算

施工机械消耗的油料、燃料、电费，施工机械的安装、拆卸、进出场费，施工机械修理费、修理用配件、材料等计入机械使用费。以出库单、结算单、发票等作为依据。

借：工程施工——合同成本——机械使用费（××项目）

　　贷：原材料、应付账款等

五、其他直接费核算

（一）其他直接费核算内容

相关的设计和技术援助费用、环境保护费，文明施工、安全施工、施工现场材料的二次搬运费，生产工具和用具的使用费、检验试验费、工程定位复测费、工程点交费用、场地清理费用、特殊工种培训费，冬、雨季及夜间施工增加费、其他措施费等。

（二）其他直接费的核算

1.科目设置

根据费用实际产生情况，在"工程施工——合同成本——其他直接费"下设置：冬、雨季及夜间施工增加费、材料的二次搬运费、安全措施及矿山救护费、其他措施费等相关的明细子目进行核算。

2.费用归集

借：工程施工——合同成本——其他直接费（××项目）
　　贷：银行存款、原材料、应付账款等

六、井巷工程辅助费核算

（一）井巷工程辅助费的核算内容

井巷工程辅助费指井巷工程施工所产生的提升、给排水、通风、运输、供电照明、其他等辅助系统的费用，具体包括：人工费、材料费、机械费。

（二）井巷工程辅助费的核算

1.科目设置

为归集井巷工程辅助费，应在"工程施工——合同成本"下设三级明细科目"井巷工程辅助费"，然后根据各辅助系统产生的人工费、材料费、机械费等设置四级明细科目及"职工薪酬（可根据实际情况设置五级明细工资及奖金、福利费、社会保险费等）""辅助材料及维修""折旧及摊销""动力及燃料""其他费用"等。

2.费用归集

（1）产生人工费用时，做如下会计分录入账。

借：工程施工——合同成本——井巷工程辅助费——职工薪酬（××项目）
　　贷：应付职工薪酬

（2）提取辅助系统职工社会保险费等，做如下会计分录入账。

借：工程施工——合同成本——井巷工程辅助费——职工薪酬（××项目）
　　贷：应付职工薪酬——社会保险费
　　　　其他应付款——工会经费等

（3）辅助系统产生的材料费及维修费用，做如下会计分录入账。

借：工程施工——合同成本——井巷工程辅助费——辅助材料及维修费（××项目）

　贷：原材料等

（4）辅助系统机械设备产生的折旧或租赁费，做如下会计分录入账。

借：工程施工——合同成本——井巷工程辅助费——折旧及摊销费（××项目）

　贷：内部往来（设备统一由机关管理）、累计折旧、应付账款（租赁费）等

（5）辅助系统机械设备用电或燃料，做如下会计分录入账。

借：工程施工——合同成本——井巷工程辅助费——动力及燃料（××项目）

　贷：原材料、应付账款、银行存款等

6.辅助系统产生的其他费用

借：工程施工——合同成本——井巷工程辅助费——其他费用（××项目）

　贷：现金、银行存款等

7.立井井架、稳车和大型施工设备的进出场及安装费用

属于措施工程费，其费用产生时计账如下。

借：工程施工——合同成本——其他直接费——其他费用（××项目）

　贷：银行存款、原材料、应付账款等

正常生产运营后的折旧及维护费用，归入辅助系统机械设备费用中核算。

七、间接费核算

（一）施工间接费的构成

施工间接费是指施工单位在组织管理施工过程中产生的、不能直接归属到某项工程的各项开支。

施工间接费的构成：主要包括临时设施摊销费和现场管理费，即施工、生产单位管理人员工资、奖金、职工福利费、劳动保护费、固定资产折旧费及修理费、物料消耗、低值易耗品摊销、取暖降温费、水电费、办公费、差旅费、财产保险费、工程保修费、排污费等。

（二）间接费的科目与分配

间接费是施工企业下属的施工单位为组织和管理施工生产活动所产生的共同性费用，一般难以分清具体的收益对象，因此在费用产生时，应先通过"工程施工——间接费"科目进行归集，期末再按直接费比例法进行分配。

直接费比例法是以各项目实际产生的直接费为基数分配间接费的一种方法。

$$间接费分配率=\frac{当期实际产生的全部间接费}{当期各项目实际发生的直接费之和}$$

某项目当期应负担的间接费＝该项目当期实际产生的直接费×间接费分配率

（三）间接费的账务处理

1.费用归集

借：工程施工——间接费

　　贷：银行存款、应付账款、应付职工薪酬等

2.月末在各项目之间进行摊销

借：工程施工——合同成本——间接费（××项目）

　　贷：工程施工——间接费

10

第十章
建设项目成本分析

引言

　　建设项目的成本分析，就是根据统计核算、业务核算和会计核算提供的资料，对项目成本的形成过程和影响成本升降的因素进行分析，以寻求进一步降低成本的途径（包括项目成本中的有利偏差的挖潜和不利偏差的纠正）；另外，通过成本分析，可从账簿、报表反映的成本现象看清成本的实质，从而增强项目成本的透明度和可控性，为加强成本控制，实现项目成本目标创造条件。由此可见，建设项目成本分析，也是降低成本、提高项目经济效益的重要手段之一。

第一节　建设项目成本分析概述

　　建设项目成本分析，应该随着项目施工的进展，动态地、多形式地开展，而且要与生产诸要素的经营管理相结合。这是因为成本分析必须为生产经营服务，即通过成本分析，及时发现矛盾，及时解决矛盾，从而改善生产经营，同时又可降低成本。

一、建设项目成本分析的原则

　　从成本分析的效果出发，建设项目成本分析应该符合如图10-1所示的原则。

原则一　　要实事求是

在成本分析中，必然会涉及一些人和事，也会有表扬和批评。受表扬的当然高兴，受批评的未必都能做到"闻过则喜"，因而常常会有一些不愉快的场面出现，乃至影响成本分析的效果。因此，成本分析一定要有充分的事实依据，应用"一分为二"的辩证方法，对事物进行实事求是的评价，并要尽可能做到措辞恰当，能为绝大多数人所接受

图10-1

原则二 ▷ 要用数据说话

> 成本分析要充分利用统计核算、业务核算、会计核算和有关辅助记录（台账）的数据进行定量分析，尽量避免抽象的定性分析。因为定量分析对事物的评价更为精确，更令人信服

原则三 ▷ 要注重时效

> 也就是成本分析及时，发现问题及时，解决问题及时，否则就有可能贻误解决问题的最好时机，甚至造成问题成堆，积重难返，产生难以挽回的损失

原则四 ▷ 要为生产经营服务

> 成本分析不仅要揭露矛盾，而且要分析矛盾产生的原因，并为克服矛盾献计献策，提出积极的有效的解决矛盾的合理化建议。这样的成本分析，必然会深得人心，从而受到项目经理和有关项目管理人员的配合和支持，使建设项目的成本分析更健康地开展下去

图 10-1　建设项目成本分析的原则

二、建设项目成本分析的内容

从成本分析应为生产经营服务的角度出发，建设项目成本分析的内容应与成本核算对象的划分同步。如果一个建设项目包括若干个单位工程，并以单位工程为成本核算对象，就应对单位工程进行成本分析；与此同时，还要在单位工程成本分析的基础上，进行建设项目的成本分析。

建设项目成本分析与单位工程成本分析尽管在内容上有很多相同的地方，但各有不同的侧重点。从总体上说，建设项目成本分析的内容应该包括如表10-1所示的三个方面。

表 10-1　建设项目成本分析的分类

类别	内容
随项目施工的进展进行的成本分析	·分部、分项工程成本分析 ·月（季）度成本分析 ·年度成本分析 ·竣工成本分析
按成本项目构成进行的成本分析	·人工费分析 ·材料费分析 ·机械使用费分析 ·其他直接费分析 ·间接成本分析

续表

类别	内容
专题分析及影响因素分析	· 成本盈亏异常分析 · 工期成本分析 · 资金成本分析 · 技术组织措施节约效果分析 · 其他因素对成本影响分析

第二节 建设项目成本分析的方法

一、成本分析的基本方法

（一）比较法

比较法，又称"指标对比分析法"。就是通过技术经济指标的对比，检查计划的完成情况，分析产生差异的原因，进而挖掘内部潜力的方法。这种方法，具有通俗易懂、简单易行、便于掌握的特点，因而得到了广泛的应用，但在应用时必须注意各技术经济指标的可比性。

比较法的应用，通常有如图10-2所列的三种形式。

形式一	将实际指标与目标指标对比。以此检查目标的完成情况，分析完成目标的积极因素和影响目标完成的原因，以便及时采取措施，保证成本目标的实现
形式二	本期实际指标和上期实际指标对比。通过这种对比，可以看出各项技术经济指标的动态情况，反映建设项目管理水平的提高程度
形式三	与本行业平均水平、先进水平对比。通过这种对比，可以反映项目的技术管理和经济管理与其他项目的平均水平和先进水平的差距，进而采取措施赶超先进水平

图10-2 比较法的应用形式

 案例＜ ···

某项目本年度"三材节约额"的目标为100000元，实际节约120000元，上年节约95000元，本企业先进水平节约130000元。根据上述资料编制分析表，如下。

实际指标与目标指标、上期指标、先进水平对比表							单位：元
指标	本年目标数	上年实际数	企业先进水平	本年实际数	差异数		
					与目标比	与上年比	与先进比
"三材节约额"	100000	95000	130000	120000	＋20000	+25000	−10000

（二）因素分析法

因素分析法，又称连锁置换法或连环替代法。这种方法，可用来分析各种因素对成本形成的影响程度。在进行分析时，首先要假定众多因素中的一个因素发生了变化，而其他因素则不变，然后逐个替换，并分别比较其计算结果，以确定各个因素的变化对成本的影响程度。

因素分析法的计算步骤如图10-3所示。

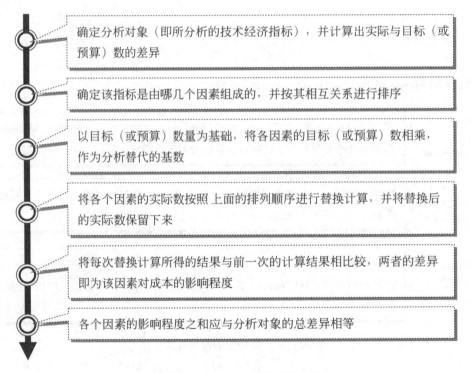

- 确定分析对象（即所分析的技术经济指标），并计算出实际与目标（或预算）数的差异
- 确定该指标是由哪几个因素组成的，并按其相互关系进行排序
- 以目标（或预算）数量为基础，将各因素的目标（或预算）数相乘，作为分析替代的基数
- 将各个因素的实际数按照上面的排列顺序进行替换计算，并将替换后的实际数保留下来
- 将每次替换计算所得的结果与前一次的计算结果相比较，两者的差异即为该因素对成本的影响程度
- 各个因素的影响程度之和应与分析对象的总差异相等

图10-3　因素分析法的计算步骤

　案例 〈 ┈┈┈┈┈┈┈┈┈┈┈┈┈┈┈┈┈┈┈┈┈┈┈

某工程浇筑一层结构商品混凝土，目标成本为364000元，实际成本为383760元，

比目标成本增加19790元。根据下表的资料，用"因素分析法"分析其成本增加原因。

商品混凝土目标成本与实际成本对比表

项目	单位	计划	实际	差额
产量	立方米	500	520	＋20
单价	元	700	720	＋20
损耗率	%	4	2.5	−1.5
成本	元	364000	383760	＋19760

[解] ① 分析对象是浇筑一层结构商品混凝土的成本，实际成本与目标成本的差额为19760元。

② 该指标是由产量、单价、损耗率三个因素组成的，其排序如下。

③ 以目标数364000元（=500×700×1.04）为分析替代的基础。

④ 第一次替代：产量因素，以520替代500，得378560元，即520×700×1.04=378560（元）。

第二次替代：单价因素，以720替代700，并保留上次替代后的值，得389376元，即520×720×1.04=389376（元）。

第三次替代：损耗率因素，以1.025替代1.04，并保留上两次替代后的值，得38760元，即520×720×1.025=383760（元）。

⑤ 计算差额：第一次替代与目标数的差额=378560−364000=14560（元）。

第二次替代与第一次替代的差额=389376−378560=10816（元）。

第三次替代与第二次替代的差额=383760−389376=−5616（元）。

产量增加使成本增加了14560元，单价提高使成本增加了10816元，而损耗率下降使成本减少了5616元。

⑥ 各因素的影响程度之和=14560+10816−5616=19760（元），与实际成本和目标成本的差额相等。

为了使用方便，企业也可以通过运用因素分析表来求出各因素的变动对实际成本的影响程度，其具体形式见下表。

商品混凝土成本变动因素分析表

顺序	连环替代计算	差异/元	因素分析
目标数	500×700×1.04		
第一次替代	520×700×1.04	14560	由于产量增加120立方米，因此成本增加14560元
第二次替代	520×720×1.04	10816	由于单价提高20元，因此成本增加10816元

续表

顺序	连环替代计算	差异/元	因素分析
第三次替代	520×720×1.025	−5616	由于损耗率下降15%，因此成本减少5616元
合计	14560＋10216−5616＝19760	19760	

提醒您：

在应用"因素分析法"时，各因素的排列顺序应该固定不变。否则，就会得出不同的计算结果，也会产生不同的结论。

（三）差额计算法

差额计算法是因素分析法的一种简化形式，它利用各个因素的目标与实际的差额来计算其对成本的程度。

（四）比率法

比率法是指用两个以上的指标的比例进行分析的方法。它的基本特点是：先把对比分析的数值变成相对数，再观察其相互之间的关系。常用的比率法有：相关比率、构成比率和动态比率。

二、综合成本的分析方法

（一）分部、分项工程成本分析

这是建设项目成本分析的基础。分析对象是已完分部分项工程。分析方法：进行预算成本、目标成本和实际成本的"三算"对比，分别计算实际偏差和目标偏差，分析偏差产生的原因，为今后的分部、分项工程成本寻找节约途径。

分部、分项工程成本分析表的格式见表10-2。

表 10-2　分部、分项工程成本分析表

单位工程：＿＿＿＿＿＿

分部、分项工程名称：＿＿＿　　工程量：＿＿＿　　施工班组：＿＿＿　　施工日期：＿＿＿

工料名称	规格	单位	单价	预算成本		计划成本		实际成本		实际与预算比较		实际与计划比较	
				数量	金额	数量	金额	数量	金额	数量	金额	数量	金额

续表

工料名称	规格	单位	单价	预算成本		计划成本		实际成本		实际与预算比较		实际与计划比较	
				数量	金额	数量	金额	数量	金额	数量	金额	数量	金额
合计													
实际与预算比较（预算=100）/%													
实际与计划比较（计划=100）/%													
节超原因说明													

编制单位：　　　　　　　成本员：　　　　　　　填表日期：

（二）月（季）度成本分析

月（季）度成本分析是建设项目定期的、经常性的中间成本分析。月（季）度的成本分析的依据是月（季）度的成本报表。分析的方法通常有以下几个方面。

（1）通过实际成本与预算成本的对比，分析当月（季）的成本降低水平；通过累计实际成本与累计预算成本的对比，分析累计的成本降低水平，预测出实际项目成本的前景。

（2）通过实际成本与目标成本的对比，分析目标成本的落实情况，以及目标管理中的问题和不足，进而采取措施，加强成本控制，保证成本目标的落实。

（3）通过对各成本项目的成本分析，可以了解成本总量的构成比例和成本控制的薄弱环节。

（4）通过主要技术经济指标的实际与目标对比，分析产量、工期、质量、"三材"节约率、机械利用率等对成本的影响。

（5）通过对技术组织措施执行效果的分析，寻求更加有效的节约途径。

（6）分析其他有利条件和不利条件对成本的影响。

月度成本盈亏异常情况表见表10-3。

表 10-3　月度成本盈亏异常情况分析表

工程名称：　　　　　　　　　结构层数：
20　年　月　　　预算造价　　　万元

到本月末的形象进度					
累计完成产值	万元	累计点交预算成本	万元		
累计产生实际成本	万元	累计降低或亏损	金额	率	%
本月完成产值	万元	本月点交预算成本	万元		
本月产生实际成本	万元	月降低或亏损	金额	率	%

续表

已完工程及费用名称	单位	数量	产值	资源消耗													
				实耗人工		金额小计	实耗材料									机械租费	工料机金额合计
							其中										
				工日	金额		水泥		钢材		木材		结构件	设备			
							数量	金额	数量	金额	数量	金额	金额	租费			

（三）年度成本分析

企业成本要求一年结算一次，不得将本年成本转入下一年度。而项目成本则以项目的寿命周期为结算期，要求从开工到竣工再到保修期结束连续计算，最后结算出成本总量及其盈亏。由于项目的施工周期一般都比较长，除了要进行月（季）度成本的核算和分析外，还要进行年度成本的核算和分析。这不仅是为了满足企业汇编年度成本报表的需要，同时也是项目成本管理的需要。因为通过年度成本的综合分析，可以总结一年来成本管理的成绩和不足，为今后的成本管理提供经验和教训，从而可对项目成本进行更有效的管理。

年度成本分析的依据是年度成本报表。年度成本分析的内容，除了月（季）度成本分析的六个方面以外，重点是针对下一年度的施工进展情况规划切实可行的成本管理措施，以保证建设项目成本目标的实现。

（四）竣工成本的综合分析

凡是有几个单位工程而且是单独进行成本核算的建设项目，其竣工成本分析应以各单位工程竣工成本分析资料为基础，再加上项目经理部的经济效益（如资金调度、对外分包等所产生的效益）进行综合分析。如果建设项目只有一个成本核算对象（单位工程），就以该成本核算对象的竣工成本资料作为成本分析的依据。

单位工程竣工成本分析，应包括如图10-4所示的三方面内容。

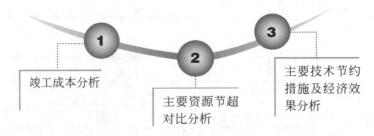

图10-4　单位工程竣工成本分析的内容

通过以上分析，可以全面了解单位工程的成本构成和降低成本的来源，对今后同类工程的成本管理很有参考价值。相关核算见表10-4和表10-5。

表10-4 单项工程成本核算表（工程公司）

编码：

项目名称			合同签订日期	年 月 日	开竣工日期	年 月 日
业务经理			项目经理		施工队长	
工程概况	工程地址		工程内容简述			
	费用分类	金额	备注			
项目费用支出	材料费用		主要用材料			
	设备费用		主要购买设备			
	机械费用		用车数量			
	人工费用		管理人员	人数		工日
			技术人员	人数		工日
			工人	人数		工日
	招待费用					
	营销费用					
	管理费用					
	其他费用					
	税金					
	合计	拾 万 千 佰 拾 元 角 分（¥ ）				
项目费用收入	回收物资					
	其他收入					
	合计	拾 万 千 佰 拾 元 角 分（¥ ）				
工程项目合同额		拾 万 千 佰 拾 元 角 分（¥ ）				
成本分析报告		业务毛利润=工程项目合同额（最终结算金额）－各种期间成本费用 （ ）=（ ）－（ ）				

制表人签字/日期：　　　　　　　　　　　　　　项目负责人签字/日期：
总经理签字/日期：　　　　　　　　　　　　　　审核人签字/日期：

表 10-5　单项（分项）工程成本核算报告

建设单位：　　　　　　　　　年　月　日至　　年　月　日

项目名称：　　　　　　　　　　　　　　承包价：

序号	日期	支出项目名称	总支出				合计	备注
			人工费	材料费	机械费	其他费用		

三、专项成本的分析方法

（一）成本盈亏异常分析

成本出现盈亏异常情况，对建设项目来说，必须引起高度重视，必须彻底查明原因，必须立即加以纠正。

检查成本盈亏异常的原因，应从经济核算的"三同步"入手。因为，项目经济核算的基本规律是：在完成多少产值、消耗多少资源、发生多少成本之间，有着必然的同步关系。如果违背这个规律，就会发生成本的盈亏异常。

"三同步"检查是提高项目经济核算水平的有效手段，不仅适用于成本盈亏异常的检查，也可用于月度成本的检查。"三同步"检查可以通过如图 10-5 所示五个方面的对比分析来实现。

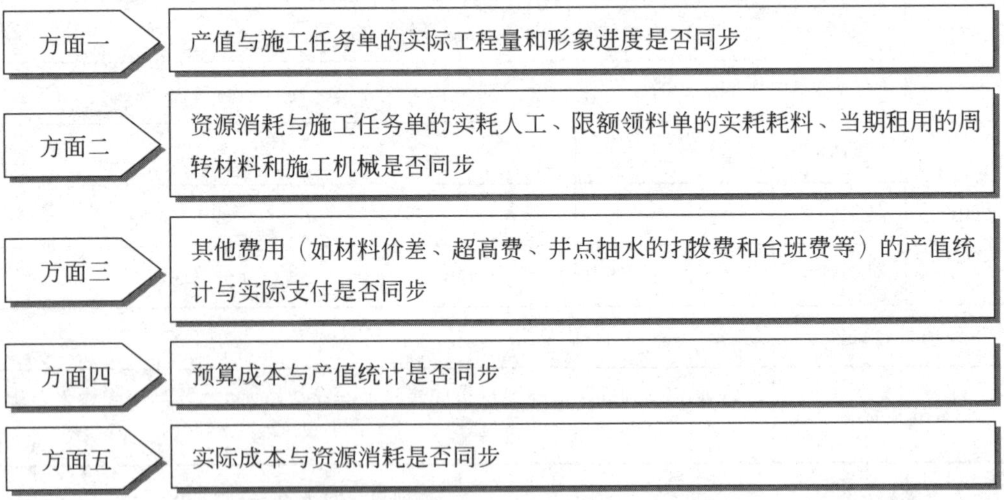

方面一　产值与施工任务单的实际工程量和形象进度是否同步

方面二　资源消耗与施工任务单的实耗人工、限额领料单的实耗耗料、当期租用的周转材料和施工机械是否同步

方面三　其他费用（如材料价差、超高费、井点抽水的打拨费和台班费等）的产值统计与实际支付是否同步

方面四　预算成本与产值统计是否同步

方面五　实际成本与资源消耗是否同步

图 10-5　成本盈亏异常分析的五个方面

（二）工期成本分析

工期的长短与成本的高低有着密切的关系。在一般情况下，工期越长费用支出越多，工期越短费用支出越少。特别是固定成本的支出，基本上是与工期长短成正比增减的，是进行工期成本分析的重点。

工期成本分析是目标工期成本和实际工期成本的比较分析。所谓目标工期成本，是指在假定完成预期利润的前提下计划工期内所耗用的目标成本。而实际成本则是在实际工期耗用的实际成本。工期成本分析的方法一般采用比较法，即将目标工期成本与实际工期成本进行比较，然后应用"因素分析法"分析各种因素的变动对工期成本差异的影响程度。

进行工期成本分析的前提条件是，根据施工图预算和施工组织设计进行量本分析，计算建设项目的产量、成本和利润的比例关系，然后用固定成本除以合同工期，求出每月支用的固定成本。

（三）资金成本分析

进行资金成本分析，通常应用"成本支出率"指标，即成本支出占工程款收入的比例。计算公式如下。

$$成本支出率 = \frac{计算期实际成本支出}{计算期实际工程款收入} \times 100\%$$

通过对"成本支出率"的分析，可以看出资金收入中用于成本支出的比重有多大；也可通过资金管理来控制成本支出；还可联系储备金和结存资金的比重，分析资金使用的合理性。

（四）技术组织措施执行效果分析

对执行效果的分析要实事求是，既要按理论计算，又要联系实际。对节约的实物进行验收，然后根据节约效果论功行赏，以激励有关人员执行技术组织措施的积极性。不同特点的建设项目，需要采取不同的技术组织措施，有很强的针对性和适应性。在这种情况下，计算节约效果的方法也会有所不同。但总体来说，措施节约效果=措施前的成本-措施后的成本。对节约效果的分析，需要联系措施的内容和措施的执行经过来进行。

（五）其他有利因素和不利因素对成本影响的分析

这些有利因素和不利因素，包括工程结构的复杂性和施工技术上的难度，施工现场的自然地理环境（如水文、地质、气候等），以及物资供应渠道和技术装备水平等。它们对成本的影响，需要具体问题具体分析。

四、目标成本差异分析方法

（一）人工费分析

在实行管理层和作业层两层分离的情况下，项目施工需要的人工和人工费，由项目经理部与施工队签订劳务承包合同，明确承包范围、承包金额和双方的权利、义务。对项目经理部来说，除了按合同规定支付劳务费以外，还可能产生一些其他人工费支出，主要有：

（1）因实物工程量增减而调整的人工和人工费；

（2）定额人工以外的估点工工资（如果已按定额人工的一定比例由施工队包干，并已列入承包合同的，不再另行支付）；

（3）对在进度、质量、节约、文明施工等方面做出贡献的班组和个人进行奖励的费用。

项目经理部应根据上述人工费的增减，结合劳务合同的管理进行分析。

人工费分析主要是通过对工程预算工日和实际人工进行对比，分析出人工费的节约和超用的原因。主要因素有两个：人工费量差和人工费价差。其计算公式如下。

$$人工费量差 = （实际耗用工日数 - 预算定额工日数）\times 预算人工单价$$

$$人工费价差 = 实际耗用工日数 \times （实际人工单价 - 预算人工单价）$$

影响人工费节约和超支的原因是错综复杂的，除上述分析外，还应分析定额用工、估点工用工，从管理上找原因。

（二）材料费分析

料费分析包括主要材料、结构件和周转材料使用费的分析以及材料储备的分析。

1.主要材料和结构件费用的分析

主要材料和结构件费用的高低，主要受价格的消耗数量的影响。而材料价格的变动，又要受采购价格、运输费用、途中损耗、来料不足等因素的影响；材料消耗数量的变动，也要受操作损耗、管理损耗和返工损失等因素的影响，可在价格变动较大和数量超用异常的时候再做深入分析。

为了分析材料价格和消耗数量的差异对材料及结构件费用的影响程度，可按下列计算公式计算。

$$因材料价格差异对材料费的影响 = （实际单价 - 目标单价）\times 实际用量$$

$$因材料用量差异对材料费的影响 = （实际用量 - 目标用量）\times 目标单价$$

主要材料和结构件差异分析表的格式见表10-6。

表10-6　主要材料和结构件差异分析表

材料名称	价格差异				数量差异				成本差异
	实际单价	目标单价	节超	价差金额	实际用量	目标用量	节超	量差金额	

2.周转材料费分析

在实行周转材料内部租赁制的情况下，项目周转材料费的节约或超支，取决于周转材料的周转利用率和损耗率。因为周转一慢，周转材料的使用时间就长，同时也会增加租赁费支出；而超过规定的损耗，更要照原价赔偿。

主要通过实际成本与目标成本之间的差异比较。节超分析从提高周转材料使用率入手，分析与工程进度关系，及周转材料使用管理上是否有不足之处。周转利用率的计算公式如下。

$$周转利用率 = \frac{实际使用数 \times 租用期内的周转次数}{进场数 \times 租用期} \times 100\%$$

$$= \frac{退场数}{进场数} \times 100\%$$

 案例 ⟨⋯⋯⋯⋯⋯⋯⋯⋯⋯⋯⋯⋯⋯⋯⋯⋯⋯⋯⋯⋯⋯⋯⋯⋯⋯⋯⋯⋯

某建设项目需要定型钢模，考虑周转利用率为85%，租用钢模4500米，月租金为5元/米；由于加快施工进度，实际周转利用率达到90%。可用"差额分析法"计算周转利用率的提高对节约周转材料使用费的影响程度。

具体计算如下。

$$（90\%–85\%）\times 4500 \times 5 = 1125（元）$$

3.材料储备的分析

（1）采购保管费分析。

材料采购保管费属于材料的采购成本，包括：

① 材料采购保管人员的工资；

② 工资附加费；

③ 劳动保护费；

④ 办公费；

⑤ 差旅费；

⑥ 材料采购保管过程中产生的固定资产使用费、工具用具使用费、检验试验费、材料整理及零星运费；

⑦ 材料物资的盘亏及毁损等。

材料采购保管费一般应与材料采购数量同步，即材料采购多，采购保管费也会相应增加。因此，应该根据每月实际采购的材料数量（金额）和实际产生的材料采购保管费，计算"材料采购保管费支用率"，作为前后期材料采购保管费的对比分析之用。

（2）材料储备资金分析。

材料的储备资金，是根据日平均用量、材料单价和储备天数（即从采购到进场所需要的时间）计算的。上述任何两个因素的变动，都会影响储备资金的占用量。材料储备资金的分析，可以应用"因素分析法"。从以上分析内容来看，储备天数的长短是影响储备资金的关键因素。因此，材料采购人员应该选择运距短的供应单位，尽可能减少材料采购的中转环节，缩短储备天数。

（三）机械使用费分析

由于项目经理部不可能完全拥有所有的机械设备，而是随着施工的需要，向企业动力部门或外单位租用。

在机械设备的租用过程中，存在着两种情况：一种是按产量进行承包并按完成产量、计算费用，如土方工程，项目经理部只要按实际挖掘的土方工程量结算挖土费用，而不必过问挖土机械的完好程度和利用程度；另一种是按使用时间（台班）来计算机械费用，如塔吊、搅拌机、砂浆机等，如果机械完好率差或在使用中调度不当，必然会影响机械的利用率，从而延长使用时间，增加使用费用。因此，项目经理部应该给予一定的重视。

由于建筑施工的特点，在流水作业和工序搭接上往往会出现某些必然或偶然的施工间隙，影响机械的连续作业；有时，又因为加快施工进度和工种配合，需要机械日夜不停地运转。这样，难免会有一些机械利用率很高，也会有一些机械利用不足，甚至租而不用。利用不足，台班费需要照付；租而不用，则要支付停班费。总之，都将增加机械使用费支出。

因此，在机械设备的使用过程中，必须以满足施工需要为前提，加强机械设备的平衡调度，充分发挥机械的效用；同时，还要加强平时的机械设备的维修保养工作，提高机械的完好率，保证机械的正常运转。

完好台班数，是指机械处于完好状态下的台班数，它包括修理不满一天的机械，但不包括待修、在修、送修在途的机械。在计算完好台班数时，只考虑是否完好，不考虑是否在工作。

制度台班数是指本期内全部机械台班数与制度工作天的乘积，不考虑机械的技术状态和是否工作。

从上述机械的完好和利用情况来看，砂浆机的维修保养比较差，完好率只达到80%；利用率也不高，只达到76%；塔吊因施工需要，经常加班加点，因而利用率较高。

而对机械使用费的分析主要是通过实际成本和目标成本之间的差异分析，目标成本分析主要列出超高费和机械费补差收入。机械使用费的分析要从租用机械和自有机械这两方面入手。使用大型机械的要着重分析预算台班数、台班单价和金额，同实际台班数、台班单价及金额相比较，通过量差、价差进行分析。机械使用费差异分析表的格式见表10-7。

表 10-7　机械使用费差异分析表

机械名称	台数	价格差异				数量差异				成本差异
		实际台班单价	预算台班单价	节超	价差金额	实际台班单价	预算台班单价	节超	价差金额	
翻斗车										
搅拌机										
砂浆机										
塔吊										
……										

（四）其他直接费分析

其他直接费是指施工过程中产生的除直接费以外的其他费用，包括：

（1）二次搬运费；

（2）工程用水电费；

（3）临时设施摊销费；

（4）生产工具用具使用费；

（5）检验试验费；

（6）工程定位复测；

（7）工程点交；

（8）场地清理。

其他直接费的分析，主要应通过预算与实际数的比较来进行。如果没有预算数，可以计划数代替预算数。其他直接费目标与实际比较表的格式见表10-8。

表 10-8　其他直接费目标与实际比较表　　　　　　　单位：万元

序号	项目	目标	实际	差异
1	材料二次搬运费			
2	工程用水电费			
3	临时设施摊销费			
4	生产工具用具使用费			
5	检验试验费			
6	工程定位复测费			
7	工程点交费			
8	场地清理费			
	合计			

（五）间接成本分析

间接成本是指为施工准备、组织施工生产和管理所需要的费用，主要包括现场管理人员的工资和进行现场管理所需要的费用。

间接成本的分析，也应将其实际成本和目标成本进行比较，将其实际产生数逐项与目标数加以比较，就能发现超额完成施工计划对间接成本的节约或浪费及其产生的原因。间接成本目标与实际比较表的格式见表10-9。

表 10-9　间接成本目标与实际比较表　　　　　单位：万元

序号	项目	目标	实际	差异	备注
1	现场管理人员工资				包括职工福利费和劳动保护费
2	办公费				包括生活用水电费、取暖费
3	差旅交通费				
4	固定资产使用费				包括折旧及修理费
5	物资消耗费				
6	低值易耗品摊销费				指生活行政用的低值易耗品
7	财产保险费				
8	检验试验费				
9	工程保修费				
10	排污费				
11	其他费用				
	合计				

（六）将各项成本差异汇总

用目标成本差异分析方法分析完各成本项目后，再将所有成本差异汇总进行分析，目标成本差异汇总表的格式见表10-10。

表 10-10　目标成本差异汇总表的格式　　　　　单位：万元

部位：

成本项目	实际成本	目标成本	差异金额	差异率/%
人工费				
材料费				
结构件				
周转材料费				
机械使用费				
其他直接费				
施工间接成本				
合计				